經學歷史

〔清〕皮錫瑞 著
周予同 注釋

中華書局

圖書在版編目(CIP)數據

經學歷史/(清)皮錫瑞著;周予同注釋. —北京:中華書局,1959.12(2024.3 重印)
ISBN 978-7-101-00534-9

Ⅰ.經… Ⅱ.①皮…②周… Ⅲ.經學-歷史-中國
Ⅳ.Z126

中國版本圖書館 CIP 數據核字(2008)第 100545 號

責任印製:陳麗娜

經學歷史
〔清〕皮錫瑞 著
周予同 注釋
*
中華書局出版發行
(北京市豐臺區太平橋西里 38 號 100073)
http://www.zhbc.com.cn
E-mail:zhbc@zhbc.com.cn
北京盛通印刷股份有限公司印刷
*
850×1168 毫米 1/32 · 11½印張 · 2 插頁 · 218 千字
1959 年 12 月第 1 版 2008 年 8 月第 2 版
2024 年 3 月第 12 次印刷
印數:30901-31800 册 定價:48.00 元

ISBN 978-7-101-00534-9

經學歷史

目次

序言……………………一
凡例……………………一七
一　經學開闢時代……………………一九
二　經學流傳時代……………………四八
三　經學昌明時代……………………六九
四　經學極盛時代……………………一〇一
五　經學中衰時代……………………一四一
六　經學分立時代……………………一七〇
七　經學統一時代……………………一九三
八　經學變古時代……………………二三〇
九　經學積衰時代……………………二七四

十　經學復盛時代……二九五
附錄一　皮鹿門先生傳略……三五〇
附錄二　本書引用清代人名出處表……三五七
重印後記……三六三

序言

一　經學的三大派

皮錫瑞經學歷史是經學入門書籍，可以說是「經學之導言」；本篇的任務，在介紹經學歷史於讀者之前，那不過是「經學導言之導言」而已。然而因爲是經學導言之導言，所以不能不對於經學先作鳥瞰的說明，以便顯出經學史的重要性和本書的價值。

中國經學，假使我們愼重點說，上追到西漢初年爲止，也已經有二千一百多年的歷史。這二千多年中，經部書籍，因爲傳統的因襲的思想關係，只就量說，也可以配得說「汗牛充棟」。不說別的，我們只要一看納蘭性德彙刊的通志堂經解，阮元、王先謙彙刊的正、續清經解，也幾乎使你目眩；至若列舉朱彝尊經義考的書目，那眞所謂「更僕難數」了。但是，假使我們能夠應用史學家處置史料的手段，這許多繁重的著作，也不過可以歸納爲三大派，所謂「經學的三大派」。這三大派都顯然自有它的立場和特色；就我的私意，可稱爲一、「西漢今文學」，二、「東漢古文學」，三、「宋學」。

西漢今文學發生在西漢，就是所謂「今文十四博士」之學。在西漢時代，因爲統治階級的利用的提倡，在學術界幾有獨尊之勢。後來因爲古文學的暴興，和鄭玄、王肅的混亂家法，便漸漸的衰落。延到曹魏、西晉，因爲政亂和胡禍的過烈，連僅存的章句傳說也多隨兵燹而澌滅。一直到了清代的中末葉，因爲社會、政治、學術各方面趨勢的匯合，於是這骸骨似的今文學忽而復活，居然在學術界有「當者披靡」的現象。當時所稱爲「常州學派」、「公羊學派」，就是這西漢博士的裔孫。現在清朝覆亡已十六年，但這今文派的餘波迴響仍然在學術界裏存在着，並且似乎向新的途徑發展着。

東漢古文學，稍爲愼密地說，可以說是發生在西漢末年。到了東漢，因爲今文派自身的腐化和古文學大師的努力，大有取今文學而代之之勢。鄭玄、王肅雖說混淆家法，但究竟左袒古文學，所以魏、晉時代，今文學亡滅，而古文學反日趨於發揚開展。後來六朝的南北學，隋、唐的義疏派，雖然虛實繁簡不必盡同，但立場於古文學卻無差異。一直到了北宋慶曆以後，經學上的懷疑學派——宋學——崛興，於是這正統派的古文學暫時衰歇。但明代末期，因爲姚江學派流於虛妄，和清廷思想壓迫政策的實現，於是顧炎武扛了「舍經學無理學」的大旗來復興古文學。清代三百年學術界的權威，便被這一派所獨佔；所謂以惠棟爲領袖的「吳派」和以戴震爲領袖的「皖派」，都同東漢古文學有着血統的關係。

宋學的懷疑精神，唐代經師如啖助、趙匡、陸淳輩已開端緒；但這種風氣的盛行，卻不能不說在北宋慶曆以後。到了南宋，因爲研究方法的不同，雖可分爲以朱熹爲領袖的「歸納派」，以陸九淵爲領袖的「演繹派」和以葉適、陳傅良爲領袖的「批評派」三派；但前二派立足於哲學的見解，以理欲心性爲論究的對象，而借助於經學的解釋，卻並沒有不同。元、明以來，歸納派的朱學，因爲朝廷的提倡，僥倖地取得正統的地位；而演繹派得王守仁（陽明）生力軍似的加入，也頗能得天才的學者們的信仰。但這兩派都是假借經學以言理學，結果所謂「尊德性」的固然流於禪釋，便是所謂「道問學」的也空疏無物。於是元、明二代成爲經學史上的衰落時期，而東漢古文學便乘之而復興。

上文「經學的三大派」說，自然是極其粗枝大葉的敍述；假使詳密的觀察，不僅清代復興的古文學同東漢原始的古文學不同，清代復興的今文學同西漢原始的今文學不同；元、明的宋學與北宋的宋學不同；就是各派自身的流別，以及學者自身思想的變遷，都須加以煩瑣的說明；但這決不是這簡短的篇章所能容納了。這三派的不同，簡明些說，就是今文學以孔子爲政治家，以六經爲孔子致治之說，所以偏重於「微言大義」，其特色爲功利的，而其流弊爲狂妄。古文學以孔子爲史學家，以六經爲孔子整理古代史料之書，所以偏重於「名物訓詁」，其特色爲考證的，而其流弊爲煩瑣。宋學以孔子爲哲學家，以六經爲孔子載道之具，所以偏重於心性理氣，其特色爲玄想的，而其流弊爲空疏。總之，三派固各有其缺點，亦各有其優點。我們如果說，因經今文學的產生而後中國的社會哲學、政治哲學以明，因經古文學的產生而後中國的文字學、攷古學以立，因宋學的產生而後中國的形而上學、倫理學以成，決不是什麽武斷或附會的話。

最後還須附帶說明的，就是：關於經學的分派，前人有採二派說的，有採四派說的，我個人覺得都不盡妥善。二派說可以四庫全書總目提要爲代表；它以爲：「自漢京以後，垂二千年，……要其歸宿，則不過漢學、宋學兩家互爲勝負。」〔一〕其後江藩國朝漢學師承記、宋學淵源記〔二〕、阮元國史儒林傳序〔三〕都取這說。其實他們所謂「漢學」，是專指東漢古文學，並不包括西漢今文學。這樣，不正是截去經學史的首尾嗎？康有爲新學僞經考前序說：「凡後世所指目爲漢學者，皆賈、馬、許、鄭之學，乃新學，非漢學也。」這種譏評的話也確有一部分理由。採取四派說的是近人劉師培。劉在經學教科書〔四〕序例中說：「大抵兩漢爲一派，三國至隋、唐爲一派，宋、元、明爲一派，近儒別爲一派。」這話也很有商榷的餘地。宋、元、明固自爲一派，兩漢及近儒不都是含有互相水火的古今文學兩派嗎？三國、隋、唐不就是古文學的支流嗎？劉氏所以有這樣的話，或者是強以時代分派的緣故。

二　經學史的重要性和它的分類

上文敍述經學的三大派，其目的不過在給讀者以經學上的簡明概念，以為進論經學史的預備而已。

中國經學研究的時期，綿延二千多年；經部的書籍，據四庫全書總目所著錄，已達一千七百七十三部，二萬零四百二十七卷[五]；但是很可奇怪的，以中國這樣重視史籍的民族，竟沒有一部嚴整的系統的經學通史。自然，經學史料是異常豐富的，廣義的經學史或部分的經學史也不是絕無僅有；但是，如果說到經學通史，而且是嚴整點系統點的，那我們眞不知如何回答了。皮錫瑞的經學歷史、劉師培的經學教科書第一册，固然不能說不是通史；但是以兩位近代著名的經今古文學大師，而他們的作品竟這樣地簡略，如一篇論文或一部小史似的，這不能不使我們失望了。最近日人本田成之撰支那經學史論，已由東京弘文堂出版。以具有二千多年經學研究的國度，而整理經學史料的責任竟讓給別國的學者，這在我們研究學術史的人，不能不刺骨地感到慚愧了。

況且，就是撇開這種感情的話，而只就中國其他學術的研究而言，經學通史的撰述也是決不可少的。我們研究古史學，我們能不取材於尚書、左傳、周禮等書嗎？但一談到這三部書，尚書的今古文成問題，左傳的眞僞成問題，周禮是否實際的政績的記載成問題。我們研究哲學史或思想史，我們不能不論到易和春秋，但易的產生時期和思想來源成問題，春秋的筆削命意和公、穀、左氏的異同成問題。我們研究古代民間文學，當然首及詩經，但關雎等篇的美刺成問題，靜女等篇是否戀歌成問題。最後我們說到古文字學的研究，則六書的起源，壁中古文的眞僞，籀、篆、隸的變遷，無一不成問題，也無一不同經學發生密切的關係。至於將來比較宗教學、民俗學等的研究，那不僅應當探究易、禮的原始意義或背景，就是舉世斥爲妖妄怪誕而同經學有關的讖緯，也是絕好的資料。但是說，要研究哲學、文學、史學、文字學等等的學者都先要向經學下一番苦功，不是太不經濟嗎？不是太不了解學術分工的作用嗎？所以我說，在現在，經學之繼承的研究大可不必，而經學史的研究當立即開始。因爲它一方面使二千多年的經學得以結束整理，他方面爲中國其他學術開一條便利的途徑。

我這樣熱望着經學史的產生，或者會引起一般隨俗者的誤會。自然，我是十分淸楚的，現在時行的口號是「打倒孔子」、「廢棄經學」；但是我所不解的，是他們打倒和廢棄的理由不够充分，不足以服頑舊者的心。我原是贊成「打倒」和「廢棄」的，但我自以爲是站在歷史的研究上的。我覺得歷史派的研究方法，是比較的客觀、比較的公平；從歷史入手，那孔子的思想和經學一些材料不適合於現代，不適合於現代的中國，自然而然地呈獻在我們的眼前。我們不必高呼口號，而打倒和廢棄的理由已了然於胸中。所以我們就是反對經學之學術史的研究，而只是立場於致用的、功利的觀點，那經學史的完成也似乎是現代的工作之一。

經學史的需要旣如上述，但在中國舊有的著述中，經學通史又這樣異常缺乏；所以我們現在只得將它的範圍放寬些，以尋求性質相近而較有價值的著作。這種著作，大概可分爲三類：一、以經師爲中心的，例如胡秉虔的西京博士考〔六〕、張金吾的兩漢五經博士考〔七〕、王國維的漢魏博士考〔八〕、江藩的國朝漢學師承記、洪亮吉的傳經表、通經表，以及各史的儒林傳或儒學傳等屬之。這類著作的缺點：第一，每每是斷代的記載，不能看見經學的整個趨勢；第二，每每偏重個人的成就，而抹煞某一時代的全體表現；第三，甚至於僅有姓名而沒有事實，或附以極簡短的小傳，大有「點鬼簿」的形式。二、以書籍爲中心的，例如朱彝尊的經義考、翁方綱的經義考補正、鄭樵通志的藝文略、馬端臨文獻通考的經籍考、四庫全書總目提要的經部，以及各史的藝文志或經籍志的經部屬之。這類著作的缺點，大致同前者相同；雖然大多數不是斷代，但不能表示經學的整個趨勢卻是一樣。三、以典章制度爲中心的，例如顧炎武的石經考、萬斯同的石經考、杭世駿的石經考異、王國維的五代兩宋監本考〔九〕都是；在古代，選舉、學校同經學也頗有密切的關係，所以通典的「選舉門」、通志的選舉略、文獻通考的選舉考、學校考也屬於這一類。這類著作的缺點，是每每羅致若干史料，加以排比，而不能顯出這種典章制度在經學上的前因後果和其相互間的關係。總之，想眞切了解經學的變遷，以上三類書籍只能作爲輔助的或分門的參考資料，而仍有待於經學通史。因爲這種原因，所以這樣簡略的皮著經學歷史竟成爲適應需要而另具價值的著作了。

三　皮錫瑞傳略

在經學史這樣需要而缺乏的時候，那皮錫瑞經學歷史有一讀的價值便瞭然可知了。現在在未談到經學歷史之前，請先介紹皮氏的生平和他的學術的大概。

皮先生名錫瑞，字鹿門，一字麓雲，湖南善化人。他表示敬仰西漢尚書今文學大師伏生，署所居曰師伏堂，學者因稱師伏先生。他早歲頗有經世之志，留意郡國利病。光緒戊戌政變時，因爲提倡新式學校制度，大受頑舊派的疾視，甚至於斥爲亂黨。交當地地方官管束。皮氏治經，宗今文；但持論平允，沒有康有爲那樣的武斷，也沒有廖平那樣的怪誕。他所著的書，除經學歷史以外，還有易經通論一卷，書經通論一卷，詩經通論一卷，三禮通論一卷，春秋通論一卷，總稱五經通論；今文尚書考證三十卷，古文尚書疏證辨正一卷，古文尚書冤詞平議二卷，尙書大傳疏證七卷，尙書中候疏證一卷，史記引尙書考六卷，禮記淺說二卷，王制箋一卷，春秋講義二卷，左傳淺說二卷，孝經鄭注疏二卷，六藝論疏證一卷，鄭志疏證八卷附鄭記考證及答臨孝存周禮難疏證，魯禮禘祫義疏證一卷，三疾疏證一卷，聖證論補評二卷，師伏堂筆記三卷，經訓書院自課文三卷，師伏堂駢文六卷，師伏堂詩草六卷，師伏堂詠史一卷，師伏堂詞一卷等。他的著作內容，雖沒有很偉大的創見，如同時幾位著名的經今文學大師；但學術門徑很清楚，善於整理舊說；所以如經學歷史、五經通論等書，對於初學者，眞可稱爲「循循善誘」。他的著作，有師伏堂自刊本，多數由湖南思賢書局刊行，流傳不很廣。惟經學歷史曾有上海羣益書局鉛印本和商務印書館影印本。

因爲皮氏是經今文學者，所以同時經古文學者都非難他。章炳麟在文錄卷一駁皮錫瑞三書中譏斥得很烈害，陳漢章在經學通論〔一〇〕附錄中也表示着不滿意。陳氏所批評的話多屬於小疵或補正，現在撮錄章氏的話於下，以見清末今古文學派的爭辯。章氏說：

「善化皮錫瑞嘗就孝經鄭注爲之義疏，雖多持緯候，扶微繼絕，余甚多之。其後爲王制箋、經學歷史、春秋講義三書，乃大誣謬。王制箋者，以爲素王改制之書，說已荒忽；然王制法品，盡古今夷夏不可行，咎在博士，非專在錫瑞也。經學歷史，鈔疏原委；顧妄以己意裁斷，疑易、禮皆孔子所爲，愚誣滋甚。及爲春秋講義，又不能守今文師說，糅雜三傳；施之評論，上非講疏，下殊語錄，蓋牧豎所不道。又其持論，多以四庫提要爲衡。提要者，蓋於近世書目略爲完具，非復別錄、七略之儕也；其序多兩可，不足以明古今文是非；錫瑞爲之恇惑，茲亦異矣。……」

章氏是現代經古文學惟一大師，平素說經，反對劉逢祿、宋翔鳳、魏源、龔自珍，又反對康有爲、廖平，凡近代經今文學者，沒有不受他的譏斥；那他的呵詆皮氏爲「牧豎所不道」，實毫不足怪。不過以我們第三者的眼光觀察，除春秋講義糅雜三傳失了今文學者立場外，其餘如主王制，以易、禮爲孔子作，正是今文學所謂「微言大義」所在。至於引用四庫提要，這也是不得已的辦法，我們似應加以原諒。

我很慚愧，我所得於皮氏的生平，僅僅簡略如此。他的生卒，他的師友，他的學術的傳授，我竟無法查考。我曾輾轉地詢問幾位湖南的學者，但不是沒有回音，就是以「不知」答。當這樣離亂的時候，大家救死惟恐不暇，誰能留意他們以爲微末的事呢？據楊樹達先生說，皮氏的弟子某君擬爲他撰一年譜，我誠懇地希望着，希望他的年譜早日呈獻於讀者之前，而將我這簡短疏略的小傳捨棄掉。（按皮先生孫名振教授曾撰皮鹿門先生年譜，一九三九年在商務印書館出版，略見本書「附錄」。）

四　皮著經學歷史略評

我現在紹介皮著經學歷史於讀者，並不以爲這本書是萬分完善，毫無可議；在現在經學史這樣缺乏的時候，無論如何，這本書是有一讀的價値的。我們讀這本書時，第一，不要忘記皮錫瑞是經今文學者。因爲他立場於今文學，所以他對於宋學是不滿意的，更其是宋人的改經刪經的方法；我們只要看他全書對於王柏的譏斥，便可了然了。又因爲他立場於今文學，所以他對於經古文學也不表示絕對的崇信；他對於清代考證學的發展是相當地加以贊許，但他絕不以爲是經學研究的止境。我們明瞭了這一點，則他所主張的六經斷始於孔子，易、禮爲孔子所作，以及其他排抑左氏、譏貶鄭玄等等的話，都可以有一貫的解釋了。第二，不要忘記皮錫瑞究竟只是一個經學家而不是史學家。因爲他不是史學家，所以史料的搜集不完備，史料的排比不妥善，而且每每不能客觀地記述事實，而好加以主觀的議論。他這部書，假使粗忽的翻閱，似乎不能將經古今文學、宋學的發生、變遷、異同、利弊一一顯示給我們。他不能超出一切經學的派別來記述經學，而只是立在今文派的旗幟之下來批評反對派。誠然，就經學說，他是沒有失掉立場；但是，就史學說，他這部書就不免有點宣傳的嫌疑了。我覺得這部書的優點和缺點都不少，但是我不願意在這簡短的「導言之導言」中絮絮地談論，更不願因此給讀者以批評的暗示。現在將這本書其他一切的優缺點讓讀者自己體味去，而只將我現在認爲是荒謬的思想揭示出來。

皮氏作這本書的時候，正是今文學復盛的時候，因爲時代發展的關係，頗有我們現在以爲不對的地方。這在皮氏，自然深可原諒；但我們決不可因爲重印這部書，而使這些荒謬的思想仍然流行着。

第一，我以爲荒謬的，便是所謂「孔教救國」之說。孔子學說的眞相究竟怎樣；後世儒家所描寫的孔子，後世君主所提倡的儒教，後世學者所解釋的儒學，究竟是否是眞的孔子，都是絕大疑問。在這步工作還沒有完成以前，冒昧地將傳統的因襲的孔教來治國，這簡直是鬼話。皮氏在第一章中說：「後之爲人君者，必遵孔子之教，乃足以治一國；……後之爲士大夫者，亦必遵孔子之敎，乃足以治一身；……此萬世之公言，非一人之私論也。」今文學者尊崇孔子，以爲他懷抱着偉大的政治思想，這在我是可以相當承認的；但不論時代，不論地域，以他主觀所得的孔教印象冒失地應用着來拯救現世，這不是很危險的嗎？

第二，所謂「六經致用」之說。經今文派以孔子爲政治家，以六經爲孔子政治思想所託，這話似乎有一部分理由，但已經有商搉的餘地。不過今文學者每喜更進一步，探求「六經致用」的史例，於是對於西漢君主利用迂儒的策略，愚而且誣地在贊歎着倣傚着。皮氏也不免陷於同一的錯誤。他在本書第三章中說：「前漢今文學能兼義理訓詁之長，……其學極精而有用；以禹貢治河，以洪範察變，以春秋決獄，以三百五篇當諫書，治一經得一經之益。……漢學所以有用者，在精而不在博；將欲通經致用，先求微言大義。」這些論調，就我們現在觀察起來，眞有點非愚卽妄。試問假使黃河決口了，你就是將禹貢由首一字背誦到末一字，你能像靈咒似的使水患平息嗎？孔子和六經的相關度，以及六經和致用的相關度，不僅相去很遠，而且根本上還是大疑問。所以現在就是研究經學，也只能採取歷史的方法，而決不能含有些微的漢儒「致用」觀念。

第三，所謂「緯候足徵」之說。今文學家尊崇孔子爲素王，所謂「無冕的帝王」；而且相信歷代帝王欺罔民衆的技術，以爲帝王必有瑞徵，於是孔子也有所謂「感生」，所謂「受命」，所謂「告成」。〔二〕於是孔子不僅是政治家，而且是敎主，而且是道士了。這些感生、受命等等的鬼話，多出於緯候，今文學家因爲急急的爲素王找尋證據，於是便冒失地相信緯候了。這是第一個原因。其次，今文學者以爲天人合一之說出於西漢，如易的占驗，書的五行，詩的五際六情，禮的明堂陰陽，春秋的災異都是；今文學源於西漢經師，爲了擁護學統起見，自不能加以攻擊，於是又只得容忍這妖妄的緯候了。這是第二個原因。皮氏在第四章中說：「漢儒言災異，實有徵驗。……天人本不相遠，至誠可以前知；解此，則不必非光武，亦不必非董、劉、何、鄭矣。」又說：「當時儒者以爲人主至尊，無所畏憚，借天象以示儆；……此春秋以元統天、以天統君之義，亦易神道設敎之旨。……後世不明此義，謂漢儒不應言災異，引讖緯，於是天變不足畏之說出矣。」這類話簡直像算命賣卜者流的話，我們不能不大聲的斥爲荒謬。自然，我們不必像歐陽修似的，主張將一切緯候之說加以毀滅。它裏面包含着原始民族的信仰與儀式，夾雜着古代的學術與經說，我們將它作爲研究的材料，是非常可貴的；但居然奉爲聖書，那便是大笑話了。

皮氏這本書自有其許多的優點，值得我們一讀；更其是爲經學史闢了一新途徑，是值得我們後學者尊敬的；但是上所條舉的錯誤，在新舊思想交替的時候，大有糾正的必要，所以我便如此率直地着筆了。

周予同

〔一〕見四庫全書總目提要卷一「經部總敍」。

〔二〕江藩於國朝漢學師承記之外，復撰有國朝宋學淵源記，分當時學術界爲漢學、宋學兩派。

〔三〕阮元揅經室文集國史儒林傳序云：「兩漢名教，得儒經之功；宋、明講學，得師道之益；皆於周、孔之道得其分合，未可偏譏而互詰也。」蓋亦分經學爲兩漢與宋明兩派。

〔四〕劉師培撰經學教科書二册，第一册敍述經學歷史，第二册敍述易經學，其餘詩、書等經均未成。光緒三十一年，由上海國粹學報館印行，已絕版。（按今收入劉申叔遺書中）

〔五〕四庫全書總目提要云：「易類一百五十八部，一千七百五十七卷；附錄八部，十二卷。易類存目三百十七部，二千三百七十一卷（內四十六部無卷數）；附錄一部，一卷。書類五十六部，六百五十一卷；附錄二部，十一卷。書類存目七十八部，四百三十卷（內十部無卷數）；附錄一部，四卷。詩類六十二部，九百四十一卷；附錄一部，十卷。詩類存目八十四部，九百一十三卷（內八部無卷數）。禮類周禮之屬二十二部，四百五十三卷；儀禮之屬二十二部，三百四十四卷；附錄二部，一百二十七卷；禮記之屬二十部，五百九十四卷；附錄二部，十七卷；三禮總義之屬六部，三十五卷；通禮之屬四部，五百六十三卷；雜禮書之屬五部，三十三卷。禮類存目周禮之屬三十七部，二百七十七卷（內三部無卷數）；附錄二部，二十四卷；儀禮之屬九部，一百五卷；附錄四部，二十二卷；禮記之屬四十一部，五百五十四卷（內一部無卷數）；附錄四部，七卷；三禮總義之屬二十部，三百一十卷（內一部無卷數）；通禮之屬六部，二百四十七卷；雜禮書之屬十七部，八十七卷（內三部無卷數）。春秋類一百十四部，一千八百三十八卷；附錄一部，十七卷。春秋類存目一百十八部，一千五百七十六卷（內十部無卷數）。孝經類十一部，十七卷。孝經類存目十八部，五十三卷。五經總義類三十一部，六百七十五卷；附錄一部，三十六卷。五經總義類存目四十三部，三百四十九卷（內七部無卷數）。四書類六十二部，七百二十九卷。四書類存目一百一部，一千三百四十一卷（內十四部無卷數）。樂類二十二部，四百八十三卷。樂類存目四十二部，二百九十一卷（內四部無卷數）。小學類訓詁之屬一十二部，一百二十二卷；字書之屬三十六部，四百八十卷；韻書之屬三十三部，三百十三卷。小學類存目訓詁之屬八部，六十四卷；字書之屬六十八部，六百六卷（內二部無卷數）；韻書之屬六十一部，五百三十七卷（內七部無卷數）。」按總計一千七百七十三部，二萬零四百二十七卷。

〔六〕見藝海珠塵續編。

〔七〕見花雨樓續鈔。

〔八〕見廣倉學宭叢刻。

〔九〕未寫定。目見趙萬里王靜庵先生著作目錄，見文學週報第二百六七期（按今收入王靜安遺書中）。

〔一〇〕陳漢章經學通論有北京大學鉛印本。

〔一一〕春秋緯演孔圖云：「孔子母徵在，游於大澤之陂，夢黑帝使請己。已往，夢交。語曰：『汝乳必於空桑之中。』覺則若感，生丘於空桑之中，故曰玄聖。」又云：「得麟之后，天降血書魯端門內，曰：『趨作法，孔聖沒。周姬亡，彗東出。秦政起，胡破術。書記散，孔不絕。』子夏明日往視之，血書飛爲赤烏，化爲白書，署曰：『演孔圖』，中有作法制圖之狀。」孝經右契云：「孔子作春秋，制孝經，旣成，使七十二弟子向北辰磬折而立，使曾子抱河、洛事北向。孔子齋戒，簪縹筆，衣絳單衣，向北辰而拜，告備於天，曰：『孝經四卷，春秋、河、洛凡八十一卷，謹已備。』天乃洪鬱起白霧摩地，赤虹自上下，化爲黃玉，長三尺，上有刻文。孔子跪受而讀之，曰：『寶文出，劉季握。卯金刀，在軫北。字禾子，天下服。』」夏曾佑中國歷史教科書第一篇第二章第九節云：「上古天子之事有三：一曰感生，二曰受命，三曰封禪。……感生者，明天子實天之所生。受天命者，天立之爲百神之主，使改制以應天。封禪者，天子受天明命，致太平，以告成於天。……孔子布衣，非王者；然自漢儒言之，則恆以天子待之。徵在游於大澤，夢感黑龍，感生也。天下血書於魯端門，化爲赤烏（卽文王赤烏銜書之例），受命也。絳衣縹筆，告備於天，天降赤虹白霧，封禪也。三者皆天子之事，……此所以旣比之以文王，又號之以素王歟？」（按夏書今改稱中國古代史）

凡例

一　經學歷史有思賢書局原刻本、商務印書館影印本及羣益書局鉛印本；本書卽根據上述三種，參互校勘，以求是正；並施以標點，以便閱讀。

一　凡本書原文引用他書，加以删節者，均覆按原書，加以删節符號。如頁三九引莊子天道篇「孔子西藏書於周室，……往見老聃」。

一　凡本書原文避淸帝廟諱者，一例改正。如頁七三公孫弘，原文「弘」作「宏」，今改正。

一　凡本書原文，確知爲刊印之誤者，一例改正。如頁六二「九流競勝」，原文「競」誤作「兢」，今改正。

一　凡本書原文，係皮氏偶誤或偶遺者，一依原文，不加補正，而僅於注中加以說明。如頁九〇引劉歆讓太常博士書「分文析義」，「義」爲「字」之誤，今不改。又如頁五八「公羊有沈子、司馬子、北宮子、魯子、高子六人」，缺「子女子」一人，今不補。

一　凡本書人名見於正史者，於注中舉正史之卷數，以便參考；其不見於正史者，從略。

一　凡本書引用淸代人名，因注釋成書時，淸史稿及中華書局淸史列傳均未出版，故於注中僅舉江藩國朝漢學師承記、阮元國史儒林傳稿、文苑傳稿之卷數；如不見於二書，則舉錢儀吉碑傳集、繆荃孫續碑傳集及李元度國朝先正事略等書之卷數，以便參考。

一　凡本書引用書名見於四庫全書總目提要者，於注中注明該書部屬，以便參考。清代乾、嘉以後著述之未見於四庫者，則聊就所知，加以說明。

一　本書文字須加訓釋者，於注中加以訓釋，並注明訓釋之來源，以免望文生義。

一　本書注釋，雖力求詳密，但因注釋時間怱迫，參考書籍缺乏，或仍有未周處；如讀者惠賜指正，以便再版時改訂，不勝感激。

經學歷史

一　經學開闢時代

凡學不考其源流，莫能通古今之變；不別其得失，無以獲從入之途。古來國運有盛衰，經學亦有盛衰；國統有分合，經學亦有分合。歷史具在，可明徵也。經學開闢時代，斷自孔子删定六經〔一〕爲始。孔子以前，不得有經；猶之李耳既出，始著五千之言〔二〕；釋迦未生，不傳七佛〔三〕之論也。易自伏羲畫卦〔四〕，文王重卦〔五〕，止有畫而無辭；史遷、揚雄、王充皆止云文王重卦，不云作卦辭〔六〕。亦如連山、歸藏〔七〕止爲卜筮之用而已。連山、歸藏不得爲經，則伏羲、文王之易亦不得爲經矣。春秋，魯史舊名，止有其事其文而無其義；亦如晉乘、楚檮杌〔八〕止爲記事之書而已。晉乘、楚檮杌不得爲經，則魯之春秋亦不得爲經矣。古詩三千篇〔九〕，書三千二百四十篇〔一〇〕，雖卷帙繁多，而未經删定，未必篇篇有義可爲法戒。周禮出山巖屋壁〔一一〕，漢人以爲瀆亂不驗〔一二〕，又以爲六國時人作〔一三〕，未必眞出周公。儀禮十七篇〔一四〕，雖周公之遺，然當時或不止此數而孔子删定，或並不及此數而孔子增補，皆未可知。觀「孺悲學士喪禮於孔子，士喪禮於是乎書」〔一五〕，則十七篇亦自孔子始定；猶之刪詩爲三百篇〔一六〕，刪書爲百篇〔一七〕，皆經孔子手定而後列於經也。易自孔子作卦爻辭，史記周本紀不言文王作卦辭，魯世家不言周公作爻辭，則卦辭、爻辭亦必是孔子所作。彖、象、文言〔一八〕，闡發義、文之旨，而後易不僅爲占筮之用。春秋自孔子加筆削褒貶，爲後王立法，而後春秋不僅爲記事之書。此二經爲孔子所作，義尤顯著。漢初舊說，分明不誤；東漢以後，始疑所不當疑。疑易有「蓋取諸益」、「蓋取諸噬嗑」，謂重卦當在神農前〔一九〕。疑易有「當文王與紂之事邪」，謂卦爻辭爲文王作〔二〇〕。疑爻辭有「箕子之明夷」、「王用亨于岐山」，謂非文王所作，而當分屬周公〔二一〕。於是周易一經不得爲孔子作；孔疏乃謂文王、周公所作爲經，孔子所作爲傳矣〔二二〕。疑左氏傳韓宣適魯，見易象與魯春秋，有「吾乃今知周公之德」之言，謂周公作春秋〔二三〕。於是春秋一經不得爲孔子作；杜預乃謂周公所作爲舊例，孔子所修爲新例矣〔二四〕。或又疑孔子無刪詩、書之事，周禮、儀禮並出周公，則孔子並未作一書；章學誠乃謂周公集大成，孔子非集大成矣〔二五〕。

〔一〕六經或稱六藝，專指詩、書、禮、樂、易、春秋六者。樂今不傳，故去其一而曰五經。關於樂經，經古今文學家主張各異。古文學家以爲古有樂經，因秦焚書而亡佚。今文學家則以爲古無樂經，樂即在禮與詩之中。又經學開闢時代，經古今文學亦各異其主張。古文學家以爲孔子之前已有所謂六經，經非始於孔子。今文學家則以爲有孔子而後有六經，孔子之前不能有所謂經。皮氏係今文學者，故經學開闢時代始於孔子之刪定六經。

〔二〕李耳卽老子；五千之言，指其所著之道德經。史記卷六十三老子列傳：「老子者，……姓李氏，名耳，字伯陽，謚曰聃。……著書上下篇，言道德之意，五千餘言。」

〔三〕七佛相傳爲釋迦牟尼佛之七世身，其名頗有異同；據長阿含大本經及藥王經，爲毘婆尸佛（Vipaśyin）、尸棄佛（Śikhin）、毘舍婆佛（Viśvabhū）、拘樓孫佛（Krakucchanda）、拘那含佛（Kanakamuni）、迦葉佛（Käśyapa）、釋迦牟尼佛。詳可參考日本佛學大辭典頁七三九。

〔四〕伏犧，古之帝王，相傳始作八卦。八卦爲☰乾、☷坤、☳震、☴巽、☵坎、☲離、☶艮、☱兌八者。易繫辭下云：「古者包犧氏之王天下也，仰則觀象於天，俯則觀法於地，觀鳥獸之文與地之宜，近取諸身，遠取諸物，於是始作八卦。」按包犧卽伏犧，古包、伏聲同。

〔五〕文王，周之開國祖，相傳被殷紂囚於羑里，重易之八卦爲六十四卦，如乾坤相重爲否卦（䷋），坤乾相重爲泰卦（䷊）等，詳可參考史記卷四周本紀。

〔六〕司馬遷爲漢史官，故或略稱史遷。其所著史記卷四周本紀云：「文王……蓋卽位五十年，其囚羑里，蓋益易之八卦爲六十四卦。」卷一百二十七日者列傳云：「自伏犧作八卦，周文王演三百八十四爻，而天下治。」又揚雄著法言，其問神篇云：「易始八卦，而文王六十四，其益可知也。」問明篇云：「文王淵懿也，重易六爻，不亦淵乎！」又王充著論衡，其對作篇云：「文王圖八，自演爲六十四，故曰演。」正說篇云：「伏犧得八卦，非作之；文王得成六十四，非演也。」按史遷、揚雄、王充皆漢人，皆言文王重卦，不言作卦辭，故皮自注云爾。卦辭如乾卦下之「元亨利貞」句是。

〔七〕連山、歸藏相傳爲古易，在周易前。孔穎達周易正義「論三代易名」云：「案周禮太卜三易云：『一曰連山，二曰歸藏，三曰周易。』杜子春云：『連山，伏犧；歸藏，黃帝。』鄭玄易贊及易論云：『夏曰連山，殷曰歸藏，周曰周易。』鄭玄又釋云：『連山者，象山之出雲，連連不絕。歸藏者，萬物莫不歸藏其中。周易者，言易道周普，無所不備。』」按連山卦以純艮爲首；艮爲山，山上山下，故曰連山。歸藏卦以純坤爲首；坤爲地；萬物莫不歸藏於地，故曰歸藏。今所傳古三墳書中有連山、歸藏，係後人僞造，詳見四庫全書總目提要易類存目四。又馬國翰玉函山房輯佚書輯有連山、歸藏各一卷，亦不甚可信。

〔八〕晉乘、楚檮杌，相傳爲晉、楚二國之史記。孟子離婁篇下：「王者之迹熄而詩亡。詩亡然後春秋作。晉之乘，楚之檮杌，魯之春秋，一也。其事則齊桓、晉文，其文則史；孔子曰：『其義則丘竊取之矣。』」按今所傳晉史乘、楚檮杌係元吾衍僞撰，詳見陶宗儀輟耕錄。

〔九〕史記卷四十七孔子世家云：「古者詩三千餘篇，及至孔子，去其重，取可施於禮義，……三百五篇。」

〔一〇〕孔穎達尚書正義於僞孔（安國）尚書序注云：「鄭（玄）作書論，依尚書緯云：孔子求書，得黃帝玄孫帝魁之書，迄於秦穆公，凡三千二百四十篇。斷遠取近，定可以爲世法者百二十篇；以百二篇爲尚書，十八篇爲中候。」

〔一一〕周禮古稱周官，書出較後，經今文學者多不信之。賈公彥周禮正義序周禮廢興引馬融傳云：「秦自孝公已下，用商鞅之法，其政酷烈，與周官相反。故始皇禁挾書，特疾惡，欲絕滅之，搜求焚燒之獨悉。是以隱藏百年。孝武帝始除挾書之律，開獻書之路。既出於山巖屋壁，復入於祕府，五家之儒莫得見焉。」

〔三〕〔三〕賈公彥周禮正義序周禮廢興云：「林孝存以為武帝知周官末世瀆亂不驗之書，故作十論七難以排棄之。何休亦以為六國陰謀之書。」按林孝存即臨碩，與何休皆為東漢之經今文學者，故皆不信周禮。

〔四〕儀禮十七篇，今存，為：一、士冠禮；二、士昏禮；三、士相見禮；四、鄉飲酒禮；五、鄉射禮；六、燕禮；七、大射禮；八、聘禮；九、公食大夫禮；十、覲禮；十一、喪服傳；十二、士喪禮；十三、旣夕禮；十四、士虞禮；十五、特牲饋食禮；十六、少牢饋食禮；十七、有司徹。

〔五〕士喪禮，儀禮中之一篇。引文見禮記雜記下。

〔六〕詩今存三百〇五篇；言三百，舉大數也。如論語為政：「詩三百，一言以蔽之，曰：思無邪。」

〔七〕書今存二十八篇，相傳孔子刪定本為百篇，但此語經今文學家有不信者。

〔八〕易每卦有卦辭，如乾卦下之「元亨利貞」。卦有六爻，爻有爻辭，如乾卦下之「初九，潛龍勿用。」又每卦有彖辭。彖，斷也，所以斷定一卦之義；如乾卦下之「彖曰：大哉乾元，萬物資始……」一段。又每卦及每爻有象辭，所以釋其所象；釋卦者曰大象，釋爻者曰小象；如乾卦下之「象曰：天行健，君子以自强不息。」謂之大象。「潛龍勿用，陽在下也。」係釋爻之初九，謂之小象。又乾坤二卦，為諸卦爻所自出，義理深奧，故各另有文言一段，如乾卦下之「文言曰：元者，善之長也……」一段。彖、象、文言，傳爲孔子作，古無異辭；惟卦爻辭，經今文學者始以爲孔子作。皮氏卽主此說。

〔一九〕孔穎達周易正義「論重卦之人」云：「重卦之人，諸儒不同，凡有四說：王弼等以爲伏犧重卦，鄭玄之徒以爲神農重卦，孫盛以爲夏禹重卦，史遷等以爲文王重卦。其言夏禹及文王重卦者，案繫辭，神農之時，已有蓋取益與噬嗑，以此論之，不攻自破。其言神農重卦，亦未爲得。」又易繫辭下云：「包犧氏沒，神農氏作，斲木爲耜，揉木爲耒。耒、耜之利，以敎天下，蓋取諸益。日中爲市，致天下之民，聚天下之貨，交易而退，各得其所，蓋取諸噬嗑。」按王、孔主伏犧重卦，皮主文王重卦，二說不同；詳可參考皮著易經通論「論重卦之人當從史遷、揚雄、班固、王充以爲文王」一段。益及噬嗑皆易卦名。

〔二〇〕孔穎達周易正義「論卦辭、爻辭誰作」云：「其周易繫辭，凡有二說：一說所以卦辭、爻辭並是文王所作。知者，案繫辭云：『易之興也，其於中古乎？作易者其有憂患乎？』又曰：『易之興也，其當殷之末、周之盛德邪？當文王與紂之事邪？』……準此諸文，伏犧制卦，文王繫辭，孔子作十翼，易歷三聖，此之謂也。……鄭學之徒，並依此說也。」按鄭玄主文王作卦爻辭，皮主孔子作，二說不同，詳可參考皮著易經通論「論卦辭文王作、爻辭周公作，皆無明據，當爲孔子所作」一段。

〔二一〕孔穎達周易正義「論卦辭、爻辭誰作」云：「二以爲驗爻辭多是文王後事。案升卦六四『王用亨於岐山』，武王克殷之後始追號文王爲王；若爻辭是文王所制，不應云王用亨於岐山。又明夷六五

『箕子之明夷』，武王觀兵之後，箕子始被囚奴，文王不宜豫言箕子之明夷。……驗此諸說，以爲卦辭文王，爻辭周公。馬融、陸績等並同此說，今依而用之。所以只言三聖，不數周公者，以父統子業故也。」按馬、陸、孔主爻辭周公作，皮主孔子作，二說不同，詳可參考皮著易經通論「論卦辭文王作、爻辭周公作，皆無明據，當爲孔子所作」一段。又升及明夷皆卦名。

〔二二〕孔疏指孔穎達春秋左傳正義。昭公二年疏云：「易有六十四卦，分爲上下二篇。及孔子，又作易傳十篇以翼成之。後世謂孔子所作爲傳，謂本文爲經。」按孔疏以卦爻辭爲本文，指爲文王、周公作，故皮說云爾。

〔二三〕左傳昭公二年「春，晉侯使韓宣子來聘，……觀書於大史氏，見易象與魯春秋，曰：『周禮盡在魯矣。吾乃今知周公之德與周之所以王也。』」杜預注：「春秋遵周公之典以序事。」按注意，以春秋作始於周公。

〔二四〕杜預字元凱，晉京兆杜陵人。拜鎭南大將軍，都督荆州諸軍事，以平吳功封當陽縣侯。耽思經術，撰春秋左氏經傳集解、春秋釋例、盟會圖、春秋長曆，自成一家之學。卒贈征南大將軍，謚成。傳見晉書卷三十四及三國志卷十六魏書杜畿傳。預所作春秋左傳集解序云：「其（指春秋）發凡以言例，皆經國之常制，周公之垂法，史書之舊章；仲尼從而修之，以成一經之通體。其微顯闡幽，裁成義類者，皆據舊例而發義，指行事以正褒貶。……然亦有史所不書，即以爲義者，此蓋春秋新意。」按序意，以周公所作爲舊例，孔子所修爲新例，故皮說云爾。

〔二五〕章學誠字實齋，清會稽人。乾隆進士。官國子監典籍，爲清代著名史學家。撰有文史通義、校讎通義、乙卯丙辰劄記、實齋文鈔等書。近人曾彙刊爲章氏遺書。傳可參考李桓國朝耆獻類徵卷四二〇。學誠文史通義原道上云：「周公成文、武之德，適當帝全王備、殷因夏監、至於無可復加之際，故得藉爲制作典章，而以周道集古聖之成。斯乃所謂集大成者也。孔子有德無位，即無從得制作之權，不得列於一成，安有大成可集乎？」

讀孔子所作之經，當知孔子作六經之旨。孔子有帝王之德而無帝王之位，晚年知道不行，退而刪定六經，以教萬世。其微言大義實可爲萬世之準則。後之爲人君者，必遵孔子之教，乃足以治一國；所謂「循之則治，違之則亂。」後之爲士大夫者，亦必遵孔子之教，乃足以治一身；所謂「君子修之吉，小人悖之凶。」此萬世之公言，非一人之私論也。孔子之教何在？即在所作六經之內。故孔子爲萬世師表，六經即萬世教科書。惟漢人知孔子維世立教之義，故謂孔子爲漢定道，爲漢制作〔一〕。當時儒者尊信六經之學可以治世，孔子之道可爲弘亮洪業、贊揚迪哲〔二〕之用。朝廷議禮、議政，無不引經〔三〕；公卿大夫士吏，無不通一藝以上〔四〕。雖漢家制度，王霸雜用〔五〕，未能盡行孔教；而通經致用，人才已爲後世之所莫逮。蓋孔子之以六經教萬世者，稍用其學，而效已著明如是矣。自漢以後，闇忽〔六〕不章。其尊孔子，奉以虛名，不知其所以教萬世者安在；其崇經學，亦視爲故事，不實行其學以治世。特以爲歷代相承，莫之敢廢而已。由是古義茫昧，聖學榛蕪。孔子所作之易，以爲止有十翼〔七〕；則孔子於易，不過爲經作傳，如後世箋注家。陳摶又雜以道家之圖書，乃有伏羲之易、文王之易加於孔子之上，而易義大亂矣〔八〕。孔子所定之詩、書，以爲並無義例；則孔子於詩、書，不過如昭明之文選〔九〕、姚鉉之唐文粹〔一〇〕，編輯一過，稍有去取。王柏又作詩疑、書疑〔一一〕，恣意删改，使無完膚，而詩、書大亂矣。孔子所作之春秋，以爲本周公之凡例；則孔子於春秋，不過如漢書之本史記〔一二〕、後漢書之本三國志〔一三〕，鈔錄一過，稍有增損。杜注、孔疏〔一四〕又不信一字褒貶，概以爲闕文疑義；王安石乃以春秋爲斷爛朝報〔一五〕，而春秋幾廢矣。凡此皆由不知孔子作六經教萬世之旨，不信漢人之說，橫生臆見，詆毁先儒。始於疑經，漸至非聖。或尊周公以壓孔子，如杜預之說春秋是〔一六〕。或尊伏羲、文王以壓孔子，如宋人之說易是〔一七〕。孔子手定之經，非特不用以教世，且不以經爲孔子手定，而屬之他人。經學不明，孔教不尊，非一朝一夕之故，其所由來者漸矣。故必以經爲孔子作，始可以言經學；必知孔子作經以教萬世之旨，始可以言經學。

〔一〕此說常見於西漢末年出世之緯書。如春秋緯演孔圖所謂「孔子仰推天命，俯察時變，卻觀未來，豫解無窮，知漢當繼大亂之後，故作撥亂之法以授之。」即其一例。

〔二〕迪，進也；見爾雅釋詁。哲與悊、喆同，智也；見爾雅釋言。

〔三〕漢自武帝聽董仲舒之言，尊崇儒術、罷黜百家之後，朝廷議禮議政引經爲據之事，在史記、前後漢書中，數見不鮮。如史記卷十二武帝本紀「上與公卿諸生議封禪，封禪用希曠絕，莫知其儀禮，而羣儒采封禪尚書、周官、王制之望祀射牛事。」按此即其議禮引經之一例。

〔四〕史記卷百二十一儒林傳「郡國縣道邑有好文學、敬長上、肅正教、順鄉里、出入不悖所聞者，……當與計偕，詣太常，得受業如弟子。一歲皆輒試，能通一藝以上，補文學掌故缺。……其不事學若下材，及不能通一藝，輒罷之。」按漢自武帝後，以經取士，故公卿大夫士吏無不通經。一藝即一經。

〔五〕漢書卷九元帝本紀「宣帝作色曰：『漢家自有制度，本以霸王道雜之，奈何純任德教、用周政乎！』」按皮文即由此語約成。

〔六〕闇，暗之借字。小爾雅廣詁「闇，冥也。」忽，曶之借字。廣雅釋詁四「曶，冥也。」按闇忽，不明之貌。

〔七〕孔穎達周易正義「論夫子十翼」云：「上彖一，下彖二，上象三，下象四，上繫五，下繫六，文言七，說卦八，序卦九，雜卦十。鄭學之徒，並同此說。」按翼者，翼成之意，言孔子作傳以翼經。經分上下，故彖辭、象辭亦分上下。上繫、下繫，指繫辭上下也。

〔八〕陳摶字圖南，自號扶搖子，宋太宗賜號希夷先生。亳州眞源人。傳見宋史卷四百五十七隱逸傳。摶本道士，曾作先天、河圖、洛書諸圖以談易，傳於穆修伯長。穆傳於李之才挺之。李傳於邵雍堯夫。後朱熹作易本義，附以圖說，即採邵說，云：「有天地自然之易，有伏犧之易，有文王、周公之易，有孔子之易，……不可便以孔子之說爲文王之說也。」按清儒以易宋學非易之正傳，斥之頗力，詳可參考續清經解中胡渭易圖明辨。

〔九〕昭明太子卽蕭統，梁武帝之長子，傳見梁書卷八及南史卷五十三。統曾輯文選三十卷，裒集秦、漢以來之詩文，爲總集之祖。

〔一〇〕姚鉉字寶之，廬州合肥人。傳見宋史卷四百四十一文苑傳。鉉編唐文粹一百卷，裒集李唐一代文字，爲總集中之有名者。

〔一一〕王柏字會之，號魯齋，婺州金華人。爲朱熹之三傳弟子。傳見宋史卷四百三十八。柏著書疑九卷，於尚書全經加以移易補綴；如於堯典、皐陶謨、說命、武成、洪範、多士、多方、立政八篇，託辭於錯簡，有割一兩節者，有割一兩句者。詳可參考四庫全書總目提要經部書類存目一。柏又著詩疑二卷，於詩經原文加以刪削；如於召南刪野有死麕，邶風刪靜女，鄘風刪桑中，鄭風刪將仲子、有女同車、野有蔓草等，共三十二篇。詳可參考四庫全書總目提要經部詩類存目一。

〔一二〕史記百三十卷，西漢司馬遷撰。漢書百二十卷，東漢時班固撰。漢書中，自高祖以至武帝時之紀傳，大率轉錄史記，稍加增損。宋倪思曾作班馬異同三十五卷，以考二書之因改。

〔一三〕三國志六十五卷，晉陳壽撰。後漢書百二十卷；內紀傳九十卷，係南北朝宋范蔚宗撰；八志三十卷，係晉司馬彪撰。范於漢末諸人傳記，每本陳書，加以潤飾。

〔一四〕杜注、孔疏，指晉杜預春秋左傳集解與唐孔穎達春秋左傳正義。今本十三經注疏卽用杜、孔之作。

〔一五〕宋周麟之（茂振）跋孫覺（莘老）春秋經解云：「初王荆公（王安石）欲釋春秋以行天下，而莘老之書已出。一見而有惎心，自知不復能出其右，遂詆聖經而廢之，曰：『此斷爛朝報也。』」

按宋王應麟困學紀聞卷六云：「尹和靖云：介甫（王安石）不解春秋，以其難之也；廢春秋，非其意。」清朱彝尊經義考卷百八十一引林希逸曰：「尹和靖言介甫未嘗廢春秋；廢春秋以爲斷爛朝報，皆後來無忌憚者託介甫之言也。」皆爲安石平反。又朝報猶言邸報，如今之政府公報。春秋每多闕文，故斥爲斷爛。

〔一六〕見頁二五註〔二四〕。

〔一七〕見注〔八〕。

孔子以前，未有經名，而已有經說，具見於左氏內外傳〔一〕。內傳所載元亨利貞之解〔二〕，黃裳元吉之辨〔三〕，夏后之九功九歌〔四〕，文武之九德七德〔五〕，虞書數舜功之四凶十六相〔六〕，以及外傳之叔向、單穆公、閔馬父、左史倚相、觀射父、白公子張諸人，或釋詩，或徵禮〔七〕，詳見王應麟困學紀聞〔八〕。非但比漢儒故訓〔九〕爲古，且出孔子删訂以前。惟是左氏浮誇，未必所言盡信。穆姜明隨卦之義，何與文言盡符〔一〇〕；季札在正樂之前，豈能雅頌得所〔一一〕。困學紀聞引「克己復禮」「出門如賓」二條，云：「左氏粗聞闕里緒言，每每引用，而輒有更易。穆姜於隨舉文言，亦此類。」〔一二〕

三墳、五典、八索、九邱見左氏昭十二年〔一三〕。周禮外史掌三墳、五典之書；鄭注「楚靈王所謂三墳、五典。」〔一四〕據此，則三墳、五典乃書之類。僞孔安國尚書傳序〔一五〕曰：「伏羲、神農、黃帝之書，謂之三墳；少昊、顓頊、高辛、唐、虞之書，謂之五典；八卦之說謂之八索；

九州之志，謂之九邱。」其解三墳、五典，本於鄭注；八索、九邱，本於馬融〔一六〕。據其說，則八索乃易之類。皆無明據，可不深究。今所傳惟帝典；伏生傳尚書止有堯典，而舜典卽在內；蓋二帝合爲一書，故大學稱帝典〔一七〕。而宋人僞作三墳書〔一八〕。若夫伏羲十言，義著消息〔一九〕；神農並耕，說傳古初〔二〇〕。黃帝、顓頊之道，具在丹書〔二一〕；少皞紀官之名，創於白帝〔二二〕。洪荒已遠，文獻無徵；有裨博聞，無關閎旨。惟伏羲十言之敎，於八卦之外，增消、息二字，鄭、荀、虞易皆本之以立說〔二三〕。

〔一〕左氏內傳指春秋左氏傳，春秋外傳指國語。漢書卷三十二司馬遷傳贊「孔子因魯史記而作春秋，而左丘明論輯其本事，以爲之傳。又纂異同爲國語。」韋昭國語解敍「丘明復采錄前世穆王以來，下訖魯悼、智伯之誅，以爲國語。其文不主於經，故號曰外傳。」王充論衡案書篇「國語，左氏之外傳也。」

〔二〕左傳襄公九年「姜（穆姜）曰：亡。是於周易曰隨，元亨利貞，无咎。元，體之長也；亨，嘉之會也；利，義之和也；貞，事之幹也。體仁足以長人，嘉德足以合禮，利物足以和義，貞固足以幹事。」按此語與易文言同，惟「體之長」作「善之長」，「嘉德」作「嘉會」，二字微異。

〔三〕左傳昭公十二年「南蒯枚筮之，遇坤䷁之比䷇，曰黃裳元吉。……惠伯曰：……黃，中之色也。裳，下之飾也。元，善之長也。」按「黃裳元吉」係易坤卦六五爻辭。

〔四〕左傳文公七年「夏書曰：『戒之用休，董之用威，勸之以九歌，勿使壞。』九功之德，皆可歌也，謂之九歌。六府、三事，謂之九功。水、火、金、木、土、穀，謂之六府；正德、利用、厚生，謂之三事。」按夏書係逸書，今僞古文尚書引入大禹謨篇，惟「勿使壞」作「俾勿壞」，稍異。

〔五〕左傳昭公二十八年「詩曰：『唯此文王，帝度其心。莫其德音，其德克明。克明克類，克長克君，王此大國。克順克比，比於文王。其德靡悔，既受帝祉，施於子孫。』心能制義曰度，德正應和曰莫，照臨四方曰明，勤施無私曰類，教誨不倦曰長，賞慶刑威曰君，慈和徧服曰順，擇善而從之曰比，經緯天地曰文。九德不愆，作事無悔。故襲天祿，子孫賴之。」按引詩卽大雅皇矣篇。首句今詩作「唯此王季」，稍異。九德卽指度、莫、明、類、長、君、順、比、文也。又左傳宣公十二年「武王克商，作頌，曰：『載戢干戈，載櫜弓矢。我求懿德，肆於時夏，允王保之。』又作武，其卒章曰：『耆定爾功。』其三曰：『鋪時繹思，我徂維求定。』其六曰：『綏萬邦，屢豐年。』夫武，禁暴、戢兵、保大、定功、安民、和衆、豐財者也。……夫武有七德。」按「載戢」四句見詩周頌時邁篇，卒章見武篇，其三見賚篇，其六見桓篇。

〔六〕左傳文公十八年「昔高陽氏有才子八人，……天下之民，謂之八愷。高辛氏有才子八人，……天下之民，謂之八元。……舜臣堯，舉八愷使主后土，……舉八元使布五教於四方。……昔帝鴻氏有不才子，……天下之民，謂之渾敦。少皞氏有不才子，……天下之民，謂之窮奇。顓頊氏有不才子，……天下之民，謂之檮杌。……縉雲氏有不才子，……天下之民，以比三凶，謂之饕餮。舜臣堯，……流四凶族。……是以堯崩而天下如一，同心戴舜，以爲天子，以其舉十六相、去四凶也。」按傳所記與尚書堯典所載略同。

〔七〕叔向，晉大夫羊舌肸之字。國語三周語，叔向引詩而釋之，云「其詩曰：『昊天有成命，二后受之。成王不敢康，夙夜基命宥密，於緝熙，亶厥心，肆其靖之。』是道成王之德也。……夫道成命者而稱昊天，翼其上也。二后受之，讓於德也。成王不敢康，敬百姓也。夙夜，恭也。基，始也。命，信也。宥，寬也。密，寧也。緝，明也。熙，廣也。亶，厚也。肆，固也。靖，龢也。其始也，翼上德讓，而敬百姓；其中也，恭儉信寬，帥歸於寧；其終也，廣厚其心，以固龢之；……故曰成。」又單穆公，周靈王之卿士。國語三周語，單穆公引詩而釋之，云：「詩亦有之，曰：『瞻彼旱麓，榛楛濟濟。愷悌君子，干祿愷悌。』夫旱麓之榛楛殖，故君子得以易樂干祿焉。」又閔馬父，魯大夫。國語五魯語，閔馬父釋商頌云：「昔正考父校商之名頌十二篇於周大師，以那爲首。其輯之亂曰：『自古在昔，先民有作，溫恭朝夕，執事有恪。』先聖王之傳，恭猶不敢專，稱曰自古，古曰在昔，昔曰先民。」又左史倚相，楚之左史。國語十七楚語，倚相釋大雅抑篇云：「昔衞武公年數九十有五矣，猶箴儆於國，……在輿有旅賁之規，位宁有官師之典，倚几有誦訓之諫，居寢有褻御之箴，臨事有瞽史之導，宴居有師工之誦。史不失書，矇不失誦，以訓御之。於是作懿戒以自儆也。」按懿即抑篇。又觀射父，楚大夫。國語十八楚語，觀射父說禮曰：「祀加於舉：天子舉以大牢，祀以會；諸侯舉以特牛，祀以太牢；卿舉以少牢，祀以特牛；大夫舉以特牲，祀以少牢；士食魚炙，祀以特牲；庶人食菜，祀以魚（以下文繁不錄）。……」又白公子張，楚大夫。國語十七楚語，子張引周詩云：「周詩有之曰：『弗引弗親，庶民弗信。』」

〔八〕王應麟字伯厚，宋慶元人。學問該博。第淳祐進士。累遷禮部尚書。著有深寧集、玉堂類稿、掖垣類稿、詩考、詩地理考、漢書藝文志考證、困學紀聞、小學紺珠、玉海等二十餘種。傳見宋史卷四百三十八。按困學紀聞二十卷，均劄記考證之文。凡說經八卷，天道、地理、諸子二卷，考史六卷，評詩文三卷，雜識一卷。爲清初考證學所源。詳可參考四庫全書總目提要子部雜家類二。

〔九〕故與古、詁通。孔穎達毛詩正義釋「詁訓傳」曰：「詁者，古也；古今異言，通之使人知也。訓者，道也；道物之貌以告人也。……詁訓者，通古今之異辭，辨物之形貌，則解釋之義盡歸於此。」又「毛傳云：『古，故也。』」

〔一〇〕見註〔二〕。按文言，相傳爲孔子作。穆姜旣在孔子之前，則其解釋隨卦之元亨利貞，不應襲孔子文言之辭。

〔一一〕左傳襄公二十九年，吳公子季札來魯，觀周樂，爲之歌周南、召南、邶、鄘、衞、王、鄭、齊、豳、秦、魏、唐、陳、鄶及大小雅、頌等（文繁不錄）。按孔子自衞返魯，然後樂正，雅頌各得其所；季札在孔子之前，當詩亡樂壞之際，則歌詩不應秩然有序也。

〔一二〕困學紀聞卷六左氏傳「『古也有志，克己復禮，仁也。』或謂克己復禮，古人所傳，非出於仲尼。致堂曰：『夫子以克己復禮爲仁，非指克己復禮卽仁也。』胥臣曰：『出門如賓，承事如祭，仁之則也。』蓋左氏祖聞闕里緒言……」按「克己復禮」語見左傳昭公十二年引孔子語，「出門如賓」二語見左傳僖公三十二年，又皆見於論語。王氏以爲僖公在孔子之前，不應當時人襲用孔子言語。又闕里，地名，今在山東曲阜縣城中，爲孔子執教處。

〔一三〕左傳昭公十二年「王（楚靈王）出復語，左史倚相趨過。王曰：『是良史也，子善視之。是能讀三墳、五典、八索、九丘』」按丘、邱同。

〔四〕周禮春官「外史……掌三皇五帝之書。」按與原文微異。鄭注指鄭玄（康成）周禮注也。

〔五〕今本十三經中所傳古文尚書及孔安國今古文尚書傳及序，爲東晉時梅賾所獻，係僞書。詳可參考閻若璩古文尚書疏證及惠棟古文尚書考。皮氏於孔安國尚書傳序前加「僞」字，卽此故。

〔六〕孔穎達左傳正義昭公十二年引馬融注，云：「八索，八卦；九丘，九州之數也。」按馬融字季長，後漢扶風茂陵人。才高博洽，爲世通儒。嘗校書東觀，歷官武都、南郡太守。教養諸生以千數，鄭玄曾從受學。著有三傳異同說，又注孝經、論語、易、書、詩、三禮、列女傳、老子、淮南子、離騷等書。傳見後漢書卷九十。

〔七〕大學本小戴禮記之一篇。宋儒取與中庸、論語、孟子三書相合，稱爲四書。大學引帝典曰：「克明峻德。」

〔八〕三墳書一卷。四庫全書總目提要經部易類存目四云：「案三墳之名，見於左傳；然周、秦以來，經傳子史，從無一引其說者；不但漢代至唐，咸不著錄也。此本，晁公武讀書志以爲張商英得於北陽民舍，陳振孫書錄解題以爲毛漸得於唐州。蓋北宋人所爲。……古來僞書之拙，莫過於是。故宋、元以來，自鄭樵後，無一人信之者。至明何鏜刻入漢魏叢書，又題爲晉阮咸注，僞中之僞，益不足辨。」

〔九〕鄭玄六藝論「虙羲作十言之教，曰：乾、坤、震、巽、坎、離、艮、兌、消、息。」按虙羲卽伏犧；虙伏音同相通。十言卽八卦外加「消、息」二字。

〔二〇〕孟子滕文公上「有爲神農之言者許行。……許行之言曰：賢者與民並耕而食，饔飧而治。」按許行謂神農與民並耕也。

〔二一〕大戴禮武王踐阼「曰：『昔黃帝、顓頊之道存乎？意亦忽不可得見與？』師尚父曰：『在丹書。』」孔廣森補注「丹書，古策府之遺典。舊說以爲赤雀所銜瑞書，誕也。」

〔二二〕左傳昭公十七年「昭子問焉，曰：『少皞氏鳥名官，何故也？』郯子曰：『……我高祖少皞摯之立也，鳳鳥適至，故紀於鳥，爲鳥師而鳥名。……』」杜預注「少皞，金天氏，黃帝之子。」按少皞即少昊，相傳以金德王，金於五色爲白，故稱白帝。

〔二三〕鄭、荀、虞，指鄭玄、荀爽、虞翻也。鄭傳見後漢書卷六十五，荀傳見後漢書卷九十二，虞傳見三國志卷五十七吳志。三人皆治易學。言「消息」，其詳可參考淸惠棟易漢學及張惠言周易鄭氏義、周易荀氏九家義、周易虞氏義、周易虞氏消息等書。又皮氏易經通論「論鄭、荀、虞三家之義」一章亦可得其概略。

王制「樂正崇四術，立四教，順先王詩、書、禮、樂以造士。春、秋教以禮、樂，冬、夏教以詩、書。」〔一〕文獻通考應氏曰：「樂正崇四術以訓士，則先王之詩、書、禮、樂，其設教固已久。易雖用於卜筮，而精微之理非初學所可語；春秋雖公其記載，而策書亦非民庶所得盡窺。故易象、春秋，韓宣子適魯始得見之。則諸國之教未必盡備六者。蓋自夫子删定讚修筆削之餘，而後傳習滋廣，經術流行。」〔二〕案應氏之說近是而未盡也。文王重六十四卦，見史記周本紀，而不云作卦辭〔三〕；魯周公世家亦無作爻辭事。蓋無文辭，故不可以教士。若當時已有卦爻辭，則如後世御纂、欽定之書，必須學官以教士矣。觀樂正之不以易教，知文王、周公無作卦爻辭之事。春秋，國史相傳，據事直書，有文無義，故亦不可以教士。若當時已有褒貶筆削之例，如朱子綱目有發明、書法〔四〕，亦可以教士矣。觀樂正之不以春秋教，知周公無作春秋凡例之事。論衡須頌篇曰：「問說書者『欽明文思』以下，誰所言也？曰：篇家也。篇家誰也？孔子也。」〔五〕匡衡上疏曰：「孔子論詩，以關雎爲首。」〔六〕孔張超誚青衣賦曰：「周漸將衰，康王晏起。畢公喟然，深思古道。感彼關雎，德不雙侶。孔氏大之，列冠篇首。」〔七〕是漢人以爲詩、書皆孔子所定，而易與春秋更無論矣。

〔一〕王制爲禮記中之一篇。鄭玄注云：「樂正，樂官之長，掌國子之教。……崇，高也，崇高其術以作教也。」按四術、四教，即指詩、書、禮、樂四者。

〔二〕文獻通考，元馬端臨撰，共三百四十八卷，今存。詳可參考四庫全書總目提要史部政書類一。引語見通考卷百七十四經籍考一。

〔三〕見頁二一注〔五〕〔六〕。

〔四〕朱子即朱熹，字元晦，一字仲晦，南宋婺源人。始居崇安，牓廳事曰紫陽書堂，故稱紫陽。創草堂於建陽，牓曰晦庵，故亦稱晦翁。晚居建陽之考亭，更號遯翁，故又稱考亭。卒諡文，故或稱文公。傳見宋史卷四百二十九。熹著通鑑綱目五十九卷，因司馬光資治通鑑，仿春秋之例，以綱爲經，以目爲傳。其凡例一卷，出於手定；其綱依凡例而修；其目則由趙師淵主之。詳可參考四庫全書總目提要史部史評類。其後元尹起莘撰通鑑綱目發明五十九卷、劉友益撰通鑑綱目書法五十九卷。書今存，目見清盧文弨補遼金元藝文志史部。

〔五〕論衡三十卷，漢王充撰。充字仲任，會稽人。師事班彪。好博覽，善懷疑，爲東漢一大思想家。傳見後漢書卷七十九。須頌篇見論衡卷二十。「欽明文思」，爲書堯典原文。

〔六〕匡衡字稚圭，前漢東海人，善說詩。累官至太子少傅。元帝時，封樂安侯。成帝時，爲王尊所劾，以事免官。傳見史記卷九十六及前漢書卷八十一。疏文見本傳。關雎爲詩經周南之首篇。

〔七〕張超字子並，後漢河間鄚人。有文才，善草書。靈帝時，以討黃巾，爲別駕司馬。傳見後漢書卷一百十下文苑傳。超撰誚青衣賦，見藝文類聚卷三十五及初學記卷十九。嚴可均全上古三代秦漢三國六朝文曾收刊，見卷八十四。按關雎一詩，經今古文學者持說各異。古文學者以爲關雎爲美文王夫婦之德，如毛詩說是。今文學者以爲關雎係諷刺康王之晏起，如魯詩、韓詩、齊詩說是。張超主今文，且以此詩爲畢公作，說尤明顯。詳可參考皮著詩經通論「論關雎爲刺康王詩，魯、齊、韓三家同。」及「論關雎刺康王晏朝，詩人作詩之義；關雎爲正風之首，孔子定詩之義；漢人已明言之。」二段。所謂「感彼關雎，德不雙侶。」言雎鳩貞潔，未嘗見乖居匹處，以喻夫婦當樂而不淫、愛而不失儀也。

孔子出而有經之名。禮記經解「孔子曰：入其國，其敎可知也：其爲人也，温柔敦厚，詩教也；疏通知遠，書教也；廣博易良，樂教也；潔淨精微，易教也；恭儉莊敬，禮教也；屬辭比事，春秋教也。」〔一〕始以詩、書、禮、樂、易、春秋爲六經。然篇名經解，而孔子口中無經字。莊子天運篇〔二〕「孔子謂老聃曰：丘治詩、書、禮、樂、易、春秋六經。」孔子始明言經。或當刪定六經之時，以其道可常行，正名爲經。又莊子天道篇「孔子西藏書於周室，……往見老聃，而老聃不許，於是繙十二經以說。」〔三〕經典釋文〔四〕「說者云：詩、書、禮、樂、易、春秋，又加六緯〔五〕，合爲十二經也。一說云：易上、下經並十翼〔六〕，爲十二。又一云：春秋十二公〔七〕經也。」三說不同，皆可爲孔子時正名爲經之證。經名正，而惟皇建極〔八〕，羣下莫不承流；如日中天，衆星無非拱向矣。龔自珍曰：「仲尼未生，先有六經；仲尼既生，自明不作；仲尼曷嘗率弟子使筆其言以自制一經哉！」〔九〕如龔氏言，不知何以解夫子之作春秋。是猶惑於劉歆、杜預〔一〇〕之說，不知孔子以前不得有經之義也。

〔一〕經解爲禮記之第二十六篇。孔穎達禮記正義「屬，合也；比，近也。春秋聚合會同之辭是屬辭；比次褒貶之事是比事也。」

〔二〕天運篇係莊子外篇第十四。

〔三〕天道篇係莊子外篇第十三。引文「孔子西藏書於周室」句下有刪略，故加……符號。藏書，司馬彪注云：「藏其所著書也。」

〔四〕經典釋文，唐陸德明撰，計三十卷，內莊子三卷，詳可參考四庫全書總目提要經部五經總義類。德明名元朗，以字行，吳人。善名理。歷仕陳、隋。高祖時，爲國子博士。封吳縣男。傳見唐書卷百九十八儒學傳及舊唐書卷百八十九上儒學傳。

〔五〕西漢哀、平之間，緯書忽出。其內容頗雜亂，半爲經說，半爲誇誕術數之談。相傳爲孔子作，其誣妄不言可知。六緯指詩、書、禮、樂、易、春秋六經之緯；外加孝經緯，稱曰七緯。明孫瑴古微書、清馬國翰玉函山房輯佚書及黃奭黃氏逸書考均輯有緯書多種，而以趙在翰所輯七緯三十八卷，爲較完備。

〔六〕十翼見頁二八注〔七〕。

〔七〕春秋十二公爲隱、桓、莊、閔、僖、文、宣、成、襄、昭、定、哀，魯之十二公也。

〔八〕書洪範有「惟皇作極」及「皇建其有極」語。僞孔安國尚書傳「皇，大；極，中也。」言大立其大中之道也。

〔九〕龔自珍字定庵，清仁和人，著有定庵詩文集。擅文學，兼治經學。其治經，主今文；但不甚純，時雜以古文家說。傳可參考吳昌綬或黃守恆定庵年譜。引語見六經正名一文。

〔一〇〕劉歆字子駿；後改名秀，字穎叔；漢劉向子。繼向校領祕書，集六藝羣書，別爲七略，爲目錄學之祖。歆治經力主古文，欲建列左傳、毛詩、逸禮、古文尚書於學官，爲衆儒所訕，出爲太守。王莽篡位，歆爲國師。旋謀誅莽，事泄，自殺。傳見前漢書卷三十六。又杜預已見頁二五注〔一四〕。歆爲經古文學之開創者，預爲經古文學之繼承者。

六經之外，有孝經，亦稱經。孝經緯鉤命訣〔一〕「孔子曰：吾志在春秋，行在孝經。」又曰：「春秋屬商，孝經屬參。」〔二〕是孔子已名其書爲孝經。其所以稱經者，漢書藝文志曰：「夫孝，天之經，地之義，民之行也。舉大者言，故曰孝經。」〔三〕鄭注孝經序曰：「孝經者，三才之經緯，五行之綱紀。孝爲百行之首；經者，不易之稱。」〔四〕鄭注中庸〔五〕「大經大本」曰：「大經謂六藝，而指春秋也；大本，孝經也。」漢人推尊孔子，多以春秋、孝經並稱。史晨奉祀孔子廟碑〔六〕云：「乃作春秋，復演孝經。」百石卒史碑〔七〕云：「孔子作春秋，制孝經。」蓋以詩、書、易、禮爲孔子所修，而春秋、孝經乃孔子所作也。鄭康成六藝論〔八〕云：「孔子以六藝題目不同，指意殊別，恐道離散，後世莫知根源，故作孝經以總會之。」據鄭說，是孝經視諸經爲最要，故稱經亦最先。魏文侯已有孝經傳〔九〕，是作傳者亦視諸經爲先，與子夏易傳〔一〇〕同時矣。二書，藝文志皆不載。

〔一〕孝經緯有二：其一爲鉤命訣，其一爲援神契。清趙在翰七緯所輯較備。

〔二〕商，卜商，子夏之名；參，曾參，子輿之名；皆孔子弟子。引語見公羊傳隱公元年及哀公十四年疏。

〔三〕漢書藝文志爲漢書中十志之一，因劉歆七略刪改而成，分（一）六藝略、（二）諸子略、（三）詩賦略、（四）術數略、（五）兵書略、（六）方技略。六藝略又分易、書、詩、禮、樂、春秋、論語、孝經、小學九類。引語見六藝略孝經類中。

〔四〕鄭注孝經指鄭玄孝經注。書已佚，清袁鈞鄭氏佚書及嚴可均均輯有孝經注一卷，可參考。引語見唐陸德明經典釋文敍錄。

〔五〕中庸本小戴禮記之一篇。宋儒始取與論語、孟子及禮記中之大學一篇相合，稱爲四書。鄭玄注禮記，故皮云鄭注中庸。

〔六〕〔七〕皆漢時刻碑。

〔八〕鄭康成，鄭玄之字。鄭著六藝論，論六經之要旨，書已佚，清袁鈞鄭氏佚書及馬國翰玉函山房輯佚書均輯爲一卷。皮著有六藝論疏證，可參考。

〔九〕魏文侯，戰國時魏國之賢君，名斯，史記作都。傳見史記卷四十四魏世家。其所著孝經傳，漢書藝文志及隋書經籍志皆不載。惟漢志有雜傳四卷，文侯傳或在其內。書今佚，馬國翰玉函山房輯佚書輯孝經傳一卷，可參考。

〔一〇〕子夏易傳，漢書藝文志不載。隋書經籍志云二卷，注云：「魏文侯師卜子夏傳，殘缺。」蓋以爲係孔子弟子卜商子夏作。但王儉七志引劉向七略云：「易傳子夏韓氏嬰也。」則又以爲係漢初傳韓詩之韓嬰子夏。此外又或以爲係丁寬，或以爲係馯臂子弓，要皆無證明之確據。今所傳子夏易傳十一卷，蓋出僞託，不足信，詳可參考四庫全書總目提要經部易類一。又馬國翰玉函山房輯佚書輯有周易子夏傳二卷，仍指爲卜商作，亦不足深信。

刪定六經之旨，見於史記。孔子世家〔一〕云：「孔子之時，周室微而禮、樂廢，詩、書缺。

追述三代之禮，序書傳，上紀唐、虞之際，下至秦繆〔二〕，編次其事。曰：『夏禮，吾能言之，杞不足徵也；殷禮，吾能言之，宋不足徵也；足，則吾能徵之矣。』〔三〕觀殷、夏所損益，曰：『後雖百世可知也；以一文一質。周監二代，郁郁乎文哉！吾從周。』〔四〕故書傳、禮記自孔氏。孔子語魯太師〔五〕：『樂其可知也。始作，翕如；縱之，純如，皦如，繹如也，以成。』〔六〕『吾自衞反魯，然後樂正，雅頌各得其所。』〔七〕古者詩三千餘篇，及至孔子，去其重，取可施於禮義。上采契、后稷，中述殷、周之盛，至幽、厲之缺，始於衽席〔八〕。故曰：『關雎之亂，以爲風始；鹿鳴爲小雅始；文王爲大雅始；清廟爲頌始。』〔九〕三百五篇，孔子皆弦歌之，以求合韶、武〔一〇〕雅頌之音。禮樂自此可得而述。以備王道，成六藝。孔子晚而喜易，序彖、繫、象、說卦、文言〔一一〕。讀易，韋編三絕〔一二〕，曰：『假我數年，若是，我於易則彬彬矣。』〔一三〕孔子以詩、書、禮、樂教弟子，蓋三千焉；身通六藝者，七十有二人。」據此，則孔子刪定六經，書與禮相通，詩與樂相通，而禮、樂又相通。詩、書、禮、樂教弟子三千，而通六藝止七十二人；則孔門設教，猶樂正四術之遺，而易、春秋非高足弟子莫能通矣。

〔一〕孔子世家見史記卷四十七。

〔二〕尙書始於堯典，終於秦誓；堯典紀唐、虞之盛，秦誓爲秦繆公之誓辭；故云上紀唐、虞，下至秦謬。

〔三〕引語見論語八佾。杞、宋二國爲夏、殷之後。

〔四〕「雖百世可知也」語見論語爲政。「周監於二代，郁郁乎文哉！吾從周。」語見論語八佾。

〔五〕太師，何晏論語集解云：「樂官名。」

〔六〕引語見論語八佾。縱，論語作從，字同。翕如、純如、皦如下，論語有「也」字。何晏論語集解「翕如，盛也。純，和諧也。皦如言其音節明也。」邢昺論語正義「繹如也者，言其音絡繹然相續不絕也。」

〔七〕引語見論語子罕。裴駰史記集解引鄭玄曰：「反魯，魯哀公十一年冬。是時道衰樂廢，孔子來還，乃正之，故雅、頌各得其所。」按今詩，雅有大雅、小雅，頌有周頌、魯頌、商頌。

〔八〕「上采契、后稷」，如商頌玄鳥之述契，大雅生民之頌稷。「中述殷、周之盛」，如商頌殷武之稱高宗，周頌清廟之祀文王。「至幽、厲之缺」，如大雅瞻卬之刺幽王，大雅民勞之斥厲王是。「始於衽席」，言詩以關雎爲始，而關雎詠后妃之德也。

〔九〕張守節史記正義「亂，理也。詩小序云：關雎，后妃之德也，風之始也，所以風天下而正夫婦也。鹿鳴，宴羣臣嘉賓也。文王，文王受命作周。清廟，祀文王也。」按詩小序即今存毛詩序。

〔一〇〕韶，舜樂；武，武王樂。

〔一一〕「序彖、繫、象、說卦、文言」一句，近代經今文學者頗疑之，或直以爲係劉歆竄入，因今文學者不信說卦爲孔子時之作品也。詳可參考康有爲新學僞經考卷二及崔適史記探源卷六。

〔二〕韋，皮也。古書用竹簡書寫，以皮帶連綴之，故曰韋編。

〔三〕論語述而有「加我數年，五十以學易，可以無大過矣」語，與此文稍異。

史記以春秋別出於後，云：「子曰：『弗乎！弗乎！〔一〕君子疾歿世而名不稱焉。吾道不行矣！吾何以自見於後世哉！』乃因史記作春秋，上至隱公，下訖哀公十四年。據魯，親周，故殷〔二〕；運〔三〕之三代，約其文辭而指博。故吳、楚之君自稱王，而春秋貶之曰子〔四〕；踐土之會，實召周天子，而春秋諱之曰『天王狩于河陽』〔五〕。推此類以繩當世貶損之義。後有王者，舉而開之，春秋之義行則天下亂臣賊子懼焉。孔子在位，聽訟，文辭有可與人共者，弗獨有也；至於爲春秋，筆則筆，削則削，子夏之徒不能贊一辭。弟子受春秋，孔子曰：『後世知丘者以春秋，罪丘者亦以春秋。』」〔六〕案史記以春秋別出於後，而解說獨詳，蓋推重孔子作春秋之功比刪訂諸經爲尤大，與孟子稱孔子作春秋比禹抑洪水、周公兼夷狄〔七〕相似。其說春秋大義，亦與孟子、公羊相合，知有據魯、親周、故殷之義，則知公羊家三科九旨〔八〕之說未可非矣。知有繩當世貶損之文，則知左氏家經承舊史、史承赴告〔九〕之說不足信矣。知有後世知丘罪丘之言，則知後世以史視春秋，謂褒善貶惡而已者，尤大謬矣。

程子曰：「後世以史視春秋，謂褒善貶惡而已；至於經世之大法，則不知也。」剴中漢以後說春秋之失。〔一〇〕

〔一〕弗，蓋怫之借字，憂鬱也。漢書溝洫志注「弗，憂不樂也。」

〔二〕據魯，親周，故殷，經今文學者以爲卽公羊三世之說，謂「親」字係「新」字之訛。崔適史記探源引春秋公羊傳宣十六年何休解詁云：「孔子以春秋當新王，上黜杞，下新周，而故宋。」又云：「孔子以春秋當新王者，新受命爲王也。新周者，新爲王者之後也。周爲王者之後新，則宋爲王者之後故矣。殷卽宋也。」

〔三〕「運」字，崔適史記探源云：「當作通，形近致誤也。……王者存二王之後，所以尊先聖，通三統也。」

〔四〕如春秋哀公十三年「公會晉侯及吳子于黃池。」左傳「夏，公會單平公、晉定公、吳夫差于黃池。」按吳夫差當時自稱爲王，但春秋貶稱曰子。又如春秋哀公六年「秋七月庚寅，楚子軫卒。」按楚子軫卽楚昭王。楚當時自僭稱王，但春秋仍貶稱子。

〔五〕春秋僖公二十八年「五月癸丑，公會晉侯、齊侯、宋公、蔡侯、鄭伯、衞子、莒子盟于踐土……公朝于王所。」又冬「天王狩于河陽。壬申，公朝于王所。」左傳：「是會也，晉侯召王，以諸侯見，且使王狩。仲尼曰：『以臣召君，不可以訓。』故書曰天王狩于河陽，言非其地也，且明德也。」杜預左傳集解「踐土，鄭地。」又云：「河陽，晉地，今河內有河陽縣。」按踐土在今河南滎澤縣。河陽在今河南孟縣。

〔六〕孟子滕文公下「是故孔子曰：知我者其惟春秋乎！罪我者其惟春秋乎！」與此文所引，辭稍異而義同。

〔七〕孟子滕文公下「昔者，禹抑洪水而天下平；周公兼夷狄，驅猛獸，而百姓寧；孔子成春秋，而亂臣賊子懼。」趙岐孟子注「抑，治也。」

〔八〕徐彥春秋公羊傳疏書題下云：「何氏（何休）之意，以爲三科九旨，正是一物。若總言之，謂之三科；科者，段也。若析而言之，謂之九旨；旨者，意也。言三個科段之內有此九種之意。故何氏作文謚例云：三科九旨者：新周，故宋，以春秋當新王，此一科三旨也。又云：所見異辭，所聞異辭，所傳聞異辭，二科六旨也。又內其國而外諸夏，內諸夏而外夷狄，是三科九旨也。……案宋氏之注春秋，說三科者：一曰張三世，二曰存三統，三曰異內外，是三科也。九旨者：一曰時，二曰月，三曰日，四曰王，五曰天王，六曰天子，七曰譏，八曰貶，九曰絕。時與日月，詳略之旨也。王與天王、天子，是錄遠近親疏之旨也。譏與貶、絕，則輕重之旨也。如是，三科九旨，聊不相干。」按三旨九科凡二說，以何說爲當。

〔九〕杜預春秋左傳集解序「周德既衰，官失其守，上之人不能使春秋昭明，赴告策書，諸所記注，多違舊章。仲尼因魯史策書成文，考其眞僞，而志其典禮。……其教之所存，文之所害，則刊而正之，以示勸戒。其餘則皆卽用舊史。」按據此說，則春秋經因於魯史，而魯史根於赴告。孔穎達正義「鄰國相命，凶事謂之赴，他事謂之告。對文則別，散文則通。」按赴卽今訃字。

〔一〇〕程子指程頤。頤字正叔，程顥之弟，世稱伊川先生。傳見宋史卷四百二十七道學傳。引語見程著春秋傳自序。「至於」原書作「至如」，或係字訛。

二　經學流傳時代

經名昉〔一〕自孔子，經學傳於孔門。韓非子顯學篇云：「孔子之後，儒分爲八，有子張氏、子思氏、顏氏、孟氏、漆雕氏、仲良氏、公孫氏、樂正氏之儒。」〔二〕陶潛聖賢羣輔錄〔三〕云：「顏氏傳詩，爲諷諫之儒；孟氏傳書，爲疏通致遠之儒；漆雕氏傳禮，爲恭儉莊敬之儒；仲良氏傳樂，爲移風易俗之儒；樂正氏傳春秋，爲屬辭比事之儒；公孫氏傳易，爲潔靜精微之儒。」〔四〕諸儒學皆不傳，無從考其家法；可考者，惟卜氏子夏〔五〕。洪邁容齋隨筆〔六〕云：「孔子弟子，惟子夏於諸經獨有書。雖傳記雜言未可盡信，然要爲與他人不同矣。於易則有傳〔七〕。於詩則有序〔八〕。而毛詩〔九〕之學，一云：子夏授高行子，四傳而至小毛公〔一〇〕；一云：子夏傳曾申，五傳而至大毛公〔一一〕。於禮則有儀禮喪服一篇〔一二〕，馬融〔一三〕王肅〔一四〕諸儒多爲之訓說。於春秋所云不能贊一辭〔一五〕，蓋亦嘗從事於斯矣。公羊高實受之於子夏〔一六〕。穀梁赤〔一七〕者，風俗通〔一八〕亦云子夏門人。於論語，則鄭康成以爲仲弓、子夏等所撰定也〔一九〕。後漢徐防〔二〇〕上疏曰：『詩、書、禮、樂，定自孔子；發明章句，始於子夏。』斯其證云。」朱彝尊經義考〔二一〕云：「孔門自子夏兼通六藝而外，若子木之受易，子開之習書，子輿之述孝經，子貢之問樂，有若、仲弓、閔子騫、言游之撰論語；而傳士喪禮者，實孺悲之功也。」〔二二〕

〔一〕昉，始也；見列子黃帝篇注。

〔二〕韓非子，戰國末韓公子非撰，計二十卷，爲篇五十五。韓非傳見史記卷六十三。顯學篇見卷十九，篇五十。引語係約略原文而成。公孫氏，王先謙韓非子集解作孫氏，引顧廣圻注云：「孫，孫卿也。」

〔三〕聖賢羣輔錄二卷，一名四八目，相傳爲陶潛撰；其實係晚出僞書，不足憑信。詳可參考四庫全書總目提要子部類書類存目。陶潛一名淵明，爲晉時著名詩家；傳見晉書卷九十四、宋書卷九十三，及南史卷七十五隱逸傳。

〔四〕按引語似附會禮記經解及韓非顯學而成，實無史料的價值。禮記經解「溫柔敦厚，詩教也；疏通知遠，書教也；廣博易良，樂教也；絜靜精微，易教也；恭儉莊敬，禮教也；屬辭比事，春秋教也。」與此文比較，僅詩及樂稍異。

〔五〕卜氏子夏即卜商，孔子弟子，在孔門中，以文學著，詳可參考史記卷六十七仲尼弟子列傳。

〔六〕洪邁字景廬，宋番陽人。博極羣書。紹興中，中詞科。累官端明殿學士。曾使金，不辱使節。知贛州、婺州，有政績。謚文敏。傳見宋史卷三百七十三。著容齋隨筆十六卷，續筆十六卷，三筆十六卷，四筆十六卷，五筆十卷，凡七十四卷；辯證考據，頗爲精確。詳可參考四庫全書總目提要子部雜家類二。

〔七〕子夏易傳，漢書藝文志不著錄，始見於隋書經籍志。或以爲此書係漢初韓嬰著，非卜商作，已詳頁四二注〔一〇〕。

〔八〕孔穎達毛詩正義關雎序下云：「舊說云：起此（指『關雎，后妃之德也』）至『用之邦國焉』，名關雎序，謂之小序。自『風，風也』訖末，名爲大序。」據此，則毛詩序有大小之分；但大、小序究爲何人所作，諸說紛紜，以爲子夏作者，不過其中之一說耳。四庫全書總目提要經部詩類詩序下云：「以爲大序子夏作，小序子夏、毛公合作者，鄭玄詩譜也。以爲子夏所序詩卽今毛詩序者，王肅家語注也。以爲衞宏受學謝曼卿作詩序者，後漢書儒林傳也。以爲子夏所創，毛公及衞宏又加潤益者，隋書經籍志也。以爲子夏不序詩者，韓愈也。以爲子夏惟裁初句，以下出於毛公者，成伯璵也。……以爲村野妄人所作，昌言排擊而不顧者，則倡之者鄭樵、王質，和之者朱子也。」

〔九〕詩在漢時，有今古文之分。今文詩又分爲魯、齊、韓三家；古文詩惟毛氏一家，所謂毛詩是也。漢書儒林傳「毛公，趙人也，治詩。」後漢書儒林傳「趙人毛萇傳詩，是爲毛詩。」

〔一〇〕陸德明經典釋文序錄「徐整云：子夏授高行子，高行子授薛倉子，薛倉子授帛妙子，帛妙子授河間人大毛公。毛公爲詩故訓傳於家，以授趙人小毛公。」

〔一一〕陸璣毛詩草木蟲魚疏「孔子刪詩，授卜商。商爲之序，以授魯人曾申。申授魏人李克。克授魯人孟仲子。仲子授根牟子。根牟子授趙人荀卿。荀卿授魯國毛亨。毛亨作訓詁傳，以授趙人毛萇。時人謂亨爲大毛公，萇爲小毛公。」

〔一二〕賈公彥儀禮正義喪服第十一篇題下云「傳曰者，不知是誰人所作，人皆云孔子弟子卜商字子夏所爲。」

〔一三〕馬融已見頁三五注〔一六〕。融會注喪服經傳一卷，見隋書經籍志，今佚。馬國翰玉函山房輯佚書會輯有一卷。

〔一四〕王肅字子雍，東海郡人。仕至中領軍、散騎常侍。卒謚景。善賈逵、馬融之學，而不好鄭氏。嘗為尚書、詩、論語、三禮、左氏解，幷撰定父朗易傳，晉時皆列於學官。外又有朝廷議禮等文百餘篇與孔子家語注。傳見三國志卷十三魏志。嘗注喪服經傳一卷，見隋書經籍志，今佚。馬國翰玉函山房輯佚書曾輯有一卷。

〔一五〕史記孔子世家「至於為春秋（指孔子），筆則筆，削則削，子夏之徒不能贊一辭。」按：贊，助也。

〔一六〕徐彥春秋公羊傳疏何休序下「戴宏序云：子夏傳與公羊高。高傳與其子平。平傳與其子地。地傳與其子敢。敢傳與其子壽。至漢景帝時，壽乃與其弟子齊人胡毋子都著於竹帛。」

〔一七〕楊士勛春秋穀梁傳疏范甯序題下「穀梁子名淑，字元始，魯人。一名赤。受經於子夏。為經作傳。故曰：穀梁傳孫卿。孫卿傳魯人申公。申公傳博士江翁。」按楊疏蓋根據風俗通。

〔一八〕風俗通為風俗通義之省稱。漢應劭撰。今存，計十卷；內姓氏篇佚，後人輯為附錄一卷。謂之風俗通義者，劭自序云：「言通於流俗之過謬而事該之於義理也。」故名。詳可參考四庫全書總目提要子部雜家類四。

〔一九〕鄭康成，鄭玄之字，已見頁三六注〔一三〕。引語今見陸德明經典釋文序錄。仲弓，冉雍之字，孔子弟子，在孔門中，以德行著，傳見史記卷六十七仲尼弟子列傳。

〔二〇〕徐防字謁卿，後漢沛國人。永平中，舉孝廉，累官司徒。安帝初，以災異免。傳見後漢書卷七十四。引語見防本傳。

〔二〕朱彝尊字錫鬯，號竹垞，淸初秀水人。康熙中，舉鴻博，授檢討。與修明史。後入直內廷，引疾罷歸。工古文，詩與王士禛齊名，又好爲詞。著有曝書亭全集、經義考、明詩綜、詞綜、日下舊聞等書。傳見阮元國史文苑傳卷上。按經義考三百卷，內「宣講立學」「家學」「自述」三卷，皆有錄無書，蓋未竟之作。今存。詳可參考四庫全書總目提要史部目錄類一。

〔三〕子木，商瞿字；子開，漆雕開字；子輿，曾參字；子貢，端木賜字；閔子騫名損；言游字子游；有若，孔子家語云字有；仲弓已見注〔一九〕；均孔子弟子，傳見史記卷六十七仲尼弟子列傳。孺悲傳士喪禮，見禮記雜記，已見頁二三注〔一五〕。

韓非子言八儒有顏氏；孔門弟子，顏氏有八，未必卽是子淵〔一〕。八儒有子思氏；子思二十三篇列漢志儒家，今亡〔二〕。沈約謂禮記中庸、表記、坊記、緇衣皆取子思子〔三〕。然則坊記、表記、緇衣之「子言之」、「子曰」，或卽子思子之言，故中有引論語一條〔四〕。後人以此疑非孔子之言；解此，可無疑矣。諸篇引易、書、詩、春秋，皆可取證古義。劉瓛以緇衣爲公孫尼子所作〔五〕，沈約以樂記取公孫尼子〔六〕，或卽八儒之公孫氏歟？曾子十八篇，漢志列儒家，今存十篇於大戴禮記〔七〕中：曾子立事弟一，曾子本孝弟二，曾子立孝弟三，曾子大孝弟四，曾子事父母弟五，曾子制言上弟六，曾子制言中弟七，曾子制言下弟八，曾子疾病弟九，曾子天員〔八〕弟十。中引經義，皆極純正；天員篇尤足見大賢之學無不通云。「單居離問於曾子曰：『天員而地方者，誠有之乎？』曾子曰：『天之所生上首，地之所生下首；上首之謂員，下首之謂方。如誠天員而地方，則是四角之不揜也。』」〔九〕據曾子說，謂員謂方，謂其道，非謂其形。方員同積，員者不能揜方之四角。今地爲天所揜，明地在天中。天體渾員，地體亦員，與地球之說合。周髀算經〔一〇〕、黃帝內經〔一一〕皆言地員，非發自西人也。

〔一〕按史記仲尼弟子列傳，除顏回外，尚有顏無繇、顏幸、顏高、顏祖、顏之僕、顏噲、顏何七人，故云顏氏有八。子淵，顏回之字。

〔二〕子思二十三篇，列漢書藝文志諸子略儒家。清末黃以周會輯有子思子。

〔三〕見隋書音樂志引。沈約字休文，吳興武康人。爲南北朝時著名之文學家。仕宋及齊，累官司徒左長史。梁武帝時，爲尚書僕射，遷尚書令。卒謚隱。著有晉書、宋書、齊紀、梁武紀、邇言、謚例、宋文章志及文集百卷。傳見宋書卷一百自序、梁書卷十三及南史卷五十七。中庸、表記、坊記、緇衣，皆今小戴禮記篇名，篇次爲第三十一、第三十二、第三十、第三十三。

〔四〕禮記坊記「論語曰：『三年無改於父之道，可謂孝矣。』」

〔五〕孔穎達禮記正義緇衣篇題下云：「劉瓛云：公孫尼子所作也。」劉瓛字子珪，沛國相人。博通五經。拜彭城郡丞，遷會稽。當世稱爲大儒。謚貞簡先生。有文集。傳見南齊書卷三十九及南史卷五十。公孫尼子，漢志以爲係孔子弟子七十子之弟子，隋志以爲似孔子弟子。書計二十八篇，今亡，馬國翰玉函山房輯佚書輯有一卷。

〔六〕見隋書音樂志引沈約語。樂記爲禮記之第十九篇。

〔七〕大戴禮記本八十五篇，後亡佚四十六篇，今存三十九篇，爲卷十三。西漢戴德編。西漢禮學本有大、小戴之分，德爲大戴，聖爲小戴；今十三經中之禮記卽小戴禮記也。清孔廣森有大戴禮記補注，可參考。

〔八〕員卽圓字。

〔九〕孔廣森大戴禮記補注「上首謂動物，下首謂植物。……圓形動，故動物象之；方形靜，故植物象之。」揜卽掩字，覆蓋也。

〔一〇〕周髀算經二卷，始著錄於隋書經籍志，其撰著者姓氏已不可考。其中如「日運行處極北，北方日中，南方夜半。日在極東，東方日中，西方夜半。日在極南，南方日中，北方夜半。日在極西，西方日中，東方夜半」等語，頗含有地圓之理。詳可參考四庫全書總目提要子部天算類一。

〔一一〕黃帝內經，漢書藝文志方技略著錄爲十八卷。皇甫謐甲乙經序云「鍼經九卷，素問九卷，二九十八卷，卽內經也。」王氷內經素問序「內經十八卷，素問卽其經之九卷也；兼靈樞九卷，迺其數焉。」按素問爲黃帝內經之一部分，目錄學者絕無疑義；至其他一部分，是否爲鍼經或靈樞，學者頗有異辭，詳可參考四庫全書總目提要子部醫家類一。至撰著者指爲黃帝，其爲依託，原甚明顯。其中如「黃帝問於岐伯曰：『地之爲下，否乎？』岐伯曰：『地爲人之下，太虛之中，大氣舉之。』」等語，似亦頗含有地圓之義。

史記儒林傳曰：「孟子、荀卿〔一〕之列，咸遵夫子之業而潤色之，以學顯於當世。」趙岐謂孟子通五經，尤長於詩、書〔二〕。今考其書，實於春秋之學尤深。如云「春秋，天子之事」〔三〕、「其義則丘竊取」〔四〕之類，皆微言大義。惜孟子春秋之學不傳。羣輔錄云樂正氏傳春秋，不知卽孟子弟子樂正克〔五〕否。其學亦無可考。惟荀卿傳經之功甚鉅。釋文序錄〔六〕毛詩，一云：「孫卿子傳魯人大毛公」〔七〕，則毛詩爲荀子所傳。漢書楚元王交傳「少時嘗與魯穆生、白生、申公同受詩於浮丘伯。伯者，孫卿之門人。」〔八〕魯詩出於申公〔九〕，則魯詩亦荀子所傳。韓詩今存外傳〔一〇〕，引荀子以說詩者，四十有四，則韓詩亦與荀子合。序錄「左丘明作傳以授曾申。申傳衞人吳起。起傳其子期。期傳楚人鐸椒。椒傳趙人虞卿。卿傳同郡荀卿。」則左氏春秋，荀子所傳。儒林傳云：「瑕丘江公受穀梁春秋及詩於魯申公。」〔一一〕申公爲荀卿再傳弟子，則穀梁春秋亦荀子所傳。大戴曾子立事篇載荀子修身、大略二篇〔一二〕文，小戴樂記、三年問、鄉飲酒義篇載荀子禮論、樂論篇〔一三〕文，則二戴之禮亦荀子所傳。劉向稱荀卿善爲易，其義略見非相、大略二篇〔一四〕。是荀子能傳易、詩、禮、樂、春秋，漢初傳其學者極盛〔一五〕。

〔一〕荀卿名況，一稱孫卿，著有荀子三十二篇，爲戰國末儒家之著名者，與孟子並稱，傳見史記卷七十四。

〔二〕趙岐字邠卿；初名嘉，號臺卿；京兆長陵人。仕州郡。性廉直，以迕宦官，避禍變姓名，賣餅北海市。後徵拜議郎，擢太常。曾撰孟子章句，今十三經注中孟子即用其注。傳見後漢書卷九十四。

引語見孟子題辭。按題辭即序文也。

〔三〕語見孟子滕文公下。原文云：「世衰道微，邪說暴行有作，臣弒其君者有之，子弒其父者有之。孔子懼，作春秋。春秋，天子之事也。」

〔四〕語見孟子離婁下。原文云：「王者之迹熄而詩亡，詩亡然後春秋作。晉之乘，楚之檮杌，魯之春秋，一也。其事則齊桓、晉文，其文則史；孔子曰：『其義則丘竊取之矣。』」

〔五〕孟子梁惠王下趙岐注：「樂正，姓也，……孟子弟子也，爲魯臣。……克，樂正子名也。」

〔六〕釋文序錄謂唐陸德明經典釋文之序錄，已見頁四〇注〔四〕。

〔七〕按此語係依據陸璣毛詩草木蟲魚疏，已詳頁五〇注〔二〕。

〔八〕楚元王傳見漢書卷三十六 原書「同」作「俱」，無「之」字，「人」下有「也」字，稍異。漢書注「白生，魯國奄里人。浮丘伯，秦時儒生。」

〔九〕史記卷百二十一儒林傳「申公者，魯人也。……獨以詩經爲訓以教。無傳疑；疑者則闕不傳。」按漢時，詩今文學凡三家：曰魯詩，出於魯人申公；曰齊詩，出於齊人轅固生；曰韓詩，出於燕人韓嬰。

〔一〇〕韓詩，韓嬰所創。史記卷百二十一儒林傳「韓生者，燕人也。孝文時，爲博士。……韓生推詩之意，而爲內外傳數萬言。其語頗與齊、魯間殊，然其歸一也。」漢書卷三十藝文志六藝略「韓內傳四卷，韓外傳六卷。」今內傳已亡，清馬國翰玉函山房輯佚書曾輯有一卷。外傳尚存，分爲十卷，詳可參考四庫全書總目提要經部詩類二。

〔一〕見漢書卷八十八儒林傳。

〔二〕大戴卽大戴禮記，爲漢時戴德所傳。稱爲大戴，所以別於傳小戴禮記之戴聖。曾子立事篇爲大戴記之第四十九篇。又修身爲荀子之第二篇，大略爲第二十七篇。

〔三〕小戴卽小戴禮記，今簡稱禮記，爲漢時戴聖所傳。稱爲小戴，所以別於傳大戴禮記之戴德。樂記爲禮記之第十九篇，三年問爲第三十八篇，鄉飲酒爲第四十五篇。又禮論、樂論爲荀子之第十九、第二十篇。

〔四〕劉向字子政，本名更生，爲漢楚元王之四世孫。治穀梁春秋。初爲諫大夫，數上封事，痛論外戚專擅之禍。元帝時，爲中壘校尉。嘗校書天祿閣，著有別錄。又撰有洪範五行傳、列女傳、列仙傳、新序、說苑等書。傳見漢書卷三十六。又非相爲荀子之第五篇，大略爲第二十七篇。引語本於劉向校荀子敍錄。

〔五〕按此段敍述荀子傳經，係根據清汪中述學荀卿子通論。又胡元儀郇卿別傳及郇卿別傳考異二文，較汪著更詳。王先謙荀子集解卷首均載錄，可參考。

五三六經載籍，見司馬相如封禪書。五三謂五帝三王〔一〕；定自尼山〔二〕；七十二子〔三〕支流，分於戰國。馯臂子弓之傳易，實授蘭陵；荀子書稱仲尼、子弓，或卽傳易之馯臂子弓〔四〕。高行、孟仲之言詩，傳毛詩之高行子孟仲子當卽孟子書所載者。或師鄒嶧〔五〕。王制在赧王之後，說本鄭君〔六〕；周官爲六國之書，論原何氏〔七〕。凡今古學〔八〕之兩大派，皆魯東家之三四傳。王制爲今學大宗，周官爲古學大宗。鄭君欲和同今古文，以王制爲殷制，周官爲周制，調停其說〔九〕。雖云枝葉扶疏，實亦波瀾莫二。是以文侯貴顯，能言大學明堂〔一〇〕；蒙吏荒唐，解道詩、書、禮、樂〔一一〕。秦廷議禮，援天子七廟之文；見秦始皇本紀〔一二〕。汲冢紀年，仿春秋一王之法〔一三〕。良由祖龍肆虐，博士尙守遺書〔一四〕；獲麟成編，西河能傳舊史〔一五〕。當時環堵〔一六〕之士，遁世之徒，崎嶇戎馬之間，展轉縱橫之際，惜年代緜邈〔一七〕，姓氏湮淪；如公羊有沈子、司馬子、北宮子、魯子、高子六人〔一八〕，穀梁有沈子、尸子二人〔一九〕，皆獨抱遺經，有功後學者。

〔一〕史記卷百十七司馬相如列傳封禪書「五三六經載籍之傳」。司馬貞索隱「五，五帝也；三，三王也。」

〔二〕史記卷四十七孔子世家「紇（叔梁紇）與顏氏女野合而生孔子。禱於尼丘，得孔子。」張守節正義「輿地志云：『鄒城西界闕里有尼丘山。』按今尼丘山在兗州鄒城闕里，即此也。」按尼山即尼丘山之省文；此作爲孔子之代辭。

〔三〕又孔子世家「孔子以詩、書、禮、樂教弟子，蓋三千焉；身通六藝者，七十有二人。」按七十二子指孔子高足弟子。

〔四〕漢書卷八十八儒林傳「自魯商瞿子木受易孔子，以授魯橋庇子庸。子庸授江東馯臂子弓。」按弓，史記孔子弟子列傳作弘，且謂係商瞿弟子，與漢書微異。又史記卷七十四荀卿列傳「荀卿乃適楚，而春申君以爲蘭陵令。春申君死，而荀卿廢，遂家蘭陵。」張守節正義「蘭陵縣屬東海郡，今沂州承縣有蘭陵山。」按此文以蘭陵爲荀卿之代辭。又荀子非十二子篇以仲尼、子弓並稱，但注語以荀子書所稱之子弓卽傳易之子弓，恐係揣測之辭。

〔五〕高行子、孟仲子相傳爲傳毛詩者，已見頁五〇注〔一〇〕及〔一一〕。史記卷七十四孟子列傳「孟軻，鄒人也。」按鄒山一稱嶧山，又名鄒嶧山，又名邾嶧山，在今山東鄒縣東南。此文蓋以鄒嶧爲孟子之代辭。

〔六〕孔穎達禮記王制正義引鄭玄答臨碩難禮云：「孟子當赧王之際，王制之作，復在其後。」按王制爲小戴禮記之第五篇。鄭君卽鄭玄。

〔七〕賈公彥周禮正義序周禮廢興「何休亦以爲六國陰謀之書。」按周官本周禮舊稱。何氏指何休。休字邵公，任城樊人。累官諫議大夫。精硏六經，善曆算。尤好公羊春秋，作春秋公羊傳解詁，覃思不闚門者十七年。又有公羊墨守、左氏膏肓、穀梁廢疾等書，爲東漢時著名之經今文學者。傳見後漢書卷百零九下儒林傳。

〔八〕經學在漢時，有今文學、古文學之不同。其初源於經書書寫字體之各異，但其後學統宗派及其他經學上一切問題，亦均隨之而立於對峙地位。詳可參考廖平今古學考、周予同經今古文學及本書序文。

〔九〕禮記王制「公侯田方百里，伯七十里，子男五十里。」又周禮夏官司徒「封公以方五百里則四公，方四百里則六侯，方三百里則七伯，方二百里則二十五子，方百里則百男。」按二說不同，鄭玄調停其說，以王制爲殷制，周禮爲周制，故其注王制云：「此地，殷所因夏爵三等之制也。……周公攝政，致太平，斥大九州之界，制禮，成武王之意，封王者之後爲公及有功之諸侯，大者地方五百里，其次侯四百里，其次伯三百里，其次子二百里，其次男百里。」按皮著禮經通論有「論鄭君和同古今文，於周官古文、王制今文，力求疏通，有得有失」一段，可參考。

〔一〇〕文侯，魏文侯也，曾撰孝經傳，已見頁四二注〔九〕。馬國翰玉函山房輯佚書輯魏文侯孝經傳一卷，於「宗祀文王於明堂」句下輯云：「大學，中學，明堂之地也。」「大學，中學也。……」「明堂在國之陽。」按文侯貴爲諸侯，故云貴顯；其所作孝經傳，詳釋大學明堂，故云能言大學明堂。

〔一一〕蒙叟指莊子。史記卷六十三莊子列傳「莊子者，蒙人也，名周。周嘗爲蒙漆園吏。」又莊子天下篇「莊周……以謬悠之說，荒唐之言，无端崖之辭，時恣縱而不儻。」故皮云「蒙叟荒唐。」又天下篇「其在詩、書、禮、樂者，鄒、魯之士，搢紳先生多能明之。詩以道志，書以道事，禮以道行，樂以道和，易以道陰陽，春秋以道名分。」故皮云「解道詩、書、禮、樂。」

〔一二〕史記卷六秦始皇本紀「二世下詔，增始皇寢廟犧牲及山川百祀之禮，令羣臣議尊始皇廟。羣臣皆頓首言曰：『古者天子七廟，諸侯五，大夫三，雖萬世不軼毀。』」按天子七廟見禮記王制。王制云：「天子七廟，三昭三穆與太祖之廟而七。」

〔一三〕汲冢紀年即竹書紀年。據晉書卷五十一束皙傳，太康二年，汲縣人發魏襄王冢，得古書七十五篇，中有竹書紀年十三篇。按今所存竹書紀年二卷，係後人僞託，詳可參考四庫全書總目提要史部編年類及王國維今本竹書紀年疏證、古本竹書紀年輯校。又史記卷百三十太史公自序「孔子之時，上無明君，下不得任用，故作春秋，垂空文以斷禮義，當一王之法。」按紀年亦係編年體，與春秋相同，故云。

〔一四〕祖龍指秦始皇。史記卷六秦始皇本紀「使者從關東夜過華陰平舒道，有人持璧遮使者曰：『爲吾遺滈池君。』因言曰：『今年祖龍死。』裴駰集解「祖，始也；龍，人君象；謂始皇也。」又肆虐指秦始皇三十五年焚書，三十六年坑儒，詳可參考本紀。博士，秦官。秦焚書後，博士伏勝藏尙書，至漢，以傳朝錯，卽博士尙守遺書之一例，詳可參考史記卷百二十一儒林傳。

〔一五〕史記卷百二十一儒林傳「西狩獲麟，曰：『吾（孔子自謂）道窮矣！』故因史記作春秋，以寓王法。……自孔子卒後，七十子之徒，散游諸侯，大者爲師傅卿相，小者友教士大夫，或隱而不見。故……子夏居西河……如田子方、段干木、吳起、禽滑釐之屬，皆受業於子夏之倫，爲王者師。」張守節正義「西河今汾州也。」又左傳哀公十四年「春，西狩於大野，叔孫氏之車子鉏商獲麟，以爲不祥，以賜虞人。仲尼觀之，曰，麟也。然後取之。」相傳孔子感於麟之死而春秋因以絕筆，故云「獲麟成編」。西河指子夏，言子夏傳其學，而漢左傳、公羊傳、穀梁傳亦皆源於子夏也。

〔一六〕環堵之士，言貧士也。禮記儒行「儒有一畝之宮，環堵之室。」鄭玄注「五版爲堵。」孔穎達正義「環謂周迴也，東西南北唯一堵。」

〔一七〕緜邈，廣遠貌。

〔一八〕公羊傳引子沈子之言，詳見隱公十一年、莊公十一年及定公元年傳文。引子司馬子之言，詳見莊公三十年傳文。引子北宮子之言，詳見哀公四年傳文。引魯子之言頗多，詳見莊公三年、二十三年、僖公五年、十九年、二十四年、二十八年傳文。引高子之言，見文公四年傳文。按皮云六人，而僅舉五子，蓋遺子女子一人。公羊傳引子女子之言，見閔公元年。六子蓋皆傳授公羊之經師，其詳今已不能考見。

〔一九〕穀梁傳引沈子之言，詳見定公元年傳文。引尸子之言，詳見隱公五年傳文；尸子或以爲卽尸佼。

墨子之引書傳，每異孔門〔一〕；呂氏之著春秋，本殊周制〔二〕。其時九流〔三〕競勝，諸子爭鳴；雖有古籍留遺，並非尼山手訂。引書間出百篇之外，引詩或在三千之中，但可臚〔四〕爲異聞，不當執證經義。萬章之問井廩，難補舜典逸文〔五〕；鄭君之注南風，不取尸子雜說〔六〕。誣伊尹以嬰戮〔七〕，據周公之出奔〔八〕，疑皆處士橫議〔九〕之詞，流俗傳聞之誤。雖魏史出安釐之世〔一〇〕，蒙恬見未焚之書〔一一〕；而義異常經，說難憑信。此其授受，本別參商〔一二〕；惜乎辭闢，未經鄒孟〔一三〕。宜有別裁之識，乃無泥古〔一四〕之譏。竹書所云：堯幽囚，益干啓位，太甲殺伊尹，與咸丘蒙之說何異〔一五〕？蒙恬言周公奔楚，亦戰國人之說。恬非經師，雖古，不足信也。

〔一〕墨子引逸書頗多，如尚賢中引湯誓曰：「聿求元聖，與之戮力同心，以治天下。」今湯誓卽無此文，故皮云每異孔門也。

〔二〕呂不韋集門客成呂氏春秋二十六篇，雖名春秋，但與孔子之魯史春秋體制不同，故皮云本殊周制也。

〔三〕漢書藝文志諸子略分諸子爲（一）儒家，（二）道家，（三）陰陽家，（四）法家，（五）名家，（六）墨家，（七）縱橫家，（八），雜家，（九）農家，稱爲九流。

〔四〕臚，敍也，見爾雅釋言。敍爲次敍之意。

〔五〕孟子萬章上「萬章曰：父母使舜完廩，捐階，瞽瞍焚廩。使浚井，出，從而揜之。象曰：『謨蓋都君咸我績；牛羊父母，倉廩父母；干戈朕，琴朕，弤朕，二嫂使治朕棲。』象往入舜宮，舜在牀琴。象曰：『鬱陶思君爾。』忸怩。舜曰：『唯茲臣庶，汝其于予治。』」按舜典今逸；僞古文尚書分堯典之一部分稱爲舜典，不合。

〔六〕禮記樂記「昔者舜作五弦之琴，以歌南風。」鄭玄注：「南風，長養之風也，以言父母之長養己，其辭未聞也。」孔穎達正義「案聖證論引尸子……難鄭云：『昔者舜彈五弦之琴，其辭曰：南風之薰兮，可以解吾民之慍兮！南風之時兮，可以阜吾民之財兮！鄭云其辭未聞，失其義也。』今案……尸子雜說，不可取證正經，故言未聞也。」

〔七〕王國維古本竹書紀年輯校「仲壬崩，伊尹放太甲于桐，乃自立。……七年王潛出自桐，殺伊尹。……」按太甲殺伊尹，不見於正史。

〔八〕史記卷八十八蒙恬列傳「恬曰：……昔周成王初立，未離襁褓，周公旦負王以朝，卒定天下。……及王能治國，有賊臣言周公旦欲爲亂久矣，王若不備，必有大事。王乃大怒，周公旦走而奔於楚。」按周公奔楚不見於尚書。

〔九〕「處士橫議」，語見孟子滕文公下。趙岐注：「布衣處士游說以干諸侯。」

〔一〇〕竹書紀年，本魏國之史書，故云魏史。是書終於安釐王之二十年，故云出安釐之世。晉書卷五十一束皙傳「太康二年，汲郡人不準盜發魏襄王墓，或言安釐王冢，得竹書數十車。其紀年十三篇，記夏以來，至周幽王爲犬戎所滅，以事接之，三家分，仍述魏事，至安釐王之二十年。蓋魏國之史書，大略與春秋皆多相應。」按此係指伊尹被戮事。

〔一一〕蒙恬，秦將，後被二世所害，傳見史記卷八十八。恬生當始皇之時，値焚書之事，當能見未焚之書。按此係指蒙恬言周公奔楚事。

〔一二〕參、商本二星名。參居西方，商居東方，相背而出，永不相見。此以喻兩說之參差不同也。按此二語本孔廣森戴氏遺書序原文。

〔一三〕鄒孟指孟子；孟子鄒人，故云鄒孟。

〔一四〕泥，滯也，見漢書藝文志注。泥古言拘於古而不知化也。

〔一五〕史記卷一五帝本紀張守節正義引竹書云：「昔堯德衰，爲舜所囚。」按今本竹書紀年無此語。晉書卷五十一束皙傳引紀年云：「益干啓位，啓殺之。」按今本竹書紀年亦無此語。太甲殺伊尹已見注〔七〕。咸丘蒙，孟子弟子。孟子萬章上「咸丘蒙問曰：『……舜南面而立，堯帥諸侯北面而朝之，瞽瞍亦北面而朝之。舜見瞽瞍，其容有蹙。孔子曰：「於斯時也，天下殆哉！岌岌乎！」不識此語誠然乎？』孟子曰：『否。此非君子之言，齊東野人之語也。』」按皮云竹書所記，皆齊東野人之言之類，故謂與咸丘蒙之說無異。

秦政晚謬，乃致燔燒〔一〕；漢高宏規，未遑庠序〔二〕。而叔孫生、伏生皆博士故官〔三〕，杜田生、申公亦先朝舊學〔四〕；摭拾秦灰之後，寶藏漢壁之先〔五〕；豈但禮器歸陳〔六〕，弦歌懷魯〔七〕？劉歆移太常博士書〔八〕曰：「漢興，去聖帝明王遐遠，仲尼之道又絕，法度無所因襲。時獨有一叔孫通，略定禮儀。天下但有易卜，未有他書。至孝惠之時，乃除挾書之律〔九〕。然公卿大臣絳、灌〔一〇〕之屬，咸介胄武夫，莫以爲意。至孝文皇帝，始使掌故晁錯從伏生受尚書〔一一〕。尚書初出於屋壁〔一二〕，朽折散絕，今其書見在，時師傳讀而已。詩始萌芽。天下衆書往往頗出，皆諸子傳說，猶廣立於學官，爲置博士。在朝之儒，惟賈生〔一三〕而已。至孝武皇帝，然後鄒、魯、梁、趙頗有詩、禮、春秋先師。當此之時，一人不能獨盡其經，或爲雅，或爲頌，相合而成。泰誓〔一四〕後得，博士集而讀之。故詔書曰：『禮壞樂崩，書缺簡脫，朕甚閔焉。』〔一五〕時漢興已七八十年，離於全經，固已遠矣。」案歆欲興古文，故極詆今學〔一六〕，所說不無過當，而亦可見漢初傳經之苦心。

〔一〕秦始皇名政，故云秦政。燔燒指始皇三十四年焚書事，詳可參考史記卷六始皇本紀。

〔二〕史記卷百二十一儒林傳「漢興，然後諸儒始得修其經埶，……然尚有干戈，平定四海，亦未暇遑庠序之事也。」按皮語本此。漢高指漢高祖劉邦。

〔三〕叔孫生卽叔孫通。史記卷九十九叔孫通傳「叔孫通者，薛人也。秦時，以文學徵，待詔博士。數歲，……拜爲博士。」又伏生名勝。史記卷百二十一儒林傳「伏生者，濟南人也，故爲秦博士。」

〔四〕杜田生卽漢初傳易之田何。漢書卷八十八儒林傳「漢興，田何以齊田徙杜陵，號杜田生。」申公於漢初言魯詩，已見頁五六注〔九〕。

〔五〕相傳古文尙書及逸禮等均於漢武帝時發壁藏得之。漢書卷三十六劉歆傳「魯恭王壞孔子宅，欲以爲宮，而得古文壞壁之中，逸禮有三十九篇，書十六篇。」漢書藝文志略同。

〔六〕史記卷百二十一儒林傳「陳涉之王也，而魯諸儒持孔氏之禮器往歸陳王。於是孔甲爲陳涉博士，卒與涉俱死。」

〔七〕史記儒林傳「高皇帝誅項籍，舉兵圍魯，魯中諸儒尙講習禮樂，弦歌之音不絕。」

〔八〕劉歆已見頁四〇注〔一〇〕。太常博士，本秦官，漢仍之。當時歆欲立經古文學如古文尙書、逸禮、左傳等於學官，主今文學之博士拒之，歆因移書責讓之。詳可參考漢書卷三十六劉歆本傳。又昭明文選卷四十三亦選載。

〔九〕秦始皇三十四年，用李斯之言，禁民間藏書。史記卷六始皇本紀「非博士官所職，天下敢有藏詩書百家語者，悉詣守尉雜燒之。」至漢孝惠帝時，始除此令。

〔一〇〕絳，絳侯周勃也，傳見史記卷五十七及前漢書卷四十。灌，潁陰侯灌嬰也，傳見史記卷九十五及前漢書卷四十一。按二人皆漢初以戰功封爵者。

〔一一〕史記卷百二十一儒林傳「孝文帝時，欲求能治尙書者，天下無有，乃聞伏生能治，欲召之。是時，伏生年九十餘，老，不能行，於是乃詔太常，使掌故朝錯往受之。」朝錯卽晁錯。

〔二〕史記儒林傳「秦時焚書，伏生壁藏之。其後，兵大起，流亡。漢定，伏生求其書，亡數十篇，獨得二十九篇。」故劉言出屋壁也。

〔三〕賈生即賈誼。誼，前漢雒陽人，爲漢文帝時著名儒者。曾爲長沙王太傅及梁王太傅，故稱賈太傅或賈長沙。卒年僅三十三。又稱賈生。著有新書十卷，今存。傳見史記卷八十四及前漢書卷四十八。

〔四〕泰誓，尚書中之一篇；但今古文尚書所傳之泰誓，係東晉時僞造。

〔五〕史記、漢書儒林傳載武帝詔語，皆僅有「禮壞樂崩，朕甚憫焉」八字，無「書缺簡脫」四字，故近代經今文學者每以爲此四字係劉歆故意竄入，以爲主張經古文學之地步。詳可參考康有爲僞經考卷三漢書藝文志辨僞。

〔六〕古文即經古文學，今學即經今文學。

孔子所定謂之經；弟子所釋謂之傳，或謂之記；弟子展轉相授謂之說。惟詩、書、禮、樂、易、春秋六藝乃孔子所手定，得稱爲經。如釋家以佛所說爲經，禪師所說爲律論也〔一〕。易之繫辭，禮之喪服，附經最早；而史記稱繫辭爲傳〔二〕，以繫辭乃弟子作，義主釋經，不使與正經相混也；喪服傳，子夏作，義主釋禮，亦不當與喪禮相混也。論語記孔子言而非孔子所作，出於弟子撰定，故亦但名爲傳；漢人引論語多稱傳。孝經雖名爲經，而漢人引之亦稱傳，以不在六藝之中也。漢人以樂經亡，但立詩、書、易、禮、春秋五經博士，後增論語爲六，又增孝經爲七。唐分三禮、三傳〔三〕，合易、書、詩爲九。宋又增論語、孝經、孟子、爾雅爲十三經。皆不知經傳當分別，不得以傳記概稱爲經也。易之繫辭即卦爻辭；今之繫辭乃繫辭傳，蓋商瞿諸人所作，故其中明引子曰。釋文，王肅本有傳字。史記引繫辭，謂之易大傳。

〔一〕佛教有所謂三藏，即經藏、律藏、論藏。經爲佛所說。論爲菩薩所著，所以闡明佛義。律記戒規儀式，爲僧侶所守。又禪師爲佛教徒之尊稱。

〔二〕史記卷百三十自序引易繫辭「天下一致而百慮，同歸而殊塗」語，稱爲易大傳。

〔三〕三禮，周禮、儀禮及小戴禮記也；三傳，左氏傳、公羊傳及穀梁傳也。

三　經學昌明時代

史記儒林傳曰：「今上〔一〕卽位，趙綰、王臧〔二〕之屬明儒學，而上亦鄉〔三〕之。於是招方正賢良文學之士。自是之後，言詩於魯則申培公，於齊則轅固生，於燕則韓太傅。言尙書，自濟南伏生。言禮，自魯高堂生。言易，自菑川田生。言春秋，於齊、魯自胡毋生，於趙自董仲舒。」申公傳曰：「申公者，魯人也。……獨以詩經爲訓以敎。無傳疑，疑者則闕不傳。……弟子爲博士者十餘人，……至於大夫、郞中、掌故〔四〕以百數。言詩雖殊，多本於申公。」轅固生傳曰：「轅固生者，齊人也。以治詩，孝景時爲博士。……齊言詩，皆本轅固生也。諸齊人以詩顯貴，皆固之弟子。」韓嬰傳曰：「韓生者，燕人也。孝文帝時，爲博士。……推詩之意，而爲內外傳數萬言。其語頗與齊、魯間殊，其歸一也。……燕、趙間言詩者由韓生。」傳言詩，止有魯、齊、韓三家，而無毛詩〔五〕。伏生傳曰：「伏生者，濟南人也。故爲秦博士。孝文帝時，欲求能治尙書者，天下無有，乃聞伏生能治，欲召之。是時，伏生年九十餘，老，不能行，於是乃詔太常，使掌故朝錯往受之。秦時焚書，伏生壁藏之；其後兵大起，流亡。漢定，伏生求其書，亡數十篇，獨得二十九篇〔六〕，卽以敎於齊、魯之間。學者由是頗能言尙書。諸山東大師無不涉尙書以敎矣。……孔氏有古文尙書，而安國以今文讀之，因以起其家，逸書得十餘篇〔七〕，蓋尙書滋多於是矣。」傳言尙書，止有伏生；雖及孔氏古文，而不云安國作傳〔八〕。高堂生傳曰：「諸學者多言禮，而魯高堂生最。本禮固自孔子時而其經不具；及至秦焚書，書散亡益多。於今獨有士禮〔九〕，高堂生能言之。」傳言禮，止有儀禮，而無周官〔一〇〕。田何傳曰：「自魯商瞿受易孔子，……傳……六世〔一一〕至齊人田何，字子莊，而漢興。田何傳東武人王同子仲，子仲傳菑川人楊何。……言易者本於楊何之家。」傳言易，止有楊何，而無費氏古文〔一二〕。董仲舒傳曰：「董仲舒，廣川人也。以治春秋，孝景時爲博士。……漢興，至於五世〔一三〕之間，唯董仲舒名爲明於春秋；其傳，公羊氏也。」胡母生傳曰：「胡母生，齊人也。孝景時，爲博士。……齊之爲春秋者，多受胡母生。公孫弘亦頗受焉。瑕丘江生爲穀梁春秋。自公孫弘得用，嘗集比其義，卒用董仲舒。」傳言春秋，唯公羊董、胡二家；略及穀梁，而不言左氏〔一四〕。史遷當時蓋未有毛詩、古文尙書、周官、左氏諸古文家也。經學至漢武始昌明，而漢武時之經學爲最純正。

〔一〕今上指漢武帝。

〔二〕趙綰，代人；王臧，蘭陵人；皆嘗受魯詩於申公，請武帝立明堂以朝諸侯。後因不悅於竇太后，下獄自殺。詳見史記卷百二十一儒林傳申公傳。

〔三〕鄉，向之借字。荀子仲尼篇注「鄉讀爲向。」

〔四〕掌故，漢太常官屬，掌故事者。

〔五〕毛詩始見於漢書儒林傳。傳云：「毛公，趙人也。治詩，爲河間獻王博士。」後漢書儒林傳「趙人毛萇傳詩，是爲毛詩。」隋書經籍志「漢初趙人毛萇善詩，自云子夏所傳，作詁訓傳，是爲毛詩古學。」按詩有今古文之分；魯、齊、韓三家爲今文，毛詩爲古文。

〔六〕今文尚書二十九篇，爲：堯典一（連愼徽以下），臯陶謨二（連帝曰來禹以下），禹貢三，甘誓四，湯誓五，盤庚六，高宗肜日七，西伯戡黎八，微子九，泰誓十，牧誓十一，洪範十二，金縢十三，大誥十四，康誥十五，酒誥十六，梓材十七，召誥十八，洛誥十九，多士二十，無逸二十一，君奭二十二，多方二十三，立政二十四，顧命二十五（連王出以下），費誓二十六，呂刑二十七，文侯之命二十八，秦誓二十九。按伏生口傳本僅二十八篇，合後得之泰誓，始爲二十九篇。

〔七〕逸書卽古文尚書，共十六篇，爲：舜典一（別有舜典，非東晉梅賾所分），汨作二，九共九篇三，大禹謨四，棄稷五（別有棄稷），五子之歌六，胤征七，湯誥八，咸有一德九，典寶十，伊訓十一，肆命十二，原命十三，武成十四，旅獒十五，畢命十六。

〔八〕漢書藝文志「古文尚書者，出孔子壁中。……孔安國者，孔子後也，悉得其書，以考二十九篇，多得十六篇。」亦不言孔安國作傳。言安國作傳者，始於釋文及隋志。陸德明經典釋文序錄「安國又受詔爲古文尚書傳。」隋書經籍志「安國又爲五十八篇（合今古文尚書而言）作傳。」按尚書有今古文之分，伏生所傳爲今文，孔氏所得爲古文。

〔九〕士禮卽今儀禮。

〔一〇〕周官卽今周禮。周禮之發現，不見於劉歆移太常博士書、漢書儒林傳及藝文志；唯漢書河間獻王傳云：「獻王所得書，皆古文先秦舊書周官……之屬。」其後陸德明經典釋文及隋書經籍志始詳言其發現之經過。按禮有今古文之分，士禮爲今文，而周官爲古文。

〔一一〕史記仲尼弟子列傳「孔子傳易於瞿。瞿傳楚人馯臂子弘，弘傳江東人矯子庸疵。疵傳燕人周子家豎。豎傳淳于人光子乘羽。羽傳齊人田子莊何。」按自孔子至田何，適爲六傳。又漢書儒林傳「商瞿……授魯橋庇子庸。子庸授江東馯臂子弓。子弓授燕周醜子家。子家授東武孫虞子乘。子乘授齊田何子裝。」傳授雖亦爲六世，但次第姓名稍有不同。

〔一二〕漢書儒林傳「費直字長翁，東萊人也。治易。爲郎，至單父令。長於卦筮，亡章句，徒以彖、象、繫辭十篇、文言解說上下經。」又漢書藝文志六藝略「唯費氏經與古文同。」又隋書經籍志「漢初又有東萊費直傳易，其本皆古字，號曰古文易。」按易有今古文之分，楊何爲今文易，費氏爲古文易。

〔一三〕五世指漢高祖、惠帝、文帝、景帝及武帝也。

〔一四〕春秋有今古文學之分，公羊、穀梁爲今文，左傳爲古文，但近幷有疑穀梁亦爲古文者。左氏傳之來源，漢書藝文志言之頗詳。志云：「丘明（左丘明）恐弟子（孔子弟子）各安其意，以失其（指春秋）眞，故論本事而作傳，明夫子不以空言說經也。」至左氏傳之發現，各說不同：王充論衡案書篇以爲出於孔壁；許愼說文解字序以爲張蒼所獻；漢書劉歆傳以爲本藏於祕府，爲劉歆所發見。

困學紀聞「後漢翟酺曰：『文帝始置一經博士。』〔一〕考之漢史，文帝時，申公、韓嬰以詩爲博士，五經列於學官者，唯詩而已。景帝以轅固生爲博士，而餘經未立。武帝建元五年〔二〕春，初置五經博士。儒林傳贊曰：『武帝立五經博士，書唯有歐陽〔三〕，禮后〔四〕，易楊，春秋公羊而已。』立五經而獨舉其四，蓋詩已立於文帝時，今併詩爲五也。」〔五〕案史記儒林傳，董仲舒、胡母生皆以治春秋，孝景時爲博士，則景帝已立春秋博士，不止詩一經矣。特至武帝，五經博士始備。此昌明經學一大事，而史記不載；但云：「武安侯田蚡〔六〕爲丞相，絀黃、老〔七〕刑名百家之言，延文學儒者數百人，而公孫弘以春秋白衣爲天子三公，封以平津侯，天下之學士靡然鄉風矣。公孫弘爲學官，悼道之鬱滯，乃請……爲博士官置弟子五十人。……郡國縣道邑有好文學、敬長上、肅政敎、順鄉里者，……詣太常，得受業如弟子。一歲皆輒試，能通一藝以上，補文學掌故缺。其高第可以爲郎中者，太常籍奏。卽有秀才異等，輒以名聞。」〔八〕此漢世明經取士之盛典，亦後世明經取士之權輿〔九〕。史稱之曰：「自此以來，則公卿大夫士吏彬彬多文學之士矣。」〔一〇〕方苞謂古未有以文學爲官者，誘以利祿，儒之途通而其道亡〔一一〕。案方氏持論雖高，而三代以下既不尊師，如漢武使束帛加璧安車駟馬迎申公〔一二〕，已屬曠世一見之事。欲興經學，非導以利祿不可。古今選舉人才之法，至此一變，亦勢之無可如何者也。

〔一〕一經博士，今本後漢書一誤作五。

〔二〕建元爲漢武帝第一年號，計六年，當公元前一四〇年至一三三年。建元五年當公元前一三二年。

〔三〕漢書儒林傳「歐陽生字和伯，千乘人也。事伏生。授兒寬。……寬授歐陽生子，世世相傳，至曾孫高子陽，爲博士。高孫地餘長賓，……後爲博士，論石渠。……由是尙書世有歐陽氏學。」按武帝所立之歐陽尙書，卽歐陽生也。

〔四〕漢書儒林傳「孟卿……授后倉。……倉說禮數萬言，號曰后氏曲臺記。」按禮后，后卽后倉。

〔五〕引語見宋王應麟困學紀聞卷八「經說」。困學紀聞已見頁三三注〔八〕。

〔六〕田蚡，孝景后同母弟，嘗爲丞相，用儒術，封爲武安侯。傳見史記卷百零七及前漢書卷五十二。

〔七〕黃、老相傳爲黃帝與老子；但近人夏曾佑中國古代史第二篇「黃老之疑義」，疑黃爲黃子，卽司馬談之師，爲漢初習道家言者。

〔八〕此段見史記儒林傳，但頗多刪節。

〔九〕爾雅釋詁「權輿，始也。」

〔一〇〕語見漢書儒林傳。

〔一一〕方苞字靈皋，號望溪，淸桐城人。康熙進士。累官禮部侍郞。論學宗宋儒；文學韓、歐，嚴於義法，爲桐城派之初祖。著有望溪全集。傳可參考錢儀吉碑傳集卷二十五。望溪文集書儒林傳後云：「古未有以文學爲官者；以德進，以事舉，以言揚；詩、書六藝特用以通在物之理，而養其六德、成其六行焉耳。……其以文學爲官，始於叔孫通弟子，以定禮爲選首；成於公孫弘，請試士於太常；而儒術之汚隆自是中判矣。」「弘之興儒術也，則誘以利祿，……由是儒之道汚，禮義亡，而所號爲文學者亦與古異矣。」又書儒林傳後云：「由弘以前，儒之道雖鬱滯而未嘗亡；由弘以後，儒之途通而其道亡矣。」按皮所引方說，蓋約此二文。

〔三〕史記儒林傳「綰（趙綰）、臧（王臧）請天子欲立明堂以朝諸侯，不能就其事，乃言師申公。於是天子使使束帛加璧安車駟馬迎申公，弟子二人乘軺傳從。」

劉歆稱先師皆出於建元之間〔一〕；自建元立五經博士，各以家法教授。據儒林傳贊：書、禮、易、春秋四經，各止一家；惟詩之魯、齊、韓，則漢初已分；申公、轅固、韓嬰，漢初已皆爲博士。此三人者，生非一地，學非一師，詩分立魯、齊、韓三家，此固不得不分者也。其後五經博士分爲十四：易立施、孟、梁丘、京四博士〔二〕；書立歐陽、大小夏侯三博士〔三〕；詩立魯、齊、韓三博士；禮立大小戴二博士〔四〕；春秋立嚴、顏二博士〔五〕；共爲十四。後漢儒林傳云：「詩，齊、魯、韓、毛。」則不止十四，而數共十五矣。儒林傳明云：「又有毛公之學，自謂子夏所傳，而河間獻王好之，未得立。」是漢時毛詩不立學。日知錄〔六〕以爲衍一「毛」字〔七〕，考訂甚確。漢人治經，各守家法〔八〕；博士教授，專主一家。而諸家中，惟魯、齊、韓詩本不同師，必應分立；若施讎、孟喜、梁丘賀同師田王孫〔九〕，大小夏侯同出張生，張生與歐陽生同師伏生，夏侯勝、夏侯建又同出夏侯始昌〔一〇〕，戴德、戴聖同師后倉〔一一〕，嚴彭祖、顏安樂同師眭孟〔一二〕，皆以同師共學而各顓〔一三〕門教授，不知如何分門，是皆分所不必分者。

〔一〕語見劉歆移讓太常博士書。書載漢書卷三十六劉歆本傳。

〔二〕易今文學分四家：一、施讎，二、孟喜，三、梁丘賀，四、京房，詳見漢書儒林傳。

〔三〕書今文學分三家：一、歐陽生，已見頁七四注〔三〕；二、大夏侯，夏侯勝；三、小夏侯，夏侯建；詳見漢書儒林傳。

〔四〕禮今文學分三家：一、大戴，戴德；二、小戴，戴聖；三、慶氏，慶普。慶氏不立於學官，故僅有大小戴二家。詳見漢書儒林傳。

〔五〕春秋公羊傳係今文學，分二家：一、嚴彭祖，二、顏安樂，詳見漢書儒林傳。

〔六〕日知錄，三十二卷，明末顧炎武撰。炎武爲清代考證學之始祖，是書自記稱：自少讀書，有所得，輒記之。其有不合，時復改定。或古人先我而有者，則遂削之。積三十餘年，乃成一編。蓋其一生精力之所注也。詳可參考四庫全書總目提要子部雜家類三。

〔七〕見日知錄卷二十六「史文衍字」條。

〔八〕西漢經學有所謂家法，卽師弟傳授專守一家之學之謂。

〔九〕田王孫碭人，治易，爲田何之再傳弟子。田何授丁寬，寬授田王孫，王孫授施讎、孟喜、梁丘賀，見漢書儒林傳。

〔一〇〕漢書儒林傳「伏生教濟南張生及歐陽生。……夏侯都尉從濟南張生受尚書，以傳族子始昌。始昌傳勝。……勝傳從兄子建。」

〔一〕漢書儒林傳「孟卿，東海人也，事蕭奮，以授后蒼。……蒼說禮數萬言，號曰后氏曲臺記，授……梁戴德延君、戴聖次君。」

〔二〕公羊春秋由董仲舒授嬴公，嬴公授眭孟，孟授嚴彭祖、顏安樂，詳見漢書儒林傳及漢書卷七十五眭孟傳。

〔三〕顓與專同，見漢書賈捐之傳注。

漢人最重師法。師之所傳，弟之所受，一字毋敢出入；背師說卽不用。師法之嚴如此。而考其分立博士，則有不可解者。漢初，書唯有歐陽，禮后，易楊，春秋公羊，獨守遺經，不參異說，法至善也。書傳於伏生，伏生傳歐陽，立歐陽已足矣。二夏侯出張生，而同原伏生；使其學同，不必別立；其學不同，是背師說，尤不應別立也。試舉書之二事證之。伏生大傳以大麓爲大麓之野，明是山麓〔一〕；史記以爲山林，用歐陽說〔二〕；漢書于定國傳以爲大錄，用大夏侯說〔三〕，是大夏侯背師說矣。伏生大傳以孟侯爲迎侯〔四〕，白虎通朝聘篇用之〔五〕；而漢書地理志，周公封弟康叔，號曰孟侯〔六〕，用小夏侯說，是小夏侯背師說矣。小夏侯乃大夏侯從子，從之受學，而謂大夏侯疏略難應敵；大夏侯亦謂小夏侯破碎大道〔七〕。是小夏侯求異於大夏侯，大夏侯又求異於歐陽。不守師傳，法當嚴禁，而反爲之分立博士，非所謂

「大道多歧亡羊」〔八〕者乎？史記云：「言易者本於楊何。」〔九〕立易，楊已足矣；施、孟、梁丘師田王孫，三人學同，何分顓門；學如不同，必有背師說者。乃明知孟喜改師法，不用，後又爲立博士〔一〇〕，此何說也。京房受易焦延壽而託之孟氏，孟氏弟子不肯，皆以爲非，而亦爲立博士〔一一〕，又何說也。施、孟、梁丘，今不可考；惟京氏猶存其略〔一二〕。飛伏、世應〔一三〕，多近術數，是皆立所不當立者。二戴、嚴、顏不當分立，亦可以此推之。

〔一〕尚書大傳相傳爲伏生作，今存四卷，補遺一卷，詳可參考四庫全書總目提要經部書類二附錄。陳壽祺有尚書大傳輯校，見續清經解卷三五四至三五六，較完善。大傳唐傳堯典云：「堯推尊舜而尚之，屬諸侯焉，致天下於大麓之野。」按訓麓爲山麓。

〔二〕史記卷一五帝本紀「堯使舜入山林川澤，暴風雷雨，舜行不迷，堯以爲聖。」又「舜入於大麓，烈風雷雨不迷，堯乃知舜之足授天下。」按此亦訓麓爲山麓，與大傳同。

〔三〕漢書卷七十一于定國傳「上報定國曰：『萬方之事，大錄於君。』」按此引用尚書，訓麓爲錄，以大麓爲大錄，與大傳不同。清陳喬樅今文尚書經說考「考儒林傳，周堪與孔霸俱事大夏侯勝。……霸以大中大夫授太子。及元帝卽位，……霸以帝師，賜爵號褒成君。據元帝報定國書，有萬方之事大錄於君語，是用大夏侯說可知。」

〔四〕尚書康誥「王若曰：孟侯，朕其弟。」伏生尚書大傳「天子太子年十八，曰孟侯。孟侯者，於四方諸侯來朝，迎於郊者，問其所不知也。」鄭玄注「孟，迎也。」按大傳以孟侯指成王。

〔五〕白虎通爲白虎通義之省文，或稱爲白虎通德論。計四卷，漢班固編，今存。後漢書儒林傳序「建初中（章帝建初四年當公元七九年），大會諸儒於白虎觀，考詳同異，連月乃罷。肅宗親臨稱制，如石渠故事，顧命史臣，著爲通義。」詳可參考四庫全書總目提要子部雜家類二。白虎通朝聘篇云：「朝禮奈何？諸侯將至京師，使人通命於天子。天子遣大夫迎之百里之郊，遣世子迎之五十里之郊。……尚書大傳曰：『天子太子年十八，曰孟侯；於四方諸侯來朝，迎於郊。』」按白虎通卽用尚書大傳說。

〔六〕漢書卷二十八地理志「武王崩，三監畔，周公誅之，盡以其地封弟康叔，號曰孟侯，以夾輔周室。」顏師古王莽傳注「孟，長也；孟侯者，言爲諸侯之長也。」清陳喬樅今文尚書經說考「案漢志以孟侯爲康叔號，誼與伏生不同，蓋小夏侯之說也。……固之從祖班伯，從鄭寬中受小夏侯尚書；固世修其業，當亦習小夏侯之學也。」

〔七〕漢書卷七十五夏侯建傳「勝從父子建，字長卿，自師事勝及歐陽高，左右采獲。又從五經諸儒問與尚書相出入者，牽引以次章句，具文飾說。勝非之，曰：『建所謂章句小儒，破碎大道。』建亦非勝爲學疏略，難以應敵。建卒自顓門名經。」

〔八〕僞列子說符篇「楊子之鄰人亡羊，既率其黨，又請楊子之豎追之。楊子曰『嘻！亡一羊，何追者之衆？』鄰人曰：『多歧路。』既反，問：『獲羊乎？』曰：『亡之矣。』曰：『奚亡之？』曰：『歧路之中，又有歧焉，吾不知所之，所以反也。』」又「心都子曰：『大道以多歧亡羊，學者以多方喪生。』」

〔九〕史記儒林傳「要言易者，本於楊何之家。」

〔一〇〕漢書儒林傳「喜（孟喜）好自稱譽，得易家候陰陽災變書，詐言師田生（田王孫）且死時，枕喜膝，獨傳喜。諸儒以此耀之；同門梁丘賀疏通證明之，曰：『田生絕於施讎手中；時喜歸東海，安得此事。』……博士缺，衆人薦喜；上聞喜改師法，遂不用喜。」又本傳傳贊「至孝宣世，復立……施、孟、梁丘易。」據此，則孟氏易與施氏、梁丘氏易同時立為博士。

〔一一〕漢書儒林傳「京房受易梁人焦延壽（贛）。延壽云嘗從孟喜問易；會喜死，房以為延壽易即孟氏學。翟牧、白生（光）不肯，皆曰：『非也。』」又本傳傳贊「至元帝世，復立京氏易。」按翟牧、白光皆孟喜之弟子。

〔一二〕隋書經籍志「梁丘、施氏、高氏亡於西晉。孟氏、京氏有書無師。」今施、孟、梁丘易均亡，馬國翰玉函山房輯佚書輯有周易施氏章句一卷、孟氏章句二卷、梁丘氏章句一卷；黃奭黃氏逸書考輯有孟喜易章句。至京房易，除玉函山房輯佚書輯有周易京氏章句一卷及黃氏逸書考輯有京房易章句外，今尚存京氏易傳三卷，四庫全書總目提要歸入子部術數類，云：「其書雖以易傳為名，而絕不詮釋經文，亦絕不附合易義。」

〔一三〕飛伏言卦之見否；朱子發云：「凡卦見者為飛，不見者為伏。飛，方來也；伏，既往也。」世應言卦爻之相應；京房易積筭法云：「孔子易云有四易：一世、二世為地易，三世、四世為人易，六世、八純為天易，游魂、歸魂為鬼易。」易乾鑿度云：「三畫成乾，六畫成卦。三畫已下為地，四畫已上為天。易氣從下生；動於地之下，則應於天之下；動於地之中，則應於天之中；動於地之上，則應於天之上。初以四，二以五，三以上，此之謂應。」按飛伏、世應皆京房說易之術，其詳不甚可考。清惠棟著易漢學，其四爲京房易，有專釋飛伏、世應二章，可參考。

劉歆移太常博士書〔一〕曰：「往者，博士書有歐陽，春秋公羊，易則施、孟，然孝宣皇帝猶復廣立穀梁春秋、梁丘易、大小夏侯尚書。義雖相反，猶並置之。何則？與其過廢也，寧過而存之。」漢書儒林傳贊曰：「初書唯有歐陽、禮后、易楊、春秋公羊而已。至孝宣世，復立大小夏侯尚書、大小戴禮、施、孟、梁丘易、穀梁春秋。至元帝世，復立京氏易。平帝時，又立左氏春秋、毛詩、逸禮、古文尚書。所以罔〔二〕羅遺失，兼而存之，是在其中矣。」案二說於漢立博士，敍述略同，施、孟、梁丘先後少異。劉歆欲立古文諸經，故以增置博士爲例。然義已相反，安可並置；既知其過，又何必存；與其過存，無寧過廢。強詞飾說，宜博士不肯置對也〔三〕。博士於宣、元之增置，未嘗執爭；獨於歆所議立，力爭不聽。蓋以諸家同屬今文，雖有小異，尚不若古文乖異之甚。然防微杜漸，當時已少深慮。范升謂：「近有司請置京氏易博士，羣下執事莫能據正。京氏既立，費氏怨望。左氏春秋復以比類，亦希置立。京、費已行，次復高氏。春秋之家，又有騶、夾〔四〕。如今左氏、費氏得置博士，高氏、騶、夾五經奇異，並復求立。」〔五〕據范氏說，可見漢時之爭請立學者，所見甚陋，各懷其私。一家增置，餘家怨望；有深慮者，當豫絕其萌，而不可輕開其端矣。平帝時，立左氏春秋、毛詩、逸禮、古文尚書〔六〕，王莽、劉歆所爲，尤不足論。光武興，皆罷之。此數經，終漢世不立。趙岐孟子題辭云：「孝文皇帝欲廣游學之路，論語、孝經、孟子、爾雅皆置博士。」案宋以後以易、書、詩、三禮、三傳及論語、孝經、孟子、爾雅爲十三經，如趙氏言，則漢初四經已立學矣。後世以此四經並列爲十三經，或卽趙氏之言啓之。但其言有可疑者。史記、漢書儒林傳皆云：「文帝好刑名，博士具官〔七〕未有進者。」既云具官，豈復增置；五經未備，何及傳記。漢人皆無此說，惟劉歆移博士書有孝文時諸子傳說立於學官之語，趙氏此說當卽本於劉歆，恐非實錄。

〔一〕已見頁六六注〔八〕。

〔二〕罔卽網之重文。

〔三〕漢書卷三十六劉歆傳「（歆）欲建立左氏春秋及毛詩、逸禮、古文尚書，皆列於學官。哀帝令歆與五經博士講論其義，諸博士或不肯置對。」

〔四〕西漢時，春秋除今文之公羊、穀梁及古文之左傳外，尚有騶氏、夾氏二家。漢書藝文志六藝略「及末世口說流行，故有公羊、穀梁、騶、夾之傳，四家之中，……騶氏無師，夾氏未有書。」則鄒、夾漢時已不傳矣。

〔五〕范升字辯卿，代郡人。少通論語、孝經，長習梁丘易、老子。拜議郎，遷博士。永平中，爲聊城令，坐事免官，爲後漢著名經今文學者。當光武帝建武間，與經古文學者韓歆、許淑、陳元等辨難頗烈。傳見後漢書卷六十六。引語見升本傳。

〔六〕語本漢書儒林傳傳贊。

〔七〕具官猶語僅備官額而已。漢書儒林傳注云：「具官謂備員而已。」

劉歆移博士書又曰：「魯共王得古文，逸禮有三十九篇，書十六篇，及春秋左氏丘明所修，皆古文舊書。」而詆博士「抑此三學，以尙書爲備，謂左氏爲不傳春秋。」案此乃前漢經師不信古文之明證也。以尙書爲備，卽王充論衡云：「或說尙書二十九篇者，法曰疑北字誤斗與七宿。四七二十八篇，其一曰斗矣。故二十九是也。」〔一〕尙書百篇，其序略見史記〔二〕；伏生傳篇止二十九，漢人以爲卽此已足，故有配斗與二十八宿之說。若逸書十六篇，其目見於馬、鄭所傳，絕無師說〔三〕。馬、鄭本出杜林〔四〕，未知卽劉歆所云孔壁古文否〔五〕。僞孔篇目，與馬、鄭又不符，其僞更不待辨〔六〕。謂左氏爲不傳春秋，卽范升云：「左氏不祖孔子，而出於丘明，師徒相傳又無其人」〔七〕是也。釋文序錄，左丘明作傳授曾申，遞傳至張蒼、賈誼〔八〕，傳授如此分明，何得謂相傳無人。而范升云云，足見序錄乃後出之說，漢人所未見也。史記稱左氏春秋，不稱春秋左氏傳〔九〕，蓋如晏子春秋〔一〇〕、呂氏春秋〔一一〕之類，別爲一書，不依傍聖經。漢書劉歆傳曰：「初左氏傳多古字古言，學者傳訓故而已，及歆治左氏，引傳文以解經，轉相發明，由是章句義理備焉。」據歆傳，劉歆以前，左氏傳文本不解經，故博士以爲左氏不傳春秋。近人劉逢祿以爲左氏凡例書法皆劉歆竄入者〔一二〕，由史、漢之說推之也。漢書藝文志曰：「魯共王得古文尚書及禮記、論語、孝經，皆古字也。」據此，則共王得孔壁古文，不止逸禮、尚書，幷有禮記、論語、孝經。尚書古文經四十六卷，論語古二十一篇，孝經古孔氏一篇，皆明見藝文志〔一三〕。志於禮但云：禮古經五十六卷，經七十篇，當作十七篇，卽今儀禮。記百三十一篇，無禮記；而今之禮記亦無今古文之分〔一四〕。志云禮記，卽禮古經與記。儀禮有今古文之別；鄭注云：「古文作某，今文作某」是也。鄭以古論語校魯論，見經典釋文，云：「魯讀某爲某，今從古。」孝經古孔氏，許愼嘗遣子沖上說文，並上其古文說〔一五〕。桓譚新論以爲今異者四百餘字〔一六〕。其書亡不可考。隋劉炫僞作古文孝經，唐、宋人多惑之〔一七〕。淺人但見古文二字，卽爲所震，不敢置議，不知前漢經師並不信古文也。

〔一〕見論衡卷二十八正說篇第八十一。

〔二〕書序相傳爲孔子作；但其眞僞，學者間爭辯殊烈；而以後人依託爲之之說爲可信。其見於史記者，如五帝本紀、夏、殷、周本紀、秦本紀、魯世家、晉世家等篇，頗多有之。殷本紀云：伊尹「入自北門，見女鳩、女房，作女鳩女房」，卽其一例。但近人以爲史記中此種書序，均係劉歆所竄入，不足信；詳可參考崔適史記探原卷一「書序」條。

〔三〕隋書經籍志「後漢杜林傳古文尚書，同郡賈逵爲之作訓，馬融作傳，鄭玄亦爲之注。然其所傳，唯二十九篇，又雜以今文，非孔（孔安國）舊本；自餘絕無師說。」唐陸德明經典釋文序錄「今馬、鄭所注，並伏生所誦，非古文也。孔氏之本絕，是以馬、鄭、杜預之徒皆謂之逸書。」按逸書十六篇篇目已見頁七一注〔七〕。

〔四〕杜林字伯山，後漢扶風茂陵人。博洽多聞，時稱通儒。光武時，爲侍御史，官至大司空。嘗於西州得漆書古文尚書一卷，常寶愛之。爲東漢初年之著名經古文學者。傳見後漢書卷五十七。

〔五〕劉歆移太常博士書「魯共王壞孔子宅，欲以爲宮，而得古文於壞壁之中，逸禮有三十九篇，書十六篇。天漢之後，孔安國獻之。遭巫蠱倉卒之難，未及施行。」

〔六〕東晉梅賾獻「僞孔安國古文尚書」二十五篇，爲：大禹謨一，五子之歌二，胤征三，仲虺之誥四，湯誥五，伊訓六，太甲上七，太甲中八，太甲下九，咸有一德十，說命上十一，說命中十二，說命下十三，泰誓上十四，泰誓中十五，泰誓下十六，武成十七，旅獒十八，微子之命十九，蔡仲之命二十，周官二十一，君陳二十二，畢命二十三，君牙二十四，冏命二十五，與馬、鄭所傳古文尚書篇目不同。考證僞孔尚書者，淸閻若璩著有古文尚書疏證，惠棟著有古文尚書考，可參考。

〔七〕語係范升與韓歆辨難之言，見後漢書卷六十六范升傳。

〔八〕陸德明經典釋文序錄「左丘明作傳，以授曾申。申傳衞人吳起。起傳其子期。期傳楚人鐸椒。椒傳趙人虞卿。卿傳同郡荀卿名況。況傳武威張蒼。蒼傳洛陽賈誼。」

〔九〕史記卷十四十二諸侯年表序「魯君子左丘明懼弟子（孔子弟子）人人異端，各安其意，失其（春秋）眞，故因孔子史記，具論其語，成左氏春秋。」按史記此文，不稱爲春秋左氏傳。

〔一〇〕晏子春秋八卷，相傳爲春秋時齊國晏嬰撰。宋崇文總目謂後人採嬰行事爲之，非嬰所撰，蓋得其實。舊時目錄家列入子部，四庫全書總目提要改入史部傳記類。

〔一一〕呂氏春秋二十六卷，秦呂不韋集門客作，今存，詳可參考四庫全書總目提要子部雜家類一。

〔一二〕劉逢祿字申受，武進人。淸嘉慶間進士，官禮部主事。傳莊存與經今文學，爲淸代復興經今文學之著名學者，著有公羊何氏釋例、公羊何氏解詁箋、左氏春秋考證、論語述何、劉禮部集等書。傳可參考繆荃孫續碑傳集卷七十二儒學傳二。皮氏所云，蓋指左氏春秋考證一書。是書計二卷，見淸經解卷一二九五至一九二六。其上卷云：「余年十二，讀左氏春秋，疑其書法是非多失大義；繼讀公羊及董子書，乃恍然於春秋非記事之書，不必待左氏而明。左氏爲戰國時人，故其書終三家分晉；而續經，乃劉歆妄作也。」又云：「凡書曰之文，皆歆所增益，或歆以前已有之。」

〔一三〕均見藝文志「六藝略」。尙書古文經四十六卷，王先謙漢書補注云：「孔安國所得壁中古文，以考伏生二十九篇，得多十六篇，共四十五篇。加孔子序一篇，爲四十六篇。故云四十六卷也。」又論語古二十一篇，班自注云：「出孔子壁中，兩子張。」如淳注：「分堯曰篇後『子張問何如可以從政』以下爲篇，名曰從政。」按今論語二十篇，加從政一篇，爲二十一篇。又孝經古孔氏一篇，班自注云：「二十二章。」顏師古注：「劉向云：古文字也。」

〔一四〕禮記係泛指小戴禮記及大戴禮記。相傳二書無今古文之分；但近人廖平撰兩戴記章句凡例，以爲二書混淆今古文學，因別而出之，見四益館經學叢書。

〔五〕許愼說文解字卷十五末附遣其子沖上說文書云：「愼博問通人，……作說文解字。……今愼已病，遣臣齎詣闕。愼又學孝經孔氏古文說。古文孝經者，孝昭帝時，魯國三老所獻；建武時，給事中議郞衞宏所校；皆口傳，官無其說。謹撰具一篇幷上。」

〔六〕桓譚字君山，沛國相人。光武時，拜議郞；旋與帝意不合，出爲六安郡丞，道病卒。爲東漢初著名學者。其治經，亦好古文學。著有新論十七卷，見隋書經籍志，今亡。譚傳見後漢書卷五十八。

〔七〕漢書藝文志「六藝略」顏師古注引新論云：「古孝經千八百七十一字，今異者四百餘字。」隋書經籍志「又有古文孝經，……孔安國爲之傳，……亡於梁亂。……至隋，祕書監王劭於京師訪得孔傳，送至河間劉炫。炫因序其得喪，述其議疏，講於人間。漸聞朝廷，後遂著令與鄭氏並立。儒者諠諠，皆云炫自作之，非孔舊本。」清盛大士爲丁晏作孝經徵文序，謂「是必王肅妄作。……劉炫得之於王劭，劭與炫皆被欺於王肅。」按前人均以爲古文孝經孔傳爲炫僞作，盛氏、丁氏則以爲係王肅妄作。

兩漢經學有今古文之分。今古文所以分，其先由於文字之異。今文者，今所謂隸書〔一〕，世所傳熹平石經〔二〕及孔廟等處漢碑是也。古文者，今所謂籀書〔三〕，世所傳岐陽石鼓〔四〕及說文所載古文〔五〕是也。隸書，漢世通行，故當時謂之今文；猶今人之於楷書，人人盡識者也。籀書，漢世已不通行，故當時謂之古文；猶今人之於篆、隸，不能人人盡識者也。凡文字必人人盡識，方可以教初學。許愼謂孔子寫定六經，皆用古文〔六〕；然則，孔氏與伏生所藏書，亦必是古文。漢初發藏以授生徒，必改爲通行之今文，乃便學者誦習。故漢立博士十四，皆今文家。而當古文未興之前，未嘗別立今文之名。史記儒林傳云：「孔氏有古文尙書，而安國以今文讀之，」乃就尙書之古今文字而言。而魯、齊、韓詩，公羊春秋，史記不云今文家也。至劉歆始增置古文尙書、毛詩、周官、左氏春秋。旣立學官，必創說解。後漢衞宏〔七〕賈逵〔八〕馬融〔九〕又遞爲增補，以行於世，遂與今文分道揚鑣〔一〇〕。許愼五經異義〔一一〕有古尙書說、今尙書夏侯歐陽說，古毛詩說、今詩韓魯說，古周禮說、今禮戴說，古春秋左氏說、今春秋公羊說，古孝經說、今孝經說，皆分別言之，非惟文字不同，而說解亦異矣。

〔一〕漢書藝文志「是時（秦）始造隸書矣，起於官獄多事，苟趨省易，施之於徒隸也。」唐張懷瓘書斷云隸書爲秦下邽人程邈所作，蓋不可信。

〔二〕後漢書卷九十下蔡邕傳「熹平四年，……奏求正定六經文字。靈帝許之。邕乃自書丹於碑，使工鐫刻，立於太學門外。」按此卽所謂熹平石經，亦稱漢石經。熹平，靈帝年號；熹平四年，當公元一七五年；以經刻石，故稱石經。

〔三〕籀書，相傳爲周宣王太史籀所造，故名；或稱大篆，以別於秦時之小篆。漢書藝文志：「史籀篇者，周時史官教學童書也，與孔氏壁中古文異體。」說文序：「及宣王太史籀著大篆十五篇，與古文或異。」按依此二說，古文當在籀書之前；且與籀書異體，與皮說不合，不知皮氏何所依據。

〔四〕石鼓凡十，作鼓形，旁刻文字，發現於唐時，相傳爲周宣王時獵碣。今存北京舊國子監，惟其一已僅餘其半。鼓之眞僞及其時代，學者爭辯頗烈，近人定爲秦代石刻。

〔五〕說文以小篆爲主，如古文、籀文與小篆異體，則重出古、籀於下。如卷一一部一下云「弌，古文一。」上部旁下云：「㫄，古文旁。雱，籀文。」是也。

〔六〕說文序「至孔子書六經，左丘明述春秋，皆以古文。」

〔七〕衞宏字敬仲，一云字次仲，東海人。光武時，爲議郎。治毛詩及古文尚書，爲東漢著名之古文學者，傳見後漢書卷一〇九下儒林傳。

〔八〕賈逵字景伯，扶風平陵人。爲東漢初之著名古文學者，兼通古文尙書、毛詩、周官、左氏春秋、穀梁春秋等。永平中，獻左氏傳解詁三十篇、國語解詁二十一篇。和帝時，累官侍中，以老病乞歸。所著經傳義詁及論難凡百餘萬言。傳見後漢書卷六十六。

〔九〕馬融已見頁三五注〔一六〕。

〔一〇〕分道揚鑣猶言分路而行。鑣，馬銜也；見說文。

〔一一〕許愼字叔重，汝南召陵人。官至太尉、南閤祭酒。通五經，尤精文字學，著說文解字十五卷。傳見後漢書卷一〇九下儒林傳。愼著五經異義十卷，見隋書經籍志，今佚。清陳壽祺撰有五經異義疏證，輯注較備，可參考，見清經解卷一二四八至卷一二五〇。

治經必宗漢學，而漢學亦有辨。前漢今文說，專明大義微言；後漢雜古文，多詳章句訓詁。章句訓詁不能盡饜學者之心，於是宋儒起而言義理。此漢、宋之經學所以分也。惟前漢今文學能兼義理訓詁之長。武、宣〔一〕之間，經學大昌，家數未分，純正不雜，故其學極精而有用。以禹貢治河〔二〕，以洪範察變〔三〕，以春秋決獄〔四〕，以三百五篇當諫書〔五〕，治一經得一經之益也。當時之書，惜多散失。傳於今者，惟伏生尚書大傳〔六〕，多存古禮，與王制相出入，解書義爲最古；董子春秋繁露〔七〕，發明公羊三科九旨〔八〕，且深於天人性命之學；韓詩僅存外傳〔九〕，推演詩人之旨，足以證明古義。學者先讀三書，深思其旨，乃知漢學所以有用者在精而不在博，將欲通經致用，先求大義微言，以視章句訓詁之學，如劉歆所譏「分文析義，煩言碎辭，學者罷老且不能究其一藝」〔一〇〕者，其難易得失何如也。古文學出劉歆，而古文訓詁之流弊先爲劉歆所譏，則後世破碎支離之學，又歆所不取者。

〔一〕武、宣，西漢孝武帝、孝宣帝也。孝武在位五四年，當公元前一四〇至八七年。宣帝在位二五年，當公元前七三至四九年。

〔二〕以禹貢治河，蓋指平當。漢書卷七十一平當傳「當以經明禹貢，使行河，爲騎都尉，領河隄。」顏師古注：「尚書禹貢載禹治水次第，山川高下，當明此經，故使行河也。」

〔三〕以洪範察變，蓋指夏侯勝。漢書卷七十五夏侯勝傳「會昭帝崩，昌邑王嗣立，數出。勝當乘輿前諫曰：『天久陰而不雨，臣下有謀上者，陛下出，欲何之？』……是時光（霍光）與車騎將軍張安世謀，欲廢昌邑王。光讓安世，以爲世語。安世實不言，迺召問勝。勝對言在洪範傳，曰：

『皇之不極，厥罰常陰，時則下人有伐上者，惡察察言。』故曰臣下有謀。光、安世大驚，以此益重經術士。」

〔四〕以春秋決獄，蓋指董仲舒。漢書藝文志六藝略春秋家著錄公羊董仲舒治獄十六篇。王先謙補注「後書應劭傳故膠西董仲舒老病致仕，朝廷每有政議，數遣廷尉張湯親至陋巷問得失，於是作春秋決獄二百三十二事。」按此書今佚。

〔五〕以三百五篇當諫書，蓋指王式。漢書儒林傳「式爲昌邑王師。昭帝崩，昌邑王嗣立，以行淫亂廢。昌邑羣臣皆下獄誅。……式繫獄當死，治事使者責問曰：『師何以亡諫書？』式對曰：『臣以詩三百五篇朝夕授王，至於忠臣孝子之篇，未嘗不爲王反復誦之也；至於危亡失道之君，未嘗不流涕爲王深陳之也。臣以三百五篇諫，是以亡諫書。』使者以聞，亦得減死論。」

〔六〕伏生尙書大傳已見頁七八注〔一〕。

〔七〕春秋繁露十七卷，董仲舒撰，今存。其書發揮春秋之旨，多主公羊；而往往兼及陰陽五行。後儒以其書未著錄於漢志，每加攻擊；然其中多一家之言，雖未必全出於仲舒，要非後人所依託。詳可參考四庫全書總目提要經部春秋類四。又近人康有爲著有春秋董氏學，發揮董氏之說，可參考。

〔八〕公羊三科九旨已見頁四七注〔八〕。

〔九〕韓詩外傳，今存，已見頁五六注〔一〇〕。

〔一〇〕見劉歆移讓太常博士書。原文「義」作「字」，疑皮偶誤。

太史公書〔一〕成於漢武帝時經學初昌明、極純正時代，間及經學，皆可信據。云「孔子晚而喜易，序彖、繫、象、說卦、文言」〔二〕，則以序卦、雜卦爲孔子作者非矣。云「文王囚於羑里，重八卦爲六十四卦」〔三〕，則以爲伏羲重卦，又以爲神農，以爲夏禹者，皆非矣。云「伏生獨得二十九篇」〔四〕，則二十九篇外無師傳矣。其引書義，以大麓爲山麓〔五〕，旋機玉衡爲北斗〔六〕，文祖爲堯太祖〔七〕，丹朱爲允子朱〔八〕，二十二人中有彭祖〔九〕，「夔曰」八字實爲衍文〔一〇〕，般庚作於小辛之時〔一一〕，微子非告比干、箕子〔一二〕，君奭爲居攝時作〔一三〕，金縢在周公薨後〔一四〕，文侯之命乃命晉重〔一五〕，魯公費誓初代守國〔一六〕。凡此故實，具有明徵，則後人臆解尚書，變亂事實者，皆非矣。云「詩三百篇，孔子皆絃歌之，爲合韶、武雅頌之音」〔一七〕，則朱子以爲淫人自言〔一八〕，王柏以爲雜有鄭、衞者〔一九〕，非矣。既云「關雎爲風始，鹿鳴爲小雅始」〔二〇〕；而又云「周道缺，詩人本之衽席，關雎作；仁義陵遲，鹿鳴刺焉。」〔二一〕本魯詩，以關雎、鹿鳴爲陳古刺今〔二二〕，則毛、鄭以下皆以關雎屬文王，又以爲后妃求淑女〔二三〕，非矣。云「正考父善宋襄公，作商頌」〔二四〕，則毛、鄭以爲正考父得商頌於周太師〔二五〕，非矣。云「春秋筆削，子夏不能贊一辭」〔二六〕，則杜預以爲「周公之志，仲尼從而明之」〔二七〕者，非矣。云「七十子之徒口受其傳指」，於後別出魯君子左丘明云云〔二八〕，則知丘明不在弟子之列，亦未嘗口受傳指，荀崧以爲孔子作春秋，丘明造膝親受者〔二九〕，非矣。荀悅申鑒曰：「仲尼作經，本一而已；古今文不同，而皆自謂眞本經。古今先師，義一而已；異家別說，而皆自謂眞本說。」〔三〇〕案今古文皆述聖經，尊孔教，不過文字說解不同而已；而其後古文家之橫決〔三一〕，則有不可訓者。左氏昭二年傳：「韓宣子來聘，見易象與魯春秋，曰：『周禮盡在魯矣。吾乃今知周公之德與周之所以王也。』」夫魯春秋卽孟子與乘、檮杌並稱者，止有其事其文而無其義。旣無其義，不必深究；而杜預據此孤證，遂以傳中五十凡例皆出周公，書、不書、先書、故書、不言、不稱、書曰之類乃爲孔子新例〔三二〕。如此，則周公之例多，孔子之例少；周公之功大，孔子之功小。奪尼山之筆削，上獻先君；飾冢宰〔三三〕之文章，下誣後聖。故唐時以周公爲先聖，孔子爲先師；孔子止配享周公，不得南面專太牢之祭。劉知幾史通惑經、申左極詆春秋之略，不知左氏之詳〔三四〕。非聖無法，並由此等謬說啓之。孔疏云：「先儒之說春秋者多矣，皆以丘明作傳，說仲尼之經，凡與不凡無新舊之例。」〔三五〕據此，則杜預以前未有云周公作凡例者。陸淳曰：「按其傳例云：弒君稱君，君無道也。……然則周公先設弒君之義乎？」〔三六〕駁難極明，杜之謬說不待辨矣。若易象則伏羲畫卦，文王重卦，孔子繫辭，故曰「易歷三聖。」而鄭衆、賈逵、馬融等皆以爲周公作爻辭，或亦據韓宣子之說〔三七〕，與易歷三聖不合矣。劉歆以周官爲周公致太平之迹〔三八〕；周禮一書遂巍然爲古文大宗，與今文抗衡；周公亦遂與孔子抗衡，且駕孔子而上之矣。太史公曰：「言六藝者，折衷於孔子。」〔三九〕徐防曰：「詩、書、禮、樂定自孔子。」〔四〇〕六經皆孔子手訂，無有言周公者。作春秋尤孔子特筆，自孟子及兩漢諸儒，皆無異辭。孟子以孔子作春秋比禹抑洪水、周公兼夷狄驅猛獸；又引孔子其義竊取之言，繼舜、禹、湯、文、武、周公之後〔四一〕；足見孔子功繼羣聖，全在春秋一書。尊孔子者，必遵前漢最初之古義，勿惑於後起之歧說。與其信杜預之言，降孔子於配享周公之列；不如信孟子之言，尊孔子以繼禹、周公之功也。

〔一〕太史公書指司馬遷所著之史記。史記原名太史公，見漢書藝文志六藝略春秋家；晉後著錄，始改今稱，故隋書經籍志卽稱史記。

〔二〕語見史記卷四十七孔子世家。

〔三〕史記卷四周本紀「其（指文王）囚羑里，蓋益易之八卦爲六十四卦。」

〔四〕語見史記卷百二十一儒林傳。

〔五〕史記卷一五帝本紀「舜入於大麓，烈風雷雨不迷，堯乃知舜之足授天下。」又「堯使舜入山林川澤，暴風雷雨，舜行不迷，堯以爲聖。」按尚書堯典有「納於大麓」語，今文學者訓麓爲山麓，與史記說同，詳可參看頁七八注〔一〕及〔二〕。

〔六〕史記卷一五帝本紀用尚書堯典語，云「舜乃在璿璣玉衡，以齊七政。」陳喬樅今文尚書經說考「伏生今文衹作旋機，歐陽尚書同，大夏侯尚書亦同；今本史記、漢書之作璿璣，乃後人轉寫者改之。」

尚書大傳「旋者，還也；機者，幾也，微也。其變幾微，而所動者大，謂之旋機。是故旋機謂之北極。」按以上諸說，則史記依據今文尚書，本作旋機，訓爲北極，北極即北斗，與今文家說合，而與古文家之作璿璣而訓爲渾天儀者不同。詳可參考陳書。

〔七〕史記卷一五帝本紀用尚書堯典語，云「正月上日，舜受終於文祖。」又釋之曰：「文祖者，堯太祖也。」崔適史記探原卷二謂：堯太祖指黃帝，與今文家說合。史記集解引鄭玄注，謂文祖係五府之大名，猶周之明堂；索隱引尚書緯帝命驗，謂五府係五天帝之廟，蒼曰靈府，赤曰文祖，黃曰神斗，白曰顯紀，黑曰玄矩；皆古文說，不合。詳可參考崔書。

〔八〕尚書堯典「放齊曰：『胤子朱啓明。』帝曰：『吁！嚚訟，可乎？』」史記卷一五帝本紀本之，作「放齊曰：『嗣子丹朱開明。』堯曰：『吁！頑凶，不用。』」按史記以朱爲堯之嗣子丹朱，與今文家說合，而與僞孔傳訓爲「胤國，子爵，丹名」者不同。

〔九〕史記卷一五帝本紀「禹、皋陶、契、后稷、伯夷、夔、龍、垂、益、彭祖，自堯時而皆舉用，未有分職。」又本尚書堯典「帝曰：『咨！汝二十有二人，欽哉，惟時亮天功』」語，作「舜曰：『嗟！女二十有二人，敬哉，惟時相天事。』」崔適史記探原卷二謂：二十二人之數，自禹至彭祖，共爲十人，加以十二牧，乃爲二十二人；與古文家馬融以禹、垂、益、伯夷、夔、龍六人及四岳十二牧合爲二十二人說不合。按史記二十二人數彭祖，與古文家不數彭祖異。

〔一〇〕尚書皋陶謨「夔曰：戛擊鳴球，搏拊琴瑟以詠，祖考來格，虞賓在位，羣后德讓。下管鼗鼓合止，柷敔笙鏞以間，鳥獸蹌蹌。簫韶九成，鳳皇來儀。夔曰：於予擊石拊石，百獸率舞，庶尹允諧。」

史記卷二夏本紀本之，作「於是夔行樂，祖考至，羣后相讓，鳥獸翔舞。簫韶九成，鳳皇來儀，百獸率舞，百官信諧」，無「夔曰於予擊石拊石」八字。按史記無此八字，則今本尚書之有此八字者，實因堯典文而衍。

〔一一〕史記卷三殷本紀「帝盤庚崩，弟小辛立，是爲帝小辛。帝小辛立，殷復衰，百姓思盤庚，迺作盤庚三篇。」按史記以盤庚三篇爲小辛時作，與盤庚遷殷，民不欲徙，因作盤庚三篇以告諭之之古文說不同。

〔一二〕尚書有微子一篇，史記卷三十八宋世家本之，云：「微子度紂終不可諫，欲死之及去，未能自決，乃問於太師、少師。曰：……」崔適史記探原卷五謂：史記係今文說；所謂太師、少師，即周本紀之太師疵、少師彊，乃樂官名，抱樂器奔周者；與古文說以箕子爲太師、比干爲少師之說不合。詳可參考崔書。

〔一三〕史記卷三十四燕世家「成王既幼，周公攝政，當國踐阼，召公疑之，作君奭。」又尚書序「召公爲保，周公爲師，相成王，爲左右。召公不悅，周公作君奭。」按二說不同；史記以君奭爲周公攝政時作，係今文說；書序以君奭爲周公還政爲師作，係古文說。詳可參考陳喬樅今文尚書經說考。

〔一四〕史記卷三十三魯世家「周公卒後，秋未穫，暴風雷雨，禾盡偃，大木盡拔，周國大恐。成王與大夫朝服以開金縢書，……」按史記以金縢在周公卒後，係今文說；與古文說謂周公避流言居東，成王開金縢而迎歸之說不合。詳可參考崔適史記探原卷五。

〔一五〕史記卷三十九晉世家「天子使王子虎命晉侯爲伯，……晉侯三辭，然後稽首受之。周作晉文侯命。」按史記謂尙書文侯之命篇係周襄王命晉文公重耳之語，係今文說；與古文說謂文侯之命係周平王命晉文侯仇之語不合。詳可參考陳喬樅今文尙書經說考及崔適史記探原卷五。皮云晉重，卽晉侯重耳之省文。

〔一六〕史記卷三十三魯世家「魯公伯禽……卽位之後，有管、蔡等反也，淮夷、徐戎亦並興反，於是伯禽率師伐之於肸，作肸誓。」按肸誓卽費誓。史記謂費誓係周公未死、伯禽初之國時所作，與古文說謂費誓係周公死後、伯禽伐徐夷作之說不同。

〔一七〕史記卷四十七孔子世家「（詩）三百五篇，孔子皆絃歌之，以求合韶、武雅頌之音。」

〔一八〕朱子卽朱熹，已見頁三七注〔四〕。熹著詩集傳二十卷，今本併爲八卷，時用鄭樵之說，攻詩序頗力。如鄭風將仲子，云：「此淫奔者之辭」；叔于田，云：「疑此亦民間男女相悅之辭」；皆與舊說不同。

〔一九〕王柏已見頁二九注〔一二〕。柏作詩疑二卷，删野有死麕等三十二篇，以爲係鄭、衞淫奔之詩，聖人之所已删，而僅存於閭巷浮薄者之口。詳可參考詩疑卷上末數段。

〔二〇〕史記卷四十七孔子世家「關雎之亂以爲風始；鹿鳴爲小雅始。」

〔二一〕語見史記卷十四十二諸侯年表序。

〔二二〕魯詩以關雎爲周康王時之刺詩。康王晏朝，故詩人賦關雎以刺之。史記以爲「周道缺」，說本魯詩。又魯詩以鹿鳴亦爲周衰之刺詩。王道衰微，君留心聲色，設酒食嘉肴，而不能厚養賢者，故大臣賦鹿鳴以刺之。史記以爲「仁義凌遲」，即本魯詩。詳可參考陳喬樅魯詩遺說考。

〔一三〕毛公詩故訓傳及鄭玄毛詩傳箋係古文說，以爲關雎係周文王時詩。毛詩序云：「關雎，后妃之德也。」又「關雎，樂得淑女以配君子。」鄭詩譜云：「文王刑于寡妻，至于兄弟，以御于家邦，是故二國（周南、召南）之詩，以后妃夫人之德爲首。」按以後說詩者，每採毛、鄭之說。

〔一四〕史記卷三十八宋世家「襄公之時，修行仁義，欲爲盟主；其大夫正考父美之，故追道契、湯、高宗，殷所以興，作商頌。」按史記以正考父作商頌，本魯詩說。

〔一五〕毛詩序「微子至於戴公，其間禮樂廢壞，有正考父者，得商頌十二篇於周之大師，以那爲首。」鄭詩譜「至戴公時，當宣王，大夫正考父者較商之名頌十二篇於周大師，以那爲首。」按毛、鄭以正考父得商頌於周大師，係古文說。

〔一六〕史記卷四十七孔子世家「至於爲春秋，筆則筆，削則削，子夏之徒不能贊一辭。」

〔一七〕語見杜預春秋左傳集解序。

〔一八〕史記卷十四十二諸侯年表序「孔子……西觀周室，論史記舊聞，興於魯而次春秋。……七十子之徒口受其傳指，爲有所刺譏褒諱挹損之文辭不可以書見也。魯君子左丘明懼弟子人人異端，各安其意，失其眞，故因孔子史記，具論其語，成左氏春秋。」按崔適史記探原卷四云：「魯君子左丘明以下一百二十六字，皆爲劉歆之學者所竄入，當刪。」則較皮說更爲激進矣。

〔一九〕荀崧字景猷，晉潁川臨潁人。志操清純，好文學。太寧中，累遷右光祿大夫，錄尚書事。傳見晉書卷七十五。崧上疏曰：「昔周之衰，下陵上替；……孔子懼而作春秋。……時左丘明、子夏造膝親受，無不精究。」疏見本傳。

〔二〇〕荀悅字仲豫，後漢潁陰人。性沈靜，尤好著述。獻帝時，累遷祕書監、侍中。撰申鑒及漢紀。傳見後漢書卷九十二。按申鑒五篇，篇爲一卷，凡五篇，引語見卷二時事篇。又皮引語有删改。

〔二一〕橫決猶言橫流，言水不順正道而潰決，以喻學說之旁出也。

〔二二〕杜預春秋左傳集解序「其發凡以言例，皆經國之常制，周公之垂法，史書之舊章。仲尼從而修之，以成一經之通體。……諸稱書、不書、先書、故書、不言、不稱、書曰之類，所以起新舊，發大義，謂之變例。」孔穎達疏引杜氏春秋釋例終篇云：「稱凡者五十，其別四十有九。」

〔二三〕冢宰指周公；周公曾輔相周室，故云。

〔二四〕劉知幾字子玄，唐彭城人。擢進士第，累遷鳳閣舍人，兼修國史。開元初，遷左散騎常侍，以功封居巢縣子。後以事貶安州別駕。謚文。傳見唐書卷百三十二及舊唐書卷百零二。知幾深於史學，著史通二十卷；凡內篇十卷，三十九篇，三篇有錄無書；外篇十卷，十三篇，爲論史之著名著作。詳可參考四庫全書總目提要史部史評類。清浦起龍加以評注，稱史通通釋，較爲詳密。惑經、申左爲史通外篇第四、第五篇名。惑經篇言春秋簡略，其所未諭者十二，而後人虛美者五。申左篇言左傳有三長，而公、穀有五短。文繁不錄，可參考原書。

〔二五〕語見孔穎達春秋左傳正義杜預集解序「其發凡以言例」句下。但「皆以」本書作「皆云」，「作傳」上有「以意」二字，皮引稍有錯漏。

〔二六〕陸淳字伯沖，唐吳郡人；後避諱，改名質。傳見唐書卷百六十八及舊唐書卷百八十九下儒學傳。

淳師事啖助，友趙匡，傳其春秋之學，著有春秋集傳纂例十卷、春秋微旨三卷、春秋集傳辨疑十卷，開宋儒疑傳談經之風。引語見春秋集傳纂例卷一「趙氏損益義第五」。

〔三七〕鄭衆字仲師，後漢開封人；官至大司農，故或稱鄭司農，以別於宦者之鄭衆。傳見後漢書卷六十六。衆傳其父興左氏春秋之學，又兼通易、詩，爲東漢初之著名古文學者。賈逵已見頁八九注〔八〕。馬融已見頁三五注〔一六〕。孔穎達春秋左傳正義昭二年疏「先代大儒，鄭衆、賈逵等，或以爲卦卜之象辭，文王所作；爻下之象辭，周公所作。」又孔穎達周易正義「第四論卦辭、爻辭誰作」云：「以爲卦辭文王，爻辭周公，馬融、陸績並同此說。」

〔三八〕賈公彥周禮正義「序周禮興廢」云：「唯歆（劉歆）獨識，……乃知其周公致太平之迹，迹具在斯。」

〔三九〕史記卷四十七孔子世家「中國言六藝者，折中於夫子。」

〔四〇〕徐防已見頁五一注〔二〇〕。引語係防上疏中文，見後漢書卷七十四徐防本傳。

〔四一〕孟子尊春秋之言，已見頁二二注〔八〕及頁四六注〔七〕。

四 經學極盛時代

經學自漢元、成〔一〕至後漢，爲極盛時代。其所以極盛者，漢初不任儒者〔二〕，武帝始以公孫弘爲丞相，封侯，天下學士靡然鄉風〔三〕。元帝尤好儒生〔四〕，韋、匡、貢、薛〔五〕，並致輔相。自後公卿之位，未有不從經術進者。青紫拾芥之語〔六〕，車服稽古之榮〔七〕。黃金滿籯，不如教子一經〔八〕。以累世之通顯，動一時之羨慕。後漢桓氏代爲師傅〔九〕；楊氏世作三公〔一〇〕。宰相須用讀書人，由漢武開其端，元、成及光武、明、章〔一一〕繼其軌。經學所以極盛者，此其一。武帝爲博士官置弟子五十人，復〔一二〕其身。昭帝增滿百人。宣帝末，增倍之。元帝好儒，能通一經者，皆復。數年，以用度不足，更爲設員千人，郡國置五經百石卒史。成帝增弟子員三千人。平帝時，增元士之子得受業如弟子，勿以爲員。歲課甲乙丙科，爲郎中、太子舍人、文學掌故〔一三〕。後世生員科舉之法，實本於此。經生即不得大用，而亦得有出身，是以四海之內，學校如林。漢末太學諸生至三萬人〔一四〕，爲古來未有之盛事。經學所以極盛者，又其一。

〔一〕元、成，前漢元帝、成帝也。元帝在位十六年，當公元前四八年至三三年；成帝在位二十六年，當公元前三二年至七年。

〔二〕史記儒林傳「漢興，……尙有干戈，平定四海，亦未暇遑庠序之事也。孝惠、呂后時，公卿皆武力有功之臣。……孝文帝本好刑名之言。及至孝景，不任儒者；而竇太后又好黃、老之術。故諸博士具官待問，未有進者。」據此，則漢興至孝景時皆不任儒者。

〔三〕史記儒林傳「及今上(武帝)卽位，……而公孫弘以春秋，白衣爲天子三公，封爲平津侯。天下之學士靡然鄉風矣。」按公孫弘前漢薛人，治春秋。元朔中，爲丞相，封平津侯。傳見漢書卷五十八。鄉，向之借字。

〔四〕漢書儒林傳「元帝好儒，能通一經者皆復。」

〔五〕韋，韋賢及其子玄成也。賢字長孺，前漢鄒人，治魯詩；傳子玄成，字少翁；皆以儒術位至丞相。傳見史記卷九十六及漢書卷七十三。匡，匡衡，已見頁三八注〔六〕，治齊詩，位至丞相。貢，貢禹。禹字少翁，前漢琅邪人，治齊論，官御史大夫。傳見漢書卷七十二。薛，薛廣德。廣德字長卿，前漢沛郡人，治魯詩，官御史大夫。傳見漢書卷七十一。

〔六〕漢書卷七十五夏侯勝傳「勝每講授，常謂諸生曰：『士病不明經術；經術茍明，其取青紫，如俛拾地芥耳。學術不明，不如歸耕。』」顏師古注：「地芥謂艸芥之横在地上者，俛而拾之，言其易而必得也。」王先謙補注「漢丞相、太尉皆金印紫綬，御史大夫銀印青綬，此三府官之極崇者。」

〔七〕尙書皐陶謨「車服以庸。」僞孔傳「以車服旌其能用之。」按後漢書卷六十七桓榮傳云：「以榮爲少傅，賜以輜車乘馬。榮大會諸生，陳其車馬、印綬，曰：『今日所蒙，稽古之力也。』」

〔八〕漢書卷七十三韋賢傳「遺子黃金滿籯，不如一經。」注「如淳曰：籯，竹器，受三四斗。」

〔九〕桓榮字春卿，後漢沛郡人，習歐陽尚書。光武時，以太子少傅授明帝經。其子郁，字仲恩，官至侍中奉車都尉，授章帝、和帝經。孫焉，字叔元，官至太尉，封陽平侯，授安帝、順帝經。故云代爲師傅。傳均見後漢書卷六十七。

〔10〕楊震字伯起，後漢華陰人，治歐陽尚書，學者稱爲關西孔子。官至太尉。子秉，字叔節，傳父業，兼明京氏易，官亦至太尉。孫賜，字伯獻，傳家學，官至司空。故云代作三公。傳均見後漢書卷八十四。

〔一一〕光武、明、章，東漢光武帝、明帝、章帝也。光武在位三十三年，當公元二五年至五七年。明帝在位十八年，當公元五八年至七五年。章帝在位十三年，當公元七六年至八八年。

〔一二〕復，顏師古漢書注「蠲其繇賦也。」按蠲，免也。

〔一三〕自「武帝爲博士官置弟子」至此，係依據漢書儒林傳序而加以節略。

〔一四〕後漢書儒林傳序「自是游學（指太學）增盛，至三萬餘生。」

漢崇經術，實能見之施行。武帝罷黜百家，表章六經，孔教已定於一尊矣〔一〕。然武帝、宣帝皆好刑名，不專重儒。蓋寬饒謂以法律爲詩、書，不盡用經術也〔二〕。元、成以後，刑名漸廢。上無異教，下無異學。皇帝詔書，羣臣奏議，莫不援引經義，以爲據依〔三〕。國有大疑，輒引春秋爲斷〔四〕。一時循吏多能推明經意，移易風化，號爲以經術飾吏事〔五〕。漢治近古，實由於此。蓋其時公卿大夫士吏未有不通一藝者也。後世取士偏重文辭，不明經義；爲官專守律例，不引儒書。既不用經學，而徒存其名；且疑經學爲無用，而欲並去其實。觀兩漢之已事，可以發思古之幽情。孔子道在六經，本以垂教萬世；惟漢專崇經術，猶能實行孔教。雖春秋太平之義〔六〕，禮運大同之象〔七〕，尚有未逮；而三代後政敎之盛，風化之美，無有如兩漢者。降至唐、宋，皆不能及。尊經之效，已有明徵。若能舉太平之義、大同之象而實行之，不益見玄聖〔八〕綴學立制眞神明之式哉？此顧炎武所云「光武、明、章果有變齊至魯之功，而惜其未純乎道」〔九〕也。

〔一〕武帝罷黜百家，表章六經，源於董仲舒之對策。漢書卷五十六董仲舒傳「今師異道，人異論，百家殊方，指意不同，是以上亡以持一統；法制數變，下不知所守。臣愚以爲諸不在六藝之科、孔子之術者，皆絕其道，不使並進。」

〔二〕漢書卷七十七蓋寬饒傳「寬饒奏封事曰：『方今聖道寖廢，儒術不行；以刑餘爲周、召，以法律爲詩、書。』」

〔三〕兩漢皇帝下詔，每每援引經文；如元帝初元元年四月詔引尙書皐陶謨之辭云：「書不云乎？『股肱良哉！庶事康哉！』」卽其一例。至羣臣奏議援引經義，更比比皆是；如董仲舒對册引詩大雅烝人及書皐陶謨之辭云：「詩曰夙夜匪解，書云茂哉茂哉，皆彊勉之謂也。」亦其一例。詳可參閱前、後漢書。

〔四〕以春秋斷疑事疑獄，漢世頗盛行。漢書卷五十六董仲舒傳「仲舒在家，朝廷如有大議，使使者及廷尉張湯就其家而問之。其對皆有明法。」王先謙補注「藝文志有公羊董仲舒治獄十六篇。……應劭曰：『朝廷遣廷尉湯問得失，於是作春秋決獄二十三事，動以經對。』即其事也。」按此實一顯例。

〔五〕漢書卷八十九循吏傳序「江都相董仲舒，內史公孫弘、兒寬，居官可紀。三人皆儒者，通於世務，明習文法，以經術飾吏事。」顏師古注循吏云：「循，順也；上順公法，下順人情也。」

〔六〕春秋，依公羊家言，有三世之義。三世者，一曰據亂世，二曰昇平世，三曰太平世。太平世表示社會至治之理想。

〔七〕禮運，小戴禮記之一篇。其言大同曰：「大道之行也，天下爲公。選賢與能，講信脩睦。故人不獨親其親，不獨子其子。使老有所終，壯有所用，幼有所長，矜寡孤獨廢疾者皆有所養。男有分，女有歸。貨惡其棄於地也，不必藏於己；力惡其不出於身也，不必爲己。是故謀閉而不興，盜竊亂賊而不作，故外戶而不閉。是謂大同。」按今文家認此係社會至治之理想。

〔八〕玄聖指孔子；傳說孔子母感黑帝而生孔子，故曰玄聖；玄，黑色。春秋緯演孔圖「孔子母徵在游於大澤之陂，睡，夢黑帝使請己。己往，夢交。語曰：『女乳必於空桑之中。』覺而若感，生丘於空桑之中，故曰玄聖。」

〔九〕顧炎武初名絳，字寧人。明末江蘇崑山人。居亭林鎮，號亭林。自署蔣山傭。諸生。魯王時，與歸莊共起兵，官兵部職方郎中。明亡，矢志不仕，卜居華陰以終。精考證，開淸代樸學之風。著述甚富，最著者有日知錄、音學五書、天下郡國利病書、亭林詩文集等。傳見阮元國史儒林傳卷上及江藩國朝漢學師承記卷八。引語見日知錄卷十三「周末風俗」條。論語雍也「子曰：齊一變至於魯，魯一變至於道。」

漢有一種天人之學〔一〕而齊學〔二〕尤盛。伏傳五行〔三〕，齊詩五際〔四〕，公羊春秋多言災異〔五〕，皆齊學也。易有象數占驗〔六〕，禮有明堂陰陽〔七〕，不盡齊學，而其旨略同。當時儒者以爲人主至尊，無所畏憚，借天象以示儆，庶使其君有失德者猶知恐懼修省。此春秋以元統天，以天統君之義〔八〕，亦易神道設教之旨〔九〕。漢儒藉此以匡正其主。其時人主方崇經術，重儒臣，故遇日食地震，必下詔罪己，或責免三公〔一〇〕。雖未必能如周宣之遇災而懼，側身修行〔一一〕，尚有君臣交儆〔一二〕遺意。此亦漢時實行孔教之一證。後世不明此義，謂漢儒不應言災異，引讖緯〔一三〕，於是天變不足畏之說出矣。近西法入中國，日食、星變皆可豫測，信之者以爲不應附會災祥。然則，孔子春秋所書日食、星變〔一四〕，豈無意乎？言非一端，義各有當，不得以今人之所見輕議古人也。

〔一〕天人之學卽所謂天人相與之學，專言天象與人事之相互的關係。董仲舒對策云：「以觀天人相與之際，甚可畏也。國家將有失道之敗，而天迺先出災害以譴告之；不知自省，又出怪異以警懼之；尚不知變，而傷敗迺至。」按此卽說明天人相與之關係。

〔二〕齊學指西漢初年齊人傳經者之學。其學大抵混合陰陽術數，而以災異說經。如傳尚書之伏生，係齊之濟南人；創齊詩之轅固生，係齊人；均見史記儒林傳。著公羊春秋之公羊子，亦齊人，見漢書藝文志自注。

〔三〕伏生尚書大傳四卷，其第三卷曰洪範五行傳，專釋洪範中五行配合生尅之說，鄭玄曾爲之注。或謂尚書五行傳係另一書，與尚書大傳中之洪範傳不同，清袁鈞鄭氏佚書卽主此說。

〔四〕齊詩有五際之說，漢書卷七十五翼奉傳云：「詩有五際。」又云：「奉竊學齊詩，聞五際之要。」顏師古注：「陰陽始終際會之歲，於此則有變改之政也。」詩緯汜歷樞「亥爲革命，一際也。亥又爲天門，出入候聽，二際也。卯爲陰陽交際，三際也。午爲陽謝陰興，四際也。酉爲陰盛陽微，五際也。」

〔五〕治公羊春秋者，每言災異；如漢書卷五十六董仲舒傳「仲舒治國，以春秋災異之變，推陰陽以錯行。」又如漢書卷七十五，眭孟亦以治公羊言災異被誅。

〔六〕西漢易學，喜言象數占驗，如漢書卷七十五京房傳「長於災變，分六十卦更直日用事，以風雨寒暑爲候，各有占驗。」卽其一例。

〔七〕明堂蓋爲古代施政祭享之所，其說紛紜，學者間尚未有定論。漢書藝文志六藝略禮家有明堂陰陽三十三篇及明堂陰陽說五篇，今其書皆亡，唯小戴記之月令、明堂位及大戴記之盛德等三篇可略見一斑。禮之明堂，時雜陰陽方位鬼神術數之說，觀史記封禪書及漢書郊祀志，可略見漢初治禮者之誇誕。

〔八〕徐彥春秋公羊傳疏隱元年傳「元年春王正月」下云：「故春秋說云：以元之氣正天之端，以天之端正王者之政。」按此卽以元統天、以天統君之義。

〔九〕易觀卦彖辭「觀天之神道而四時不忒；聖人以神道設教，而天下服矣。」

〔一〇〕漢帝因日蝕地震，下詔罪己，或責免三公，在漢書帝紀及列傳中頗多。如漢書卷八宣帝紀三年下詔曰：「蓋災異者，天地之戒也。……迺者地震北海、琅邪，壞祖宗廟，朕甚懼焉。丞相、御史其與列侯中二千石博問經學之士，有以應變，輔朕之不逮，毋有所諱。」即因地震下詔罪己之一例。又卷八十四翟方進傳，丞相翟方進因天災遞至，被成帝賜死，實爲因天災責免三公之顯例。

〔一一〕詩大雅雲漢序「雲漢，仍叔美宣王也。宣王承厲王之烈，內有撥亂之志，遇烖而懼，側身脩行，欲銷去之。天下喜於王化復行，百姓見憂，故作是詩也。」按是詩凡八章，大意述宣王遇天旱災而能愛民責己。烖卽災字。

〔一二〕儆，戒也；見韵會。按字與警同。

〔一三〕讖者，詭爲隱語，預決吉凶，如秦時所出「亡秦者胡」，「今年祖龍死」等皆是。緯者，經之支流，衍及旁義，如「七緯」是。讖緯起於何時，學者間說各不同，大概盛行於西漢哀、平及東漢。又緯有廣狹二義：狹義專指七緯，卽詩、書、禮、樂、易、春秋、孝經七經之緯；廣義則混讖及其他術數之書，如「圖」「候」等而言。

〔一四〕春秋日食必書，如隱公三年「春王二月己巳，日有食之。」星變亦書，如莊公七年「夏四月辛卯，恆星不見，夜中星隕如雨。」

漢儒言災異，實有徵驗。如昌邑王時，夏侯勝以爲久陰不雨，臣下有謀上者，而應在霍光〔一〕。昭帝時，眭孟以爲有匹夫爲天子者，而應在宣帝〔二〕。成帝時，夏賀良以爲漢有再受命之祥，而應在光武〔三〕。王莽時讖云：「劉秀當爲天子」〔四〕，尤爲顯證。故光武以赤伏符受命〔五〕，深信讖緯〔六〕。五經之義，皆以讖決。賈逵以此興左氏〔七〕，曹褒以此定漢禮〔八〕。於是五經爲外學，七緯爲內學，遂成一代風氣。光武非愚闇妄信者，實以身試有驗之故。天人本不相遠，至誠可以前知〔九〕。解此，則不必非光武，亦不必非董、劉、何、鄭矣〔一〇〕。且緯與讖有別。孔穎達以爲「緯候之書，僞起哀、平」〔一一〕。其實不然。史記趙世家云：「秦讖於是出。」〔一二〕秦本紀云：「亡秦者胡也」〔一三〕，「明年祖龍死」〔一四〕，皆讖文。圖〔一五〕讖本方士〔一六〕之書，與經義不相涉。漢儒增益祕緯，乃以讖文牽合經義。其合於經義者近純，其涉於讖文者多駁。故緯，純駁互見，未可一概詆之。其中多漢儒說經之文：如六日七分出易緯〔一七〕，周天三百六十度四分度之一出書緯〔一八〕，夏以十三月爲正云云出樂緯〔一九〕；後世解經，不能不引。三綱大義，名教所尊，而經無明文，出禮緯含文嘉〔二〇〕。馬融注論語引之〔二一〕，朱子注亦引之〔二二〕，豈得謂緯書皆邪說乎。歐陽修不信祥異，請刪五經注疏所引讖緯；幸當時無從其說者〔二三〕。從其說，將使注疏無完書。其後魏了翁編五經要義，略同歐陽之說，多去實證而取空言〔二四〕。當時若刪注疏，其去取必如五經要義，浮詞無實，古義盡亡；即惠、戴〔二五〕諸公起於國朝，亦難乎其爲力矣。

〔一〕事見漢書卷七十五夏侯勝傳，已見頁九〇注〔三〕「洪範察變」條。

〔二〕漢書卷七十五眭弘傳「眭弘字孟，……從嬴公受春秋，以明經爲議郎。……孝昭元鳳三年，正月，泰山萊蕪山南匈匈有數千人聲，民視之，有大石自立。……是時昌邑有枯社木臥復生。又有上林苑中大柳樹斷枯臥地，亦自立；生有蟲，食樹葉成文字，曰公孫病已立。孟推春秋之意，以爲……當有從匹夫爲天子者。……孟意亦不知其所在，……廷尉奏賜、孟妄設祆言惑衆，大逆不道，皆伏誅。後五年，孝宣帝興於民間。」

〔三〕漢書卷七十五李尋傳「初，成帝時，齊人甘忠可詐造天官曆包元太平經十二卷，以言漢家逢天地之大終，當更受命於天，……以教重平夏賀良。……賀良等皆待詔黃門，數召見，陳說漢曆中衰，當更受命。……上以其言亡驗，遂下賀良等吏，……皆伏誅。」按其後光武中興，當時指爲更受命之象。

〔四〕後漢書卷一光武本紀「讖記曰：劉秀發兵捕不道，卯金修德爲天子。」按光武名秀；卯金，隱射劉字也。

〔五〕後漢書光武本紀論贊「皇考南頓君初爲濟陽令，以建平元年十二月甲子夜生光武於縣舍，有赤光照室中。……及始起兵，還舂陵，遠望舍南，火光赫然屬天，有頃不見。……其王者受命，信有符乎！」

〔六〕後漢書卷五十八桓譚傳「是時帝（光武）方信讖，多以決定嫌疑。」又東觀漢記「光武避正殿，讀讖坐廡下，淺露，中風苦眩。」按此皆光武信讖緯之證。

〔七〕後漢書卷六十六賈逵傳「臣以永平中，上言左氏與圖讖合者。……又五經家皆無以證圖讖明劉氏爲堯後者，而左氏獨有明文。……左氏以爲少昊代黃帝，即圖讖所謂帝宣也。」

〔八〕後漢書卷六十五曹褒傳「曹褒字叔通，魯國薛人。……次序禮事，依準舊典，雜以五經讖記之文，撰次天子至於庶人冠婚吉凶終始制度，以爲百五十篇。」

〔九〕禮記中庸「至誠之道，可以前知。」

〔一〇〕董，董仲舒；劉，劉向；何，何休；鄭，鄭玄。仲舒治公羊，好言陰陽災異，今略見春秋繁露中。向曾著洪範五行傳；又得淮南王枕中鴻寶苑祕書，言黃金可成。休作公羊傳解詁，時言災異。玄曾注緯書及伏生尚書五行傳。

〔一一〕語見孔穎達尚書正義洪範篇。哀、平，西漢哀帝、平帝也。

〔一二〕史記卷四十三趙世家「趙簡子疾，五日不知人，大夫皆懼。醫扁鵲視之。出，董安于問。扁鵲曰：『血脈治也，而何怪。在昔秦繆公嘗如此，七日而寤。寤之日，告公孫支與子輿曰：我之帝所，甚樂。吾所以久者，適有學也。帝告我：晉國將大亂，五世不安。其後將霸，未老而死。霸者之子，且令而國男女無別。公孫支書而藏之。秦讖於是出矣。……』」

〔一三〕史記卷六秦始皇本紀「燕人盧生使入海還，以鬼神事，因奏錄圖書曰：『亡秦者胡也。』」始皇乃使將軍蒙恬發兵三十萬人北擊胡，略取河南地。」裴駰集解「鄭玄曰：胡，胡亥，秦二世名也。秦見圖書，不知此爲人名，反備北胡。」

〔一四〕史記卷六秦始皇本紀「使者從關東夜過華陰平舒道，有人持璧遮使者曰：『爲吾遺滈池君。』因言曰：『今年祖龍死。』使者問其故，因忽不見，置其璧去。」裴駰集解「蘇林曰：祖，始也；龍，人君象；謂始皇也。」按皮引，「今年」作「明年」，疑誤。

〔一五〕讖有廣狹二義。廣義的讖泛指一切術數占驗之言。劉熙釋名釋典藝「讖，纖也；其義纖微而有效驗也。」狹義的讖專指「河圖」「洛書」而言。文選思玄賦注引蒼頡「讖書，河、洛書也。」一切經音義九引三蒼「讖，祕密書也，出河、洛。」

〔一六〕方士謂明悟方術之士也，見素問「五藏別論」注。按方士指求神仙、鍊丹藥及能祝禳者流，盛於秦、漢，爲後漢道教所自出。

〔一七〕見易緯稽覽圖。

〔一八〕見書緯考靈耀。

〔一九〕見樂緯稽耀嘉。

〔二〇〕禮緯含文嘉「三綱謂：君爲臣綱，父爲子綱，夫爲妻綱。」

〔二一〕論語爲政「殷因於夏禮」章，何晏集解引馬融注云：「所因謂三綱五常也。」蓋用禮緯。

〔二二〕論語爲政「殷因於夏禮」章，朱熹集注云：「愚按三綱，謂：君爲臣綱，父爲子綱，夫爲妻綱。」蓋亦用禮緯原文。

〔二三〕歐陽文忠公集奏議集卷十六請刪去九經正義中讖緯劄子云：「唐太宗時，始詔名儒，撰定九經之疏，號爲正義。……然其所載既博，所擇不精，多引讖緯之書，以相雜亂，怪奇詭僻；所謂非聖之書，異乎『正義』之名也。臣欲乞特詔名儒學官，悉取九經之疏，刪去讖緯之文。」呂希哲呂氏雜記下云：「時執政者不甚主張之，事竟不行。」

〔四〕四庫全書總目提要五經總義類古微書下云：「宋歐陽修乞校正五經劄子，欲於注疏中全削其（指緯讖）文，而說不果行。魏了翁作九經正義，始盡削除。」按魏了翁字華父，號鶴山，南宋臨慶人。累官端明殿學士同僉書樞密院事。卒贈太師，謚文靖。撰有鶴山集、九經要義、古今考、經外雜鈔、師友雅言等書。傳見宋史四百三十七儒林傳。按九經要義，四庫全書總目提要著錄周易、尚書、儀禮、春秋左傳四種。

〔五〕惠，惠棟；戴，戴震。棟字定宇，號松崖，士奇次子，清吳縣人。爲清代漢學吳派之開創者。著書甚富，其著者，如九經古義、易漢學、周易述、明堂大道錄、古文尚書考等。傳見江藩國朝漢學師承記卷二及阮元國史儒林傳卷下。震字東原，清休寧人。爲清代漢學皖派之開創者。其學長於考證，而尤精小學，著有東原集、聲韻考、聲類表、方言疏證、校水經注、孟子字義疏證等書。傳見國朝漢學師承記卷五及國史儒林傳卷下。

觀漢世經學之盛衰而有感焉。後漢書儒林傳曰：「光武中興，愛好經術。建武〔一〕五年，修起太學。中元〔二〕元年，初建三雍〔三〕。明帝即位，親行其禮。天子始冠通天〔四〕，衣日月〔五〕。備法物之駕〔六〕，盛清道之儀〔七〕。坐明堂而朝羣后〔八〕，登靈臺以望雲物〔九〕。袒割辟雍之上，尊事三老五更〔一〇〕。饗射禮畢，帝正坐自講，諸儒執經問難於前。冠帶搢紳〔一一〕圜橋門〔一二〕而觀聽者，蓋億萬計。其後復爲功臣子孫四姓〔一三〕末屬別立校舍，搜選高能，以授其業。自期門〔一四〕羽林〔一五〕之士，悉令通孝經章句。匈奴亦遣子入學。濟濟乎！洋洋乎！盛於永平〔一六〕矣。」案永平之際，重熙累洽〔一七〕，千載一時，後世莫逮。至安帝以後，博士倚席不講〔一八〕。順帝更修黌宇，增甲乙之科〔一九〕。梁太后詔大將軍下至六百石，悉遣子入學〔二〇〕。自是遊學增盛，至三萬餘生。古來太學人才之多，未有多於此者。而范蔚宗論之曰：「章句漸疏，多以浮華相尙，儒者之風蓋衰。」〔二一〕是漢儒風之衰，由於經術不重。經術不重，而人才徒侈其衆多；實學已衰，而外貌反似乎極盛。於是游談起太學，而黨禍遍天下〔二二〕。人之云亡，邦國殄瘁〔二三〕，實自疏章句、尙浮華者啓之。觀漢之所以盛與所以衰，皆由經學之盛衰爲之樞紐。然則，立學必先尊經；不尊經者，必多流弊。後世之立學者可以鑑矣。

〔一〕建武，漢光武帝第一年號，計三一年，當公元二五至五五年。

〔二〕中元，漢光武帝第二年號，計二年，當公元五六至五七年。

〔三〕三雍，明堂、辟雍、靈臺也，見後漢書陳忠傳注。後漢書卷二明帝紀「仰惟先帝（指光武），受命中興。……建明堂，立辟雍，起靈臺。」

〔四〕後漢書儒林傳注「徐廣輿服雜注曰：天子朝，冠通天冠，高九寸，黑介幘，金博山，所常服也。」

〔五〕後漢書卷二明帝紀注「董巴輿服志曰：……衣裳以玄上纁下，乘輿備文，日、月、星辰、十二章也。」按乘輿指天子，不敢斥言，故曰乘輿，猶陛下也。

〔六〕後漢書儒林傳注：「胡廣漢制度曰：天子出，有大駕、法駕、小駕。……法駕，公不在鹵簿，唯河南尹執金吾洛陽令奉引，侍中驂乘，奉車郎御，屬車三十六乘。」

〔七〕後漢書儒林傳注：「漢官儀曰：清道，以旄頭爲前驅也。」

〔八〕後漢書卷二明帝紀「永平二年春正月辛未，宗祀光武皇帝於明堂，帝（明帝）及公卿列侯始服冠冕衣裳玉佩絇履以行事。禮畢，登靈臺，使尚書令持節詔驃騎將軍三公曰：今令月吉日，宗祀光武皇帝於明堂，以配五帝。禮備法物，樂和八音。詠祉福，舞功德。其班時令，勑羣后。」按羣后卽列侯也。

〔九〕後漢書卷二明帝紀「升靈臺，望元氣，吹時律，觀物變。」注：「周禮保章氏以五雲之色辨吉凶水旱豐荒之祲象。……物謂氣色災變也。」

〔一〇〕後漢書卷二明帝紀，永平二年「冬十月壬子幸辟雍，初行養老禮。詔曰：『……今月之日，復踐辟雍，尊事三老，兄事五更。……朕親袒割，執爵而酳。……三老李躬，年耆學明；五更桓榮，授朕尚書。……』」注：「孝經援神契曰：『尊事三老，父象也。』宋均注曰：『老人知天地之事者。』……五更，老人知五行更代事者。」又注：「續漢志曰：……其日，乘輿先到辟雍。禮畢，殿坐於東廂，遣使者安車迎三老五更。天子迎於門屛，交拜，導自阼階。三老自賓階升東面，三公設几杖，九卿正履，天子親袒割俎，執醬而饋，執爵而酳。五更南面，三公進供，禮亦如之。明日皆詣闕謝，以其於己禮大隆也。」按明帝以李躬爲三老，桓榮爲五更。

〔一一〕搢紳，言插笏帶閒也。古之仕者，垂紳插笏，故引申以爲宦族。或作縉紳，假借字。

〔一二〕後漢書儒林傳注：「漢官儀曰：『辟雍四門外有水，以節觀者。門外皆有橋。』觀者水外，故云圜橋門也。圜，繞也。」

〔一三〕四姓指外戚樊氏、郭氏、陰氏、馬氏也。後漢書卷二明帝紀永平九年「爲四姓小侯開立學校，置五經師。」注：「袁宏漢紀曰：永平中，崇尚儒術，……爲外戚樊氏、郭氏、陰氏、馬氏諸子弟立學，號四姓小侯，置五經師。以非列侯，故曰小侯。」

〔一四〕期門，官名。漢置期門郎，以僕射領之，掌游獵。漢武帝好微行，詔隴西、北地良家子能射者期諸殿門，故有期門之號。後漢改期門僕射爲冗從僕射。

〔一五〕羽林，禁衞之稱。漢武帝置建章營騎，後更名羽林。宣帝使中郎將騎都尉監之，領郎百人，謂之羽林郎，取從軍死事之子孫養之。

〔一六〕永平，漢明帝年號。明帝在位十八年，當公元五八至七五年。

〔一七〕班固兩都賦「至於永平之際，重熙而累洽。」按言其昇平也。

〔一八〕後漢書卷百零九儒林傳序「自安帝覽政，薄於藝文，博士倚席不講。」注：「倚席言不施講坐也。」

〔一九〕後漢書儒林傳序「順帝感翟酺之言，乃更修黌宇，凡所造構，二百四十房，千八百五十室。試明經下第，補弟子。增甲乙之科，員各十人。除郡國耆儒，皆補郎舍人。」注：「說文『黌，學也。』黌與橫同。」

〔二〇〕後漢書儒林傳序「本初元年，梁太后詔曰：大將軍下至六百石，悉遣子就學。每歲輒於鄉射，月一饗會之。以此爲常。」

〔二一〕語見後漢書儒林傳序。後漢書，范曄撰。曄字蔚宗，劉宋南陽人。博涉經史，善屬文，能隸書，曉音律。累遷太子左衛將軍。後以謀逆罪伏誅。傳見宋書卷六十九及南史卷三十三范泰傳。

〔二二〕東漢桓帝時，宦者勢盛，士大夫李膺等疾之，捕殺其黨。宦者因言膺等與太學遊士為朋黨，誹謗朝廷，辭連二百餘人，禁錮終身。靈帝時，膺等復起用，與大將軍竇武謀誅宦官。事敗，膺等百餘人皆被殺，死徙廢禁者六七百人。詳可參考後漢書卷九十七黨錮列傳。

〔二三〕二語見詩大雅瞻卬。毛傳「殄，盡；瘁，病也。」鄭箋「賢人皆言奔亡，則天下邦國將盡困病。」

非天子不議禮，不制度，不考文〔一〕；議禮、制度、考文，皆以經義為本。後世右文〔二〕之主，不過與其臣宴飲賦詩，追卷阿矢音〔三〕之盛事，未有能講經議禮者。惟漢宣帝博徵羣儒，論定五經於石渠閣〔四〕。章帝大會諸儒於白虎觀，考詳同異，連月迺罷；親臨稱制，如石渠故事；顧命史臣，著為通義；為曠世一見之典〔五〕。石渠議奏今亡〔六〕，僅略見於杜佑通典〔七〕。白虎通義猶存四卷〔八〕，集今學之大成。十四博士〔九〕所傳，賴此一書稍窺崖略。國朝陳立為作疏證〔一〇〕，治今學者當奉為瓌寶矣。章帝時，已詔高才生受古文尚書、毛詩、穀梁、左氏春秋，而白虎通義采古文說絕少，以諸儒楊終、魯恭、李育、魏應皆今學大師也〔一一〕。靈帝熹平四年，詔諸儒正定五經，刊於石碑。蔡邕自書丹，使工鐫刻，立於太學門外。後儒晚學，咸取則焉〔一二〕。尤為一代大典。使碑石尚在，足以考見漢時經文。惜六朝以後，漸散亡，僅存一千九百餘字於宋洪氏隸釋〔一三〕。有魯詩、小夏侯尚書、儀禮、公羊春秋、魯論語，蓋合易爲六經。而五經外增論語，公羊春秋有傳無經，漢時立學官本如此。宋蓬萊閣刻石又壞〔一四〕；今江西南昌、浙江紹興兩府學重刻，止有六百七十五字，與世傳古文經字多不同。漢石經是隸書，非魏三體石經；是立於太學門外，非鴻都門。前人說者多誤，詳見杭世駿石經攷異〔一五〕、馮登府石經補考〔一六〕。

〔一〕語見禮記中庸。

〔二〕右，尊也；右文言尊重文事也。古者以右爲尊，見漢書高帝紀注。

〔三〕詩大雅卷阿「有卷者阿，飄風自南。豈弟君子，來游來歌，以矢其音。」毛傳「卷，曲也。飄風，迴風也。矢，陳也。」鄭箋「大陵曰阿，有大陵卷然而曲，迴風從長養之方來入之。興者：喻王當屈體以待賢者，賢者則猥來就之，如飄風之入曲阿然，其來也爲長養民。王能待賢者如是，則樂易之君子來就王游而歌，以陳出其聲音，言其將以樂王也，感王之善心也。」按皮文，言君臣不過宴飲賦詩，如卷阿之君子就王而陳歌也。

〔四〕漢書卷八宣帝紀，甘露三年「詔諸儒講五經同異。太子太傅蕭望之等平奏其議。上親稱制臨焉。」又卷八十八儒林傳「甘露中，與五經諸儒雜論同異於石渠閣。」注：「三輔故事云：石渠閣在未央殿北，以藏祕書也。」按甘露三年當公元前五一年。

〔五〕後漢書卷三章帝紀，建初四年十一月「下太常將大夫、博士、議郎、郎官及諸生諸儒會白虎觀，講議五經同異。……帝親稱制臨決，如孝宣甘露石渠故事。作白虎議奏。」注：「今白虎通。」又卷百零九儒林傳序「建初中，大會諸儒於白虎觀，考詳同異，連月乃罷。肅宗親臨稱制，如石渠故事。顧命史臣，著爲通義。」注：「卽白虎通義是。」按肅宗卽章帝。建初四年當公元七九年。皮文係用儒林傳原文。

〔六〕按漢書藝文志六藝略，書有議奏四十二篇，禮有議奏三十八篇，春秋有議奏三十九篇，論語有議奏十八篇，班固自注爲石渠論，卽所謂石渠議奏也，今亡。

〔七〕通典二百卷，今存，唐杜佑撰。佑字君卿，京兆萬年人。官至太保，謚安簡。傳見唐書卷百六十六及舊唐書卷百四十七。佑以劉秩政典一書爲未備，因廣其所闕，參益新禮，勒爲此書。計分八門，曰食貨，曰選舉，曰職官，曰禮，曰樂，曰兵刑，曰州郡，曰邊防。門又各分子目。上溯黃、虞，訖於唐之天寶。爲史部政書中之著名者。詳可參考四庫全書總目提要史部政書類一。普通合宋鄭樵之通志及元馬端臨之文獻通考，稱曰三通。引石渠議奏見禮三十三、三十七、四十一、四十三、四十九、五十、五十二、五十六、五十九、六十三各卷中。

〔八〕白虎通義已見頁七九注〔五〕。

〔九〕十四博士已見頁七五本文。

〔一〇〕陳立字卓人，清句容人。道光間進士，官曲靖知府。受業於凌曙、劉文淇。著有公羊義疏、爾雅舊注、說文諧聲、句溪雜著等書。傳可參考繆荃蓀續碑傳集卷七十四儒學四。其所作白虎通疏證，已收入續清經解中，見卷千二百六十五至千二百七十六。

〔一〕楊終字子山，後漢成都人。治春秋學。嘗奏請章帝，仿宣帝石渠故事，考論五經同異。白虎觀之會，其議實源於終。傳見後漢書卷七十八。魯恭字仲康，後漢平陵人。習魯詩，爲博士。章帝集諸儒於白虎觀，恭以經明得召與議。傳見後漢書卷五十五。李育字元春，後漢漆人。習公羊春秋，爲博士。會與諸儒論五經於白虎觀。傳見後漢書卷百零九下儒林傳。魏應字君伯，後漢任城人。習魯詩，爲博士，白虎觀之會，專掌難問。傳見後漢書卷百零九下儒林傳。

〔二〕後漢書儒林傳序「……有私行金貨，定蘭臺漆書經字，以合其私文。熹平四年，靈帝乃詔諸儒定五經，刊於石碑，爲古文、篆、隸三體書法，（漢石經係一體，非三體。文誤，詳下。）以相參檢，樹之學門，使天下咸取則焉。」又後漢書卷九十下蔡邕傳「邕以經籍去聖久遠，文字多謬，俗儒穿鑿，疑誤後學。熹平四年，乃與五官中郎將堂谿典、光祿大夫楊賜、諫議大夫馬日磾、議郎張馴、韓說、太史令單颺等，奏求正定六經文字。靈帝許之。邕乃自書丹於碑，使工鐫刻，立於太學門外。於是後儒晚學咸取正焉。」

〔三〕洪氏指洪适。适初名造，字景伯，宋鄱陽人。累官至尚書左僕射。謚文惠。傳見宋史卷三百七十三。适曾著隸釋二十七卷及隸續二十一卷，今存。詳可參考四庫全書總目提要史部目錄類二。其收輯漢石經殘字，計尚書五百四十七字，魯詩百七十三字，儀禮四十五字，公羊春秋三百七十五字，論語九百七十一字，共二千一百十一字。皮云一千九百餘字，蓋依翁方綱漢石經殘字考之言。

〔四〕宋蓬萊閣刻石卽洪适所收漢石經殘字之重刻。洪所著隸釋「石經尚書殘碑」跋尾云：「本朝（宋）一統時，遺經斷石藏於好事之家；猶昆山片玉，已不可見。今京華鞠爲氈罽之鄉，殘碑日益鮮矣。

予旣集隸釋，因以所有鑱之會稽蓬萊閣。」翁方綱漢石經殘字考云：「昔宋乾道中，鄱陽洪文惠（适）以所得尚書、魯詩、儀禮、公羊、論語千九百餘字，鑱之會稽蓬萊閣，凡八石。」

〔一五〕杭世駿字大宗，號堇浦，淸仁和人。雍正間舉人，官御史。以言事不合，擬死，尋放還。博聞强記，著述頗富，撰有道古堂詩文集及杭氏七種。傳可參考李元度國朝先正事略卷四十一。石經考異，二卷。上卷「三字一字」段，言漢石經係一字，非三體；「鴻都學非太學」段，言漢石經立於太學，非立於鴻都門；文繁不錄，可參考原書。

〔一六〕馮登府字柳東，號雲伯，又號勺園，淸嘉興人。嘉慶間進士，官寧波府教授。著有十三經詁答問、三家詩異文疏證、石經考異、石經閣文集等書。其漢石經考異二卷，刻入淸經解卷一四〇二。序云：「後漢熹平四年，詔立石經於太學。據靈帝本紀及儒林、宦者二傳，皆曰五經。蔡邕、張馴傳以爲六經，隋經籍志又以爲七經，俱非也。中郞（蔡邕）以小字八分書丹，使工鐫石。儒林傳序以爲古文、篆、隸三體者，亦非也；三體乃魏所建也。」

王充論衡曰：「夫五經亦漢家之所立；儒生善政大義皆出其中。董仲舒表春秋之義，稽合於律，無乖異者。然則，春秋，漢之經。孔子制作，垂遺於漢。」〔一〕案王仲任〔二〕以孔子制作垂遺於漢，此用公羊春秋說也〔三〕。韓勑碑云：「孔子近聖，爲漢定道。」史晨碑云：「西狩獲麟〔四〕，爲漢制作。」歐陽修以漢儒爲狹陋，孔子作春秋，豈區區爲漢而已哉〔五〕！不知聖經本爲後世立法，雖不專爲漢，而繼周者漢，去秦閏位〔六〕不計，則以聖經爲漢制作，固無不可。

且在漢當言漢；推崇當代，卽以推崇先聖。如歐陽修生於宋，宋尊孔子之敎，讀孔子之經，卽謂聖經爲宋制法，亦無不可。今人生於大淸，大淸尊孔子之敎，讀孔子之經，卽謂聖經爲淸制法，亦無不可。歐公之言何拘閡之甚乎！漢經學所以盛，正以聖經爲漢制作，故得人主尊崇。此儒者欲行其道之苦衷，實聖經通行萬世之公理。或疑獲麟制作，出自讖緯家言〔七〕；亦爲端門〔八〕，事近荒唐，詞亦鄙俚；公羊傳並無明說，何休不應載入解詁〔九〕。然觀左氏傳「其處者爲劉氏」〔一〇〕，孔疏云：「插注此辭，將以媚世。明帝時，賈逵上疏云：『五經皆無證圖讖明劉氏爲堯後者，而左氏獨有明文。』竊謂前世藉此欲求道通，故後引之以爲說耳。」〔一一〕據疏，是後漢尙讖記；不引讖記，人不尊經。而左氏家增竄傳文，公羊家但存其說於注，則公羊家引讖之罪視左氏家當未減矣。

〔一〕見王充論衡卷十二程材篇第三十四。

〔二〕王仲任卽充字。

〔三〕公羊春秋說多主孔子制作春秋以授漢。唐徐彥春秋公羊傳疏書題下云：「必知孔子制春秋以授漢者，案春秋說云：『伏羲作八卦，丘合而演其文，瓆而出其神，作春秋以改亂制。』又云：『丘攬史記，援引古圖，推集天變，爲漢帝制法，陳敍圖錄。』又云：『丘水精，治法，爲赤制功。』……以此數文言之，春秋爲漢制明矣。」

〔四〕春秋公羊傳哀十四年「春，西狩獲麟。……麟者，仁獸也，有王者則至，無王者則不至。有以告者，曰：『有麕而角者。』孔子曰：『孰爲來哉！孰爲來哉！』反袂拭面，涕沾袍。」徐彥疏引孔叢子云：「叔孫氏之車子曰鉏商，樵於野而獲麟焉。衆莫之識，以爲不祥，棄之五父之衢。冉有告孔子曰：『有麕肉角，豈天下之妖乎！』夫子曰：『今何在？吾將觀焉。』遂往，謂其御高柴曰：『若求之言，其必麟乎！』到，視之，曰：『今宗周將滅無主，孰爲來哉！茲日麟出而死，吾道窮矣。』」

〔五〕歐陽修集古錄跋尾卷二後漢魯相晨孔子廟跋尾「甚矣漢儒之狹陋也！孔子作春秋，豈區區爲漢而已哉！」

〔六〕漢書卷九十九王莽傳贊「紫色鼃聲，餘分閏位。」服虔注曰：「言莽不得正王之命，如歲月之餘分爲閏也。」按皮文言秦雖即帝位，但非正統，如十二月中之閏月也。

〔七〕讖緯已見頁一一二注〔一五〕。

〔八〕春秋緯演孔圖云：「得麟之後，天降血書魯端門內，曰：『趨作法。孔聖沒，周姬亡。彗東出，秦政起，胡破術。書記散，孔不絕。』子夏明日往視之，血書飛爲赤鳥，化爲白書，曰演孔圖，中有作圖制法之狀。孔子仰推天命，俯察時變，卻觀未來，豫解無窮，知漢當繼大亂之後，故作撥亂之法以授之。」按皮云赤鳥端門，即指此文。

〔九〕春秋公羊傳哀十四年「君子曷爲春秋？撥亂世，反諸正，莫近諸春秋。」何休解詁於此下引春秋緯演孔圖「赤鳥端門」文釋之。

〔一〇〕語見春秋左氏傳文公十三年傳文。按相傳唐堯之後裔曰劉累，能飲食龍，事夏王孔甲。春秋時，晉士會居秦，復累之姓爲劉氏。後士會返晉，其族之留於秦者，仍姓劉氏，爲漢高祖先祖之所源。

〔一一〕孔穎達春秋正義「其處者爲劉氏」句下云：「傳說處秦爲劉氏，未知何意言此。討尋上下，其文不類。深疑此句或非本旨。蓋以爲漢室初興，捐棄古學，左氏不顯於世，先儒無以自申。劉氏從秦從魏，其源本出劉累，插注此辭，將以媚於世。（下同）……」

後漢取士，必經明行修；蓋非專重其文，而必深攷其行。前漢匡、張、孔、馬〔一〕皆以經師居相位，而無所匡救。光武有鑒於此，故舉逸民〔二〕，賓處士，褒崇節義，尊經必尊其能實行經義之人。後漢三公，如袁安、楊震、李固、陳蕃諸人〔三〕，守正不阿〔四〕，視前漢匡、張、孔、馬大有薰蕕〔五〕之別。儒林傳中所載如戴憑、孫期、宋登、楊倫、伏恭〔六〕等，立身皆有可觀。范蔚宗論之，以爲：「所談者仁義，所傳者聖法也。故人識君臣父子之綱，家知違邪歸正之路。自桓、靈〔七〕之間，君道秕〔八〕僻，朝綱日陵，國隙屢啓。自中智以下靡不審其崩離；而權強之臣息其窺盜之謀，豪俊之夫屈於鄙生之議者，人誦先王言也，下畏逆順勢也。……跡衰敝之所由致，而能多歷年所者，斯豈非學之效乎！」〔九〕顧炎武以范氏爲知言，謂：「三代以下，風俗之美，無尙於東京者。」〔一〇〕然則，國家尊經重學，非直肅清風化，抑可撘拄〔一一〕衰微。無識者以爲經學無益而欲去之，觀於後漢之時，當不至如秦王謂儒無益人國矣〔一二〕。

〔一〕匡，匡衡；張，張禹；孔，孔光；馬，馬宮；傳均見前漢書卷八十一。匡衡已見頁三八注〔六〕。元帝建昭三年，衡爲丞相。時中書令石顯用事，衡畏之，不敢失其意。張禹字子文，河內軹人。治易及論語。成帝河平四年，爲丞相。時外戚王氏專政，禹不敢有所匡正。孔光字子夏，孔子十四世孫。治尙書。成帝、哀帝、平帝間，再爲丞相。時王莽權威日盛，光憂懼幾不知所出。馬宮字游卿，東海戚人。治春秋。平帝間，爲丞相。王莽簒位，以宮爲太子師。漢書傳贊曰：「自孝武興學，公孫弘以儒相；其後蔡義、韋賢、玄成、匡衡、張禹、翟方進、孔光、平當、馬宮及當子晏，咸以儒宗居宰相位。服儒衣冠，傳先王語，其醞藉可也；然皆持祿保位，被阿諛之譏。」

〔二〕後漢書有逸民列傳，見卷百十三。其序云：「光武側席幽人，求之若不及，旌帛蒲輪之所徵賁，相望於巖中矣。若薛方、逢萌，聘而不肯至；嚴光、周黨、王霸，至而不能屈。羣方咸遂，志士懷仁，斯固所謂舉逸民天下歸心者乎！」按逸民言遁世隱居之民。

〔三〕袁安字邵公，後漢汝陽人。治孟氏易。章帝時，爲司空、司徒。守正不阿，嘗與外戚竇氏爭議。傳見後漢書卷七十五。楊震已見頁一〇三注〔一〇〕。震治歐陽尙書。安帝永寧元年爲司徒，上疏劾安帝乳母王聖及其女伯榮。延光二年爲太尉，又數上疏抗爭。後飲酖卒。李固字子堅，後漢南鄭人。博覽古今。沖帝、質帝、桓帝時，爲太尉。數與外戚梁冀爭持，卒爲所害。傳見後漢書卷九十三。陳蕃字仲舉，後漢平輿人。桓帝時，爲太尉。後與大將軍竇武謀誅中常侍曹節、王甫等，事洩，被害。傳見後漢書卷九十六。

〔四〕阿，私也，見呂氏春秋貴公篇注。

〔五〕薰，香草；蕕，臭草也；見左氏僖四年傳注。

〔六〕後漢書儒林傳見卷百零九。戴憑字次仲，汝南平輿人。習京氏易，當時爲之語曰：「解經不窮戴侍中」。孫期字仲彧，濟陰成武人。習京氏易、古文尚書。黃巾賊起，相約不犯期舍。宋登字叔陽，京兆長安人。傳歐陽尚書。數上封事抑退權臣。楊倫字仲理，陳留東昏人。習古文尚書。前後三徵，皆以直諫不合。伏恭字叔齊，琅邪東武人。傳齊詩。以惠政公廉聞。

〔七〕桓、靈，桓帝、靈帝也。桓帝在位二十一年，當公元一四七年至一六七年。靈帝亦在位二十一年，當公元一六八年至一八九年。

〔八〕後漢書注：「秕，穀不成也，以喻政化之惡也。」

〔九〕文見後漢書卷百零九下儒林傳論。

〔10〕引語見顧炎武日知錄卷十三「兩漢風俗」條。原文「美」上有「淳」字，皮誤奪。又顧引後漢書儒林傳論及左雄傳論原文，云：「故范曄之論……可謂知言者矣。」

〔一一〕搘拄卽榰柱。爾雅釋言「榰，柱也。」郭璞注：「相榰柱。」說文卷六木部「榰，柱氐也。」段玉裁注：「今之磉子也。……磉在柱下而柱可立，因引伸爲凡支拄、拄塞之偁。」按榰柱本名詞，引伸爲支持之義。

〔一二〕荀子卷四儒效篇「秦昭王問孫卿子曰：『儒無益於人之國。』」

後漢經學盛於前漢者，有二事。一則前漢多專一經，罕能兼通。經學初興，藏書始出〔一〕；

且有或爲雅，或爲頌，不能盡一經者〔二〕。若申公兼通詩、春秋〔三〕，韓嬰兼通詩、易〔四〕，孟卿兼通禮、春秋〔五〕，已爲難能可貴。夏侯始昌通五經〔六〕，更絕無僅有矣。後漢則尹敏習歐陽尚書，兼善毛詩、穀梁、左氏春秋〔七〕；景鸞能理齊詩、施氏易，兼受河洛圖緯，又撰禮內外說〔八〕。何休精研六經〔九〕，許慎五經無雙〔一〇〕，蔡玄學通五經〔一一〕。此其盛於前漢者一也。一則前漢篤守遺經，罕有撰述。章句略備，文采未彰。藝文志所載者，說各止一二篇，惟災異孟氏京房六十六篇〔一二〕爲最夥。董子春秋繁露，志不載〔一三〕。韓嬰作內外傳數萬言，今存外傳〔一四〕。后倉說禮數萬言，號曰后氏曲臺記〔一五〕，今無傳者。後漢則周防撰尚書雜記三十二篇，四十萬言〔一六〕。景鸞作易說及詩解，又撰禮略，及作月令章句，著述五十餘萬言〔一七〕。趙曄著吳越春秋、詩細、歷神淵〔一八〕。程曾著書百餘篇，皆五經通難，又作孟子章句〔一九〕。何休作公羊解詁，又訓注孝經、論語，以春秋駁漢事六百餘條，作公羊墨守、左氏膏肓、穀梁廢疾〔二〇〕。許慎撰五經異義，又作說文解字十四篇〔二一〕。賈逵集古文尚書同異三卷，撰齊、魯、韓詩與毛氏異同，並作周官解故〔二二〕。馬融著三傳異同說，注孝經、論語、詩、易、三禮、尚書〔二三〕。此其盛於前漢者二也。風氣益開，性靈漸啓；其過於前人之質樸而更加恢張者在此，其不及前人之質樸而未免雜糅者亦在此。至鄭君出而徧注諸經，立言百萬〔二四〕，集漢學之大成。

〔一〕劉歆移太常博士書「秦……設挾書之法，行是古之罪。……至孝惠之世，乃除挾書之律。……至孝文皇帝，……尙書初出於屋壁，……天下衆書往往頗出。」按皮云「藏書始出」，蓋依此說；然近代經今文家，於此說每斥爲不足信。

〔二〕劉歆移太常博士書「當此之時（武帝時），一人不能獨盡其經，或爲雅，或爲頌，相合而成。」按皮說蓋據此。

〔三〕申公已見頁五六注〔九〕，爲魯詩之開創者，又傳穀梁春秋。漢書卷八十八儒林傳「申公卒以詩、春秋授，而瑕丘江公盡能傳之。」「瑕丘江公授穀梁春秋及詩於魯申公。」

〔四〕韓嬰已見頁五六注〔一〇〕，爲韓詩之開創者，又傳易。漢書卷八十八儒林傳「嬰推詩人之意，而作內外傳數萬言。」「韓生亦以易授人，推易意而爲之傳。燕、趙間好詩，故其易微，唯韓氏自傳之。」

〔五〕漢書卷八十八儒林傳云：「孟卿，東海人也。事蕭奮。」按「奮以禮至淮陽太守。」又云：「嬴公守學（指董仲舒所傳之公羊春秋），不失師法，爲昭帝諫大夫，授東海孟卿。」據此，則卿實傳禮及公羊春秋。

〔六〕漢書卷七十五「夏侯始昌，魯人也。通五經。以齊詩、尙書教授。」

〔七〕後漢書卷百零九儒林傳「尹敏字幼季，南陽堵陽人也。少爲諸生，初習歐陽尙書，後受古文，兼善毛詩、穀梁、左氏春秋。」

〔八〕後漢書卷百零九儒林傳「景鸞字漢伯，廣漢梓潼人也。少隨師學經，涉七州之地。能理齊詩、施氏易，兼受河洛圖緯。作易說及詩解，文句兼取河洛，以類相從，名曰交集。又撰禮內外記，號曰禮略。又抄風角雜書，列其占驗，作興道一篇。及作月令章句。凡所著述，五十餘萬言。」

〔九〕何休已見頁五九注〔七〕，後漢書卷百零九儒林傳「休爲人質樸訥口，而雅有心思，精研六經，世儒無及者。」

〔一〇〕許愼已見頁八九注〔二〕，後漢書卷百零九儒林傳「時人爲之語曰：五經無雙許叔重。」

〔一一〕後漢書卷百零九儒林傳「蔡玄字叔陵，汝南南頓人也。學通五經。門徒常千人。其著錄者萬六千人。」

〔一二〕漢書藝文志六藝略易家著錄「災異孟氏京房六十六篇。」按京房之易，自謂出自孟喜，又專言陰陽災變，故書稱災異孟氏京房。

〔一三〕春秋繁露，已見頁九一注〔七〕。按漢書藝文志，著錄仲舒之書，僅於六藝略春秋家著錄公羊董仲舒治獄十六篇，諸子略儒家著錄董仲舒百二十三篇。王先謙漢書補注「此百二十三篇早亡，不在繁露諸書內。」則春秋繁露，漢志實未收載。

〔一四〕韓嬰作韓詩內傳四卷，韓詩外傳六卷，見漢書藝文志六藝略詩家。王先謙漢書補注「至南宋後，韓詩亦亡，獨存外傳。」「隋志，韓詩外傳十卷，今存。近儒趙懷玉輯佚文附後。」

〔一五〕漢書卷八十八儒林傳「后蒼字近君，東海郯人也。事夏侯始昌。始昌通五經，蒼亦通詩、禮。爲博士，至少府。」「孟卿……以授后蒼。……蒼說禮數萬言，號曰后氏曲臺記。」注：「在曲臺校書著說，因以爲名。曲臺殿在未央宮。」又漢書藝文志六藝略禮家著錄曲臺后蒼記九篇，今亡。

〔一六〕後漢書卷百零九儒林傳「周防字偉公，汝南汝陽人也。……受古文尚書。……撰尚書雜記三十二篇，四十萬言。」

〔一七〕已見注〔八〕。

〔一八〕後漢書卷百零九儒林傳「趙曄字長君，會稽山陰人也。……受韓詩，究竟其術。……著吳越春秋、詩細、歷神淵。蔡邕至會稽，讀詩細而歎息，以爲長於論衡。」

〔一九〕後漢書卷百零九儒林傳「程曾字秀升，豫章南昌人也。受業長安，習嚴氏春秋。……著書百餘篇，皆五經通難。又作孟子章句。」

〔二〇〕何休已見頁五九注〔七〕。後漢書卷百零九儒林傳「休坐廢錮，乃作春秋公羊解詁，覃思不闚門，十有七年。又訓注孝經、論語、風角、七分，皆經緯典，不與守文同說。又以春秋駁漢事六百餘條，妙得公羊本意。休善曆算，與其師博士羊弼，追述李育意，以難二傳，作公羊墨守、左氏膏肓、穀梁廢疾。」注：公羊墨守，「言公羊之義不可攻，如墨翟之守城也。」

〔二一〕許愼已見頁八九注〔二〕。後漢書卷百零九儒林傳「初，愼以五經傳說臧否不同，於是撰爲五經異義，又作說文解字十四篇，皆傳於世。」

〔二二〕賈逵已見頁八九注〔八〕。後漢書卷六十六賈逵傳「尤明左氏傳、國語，爲之解詁五十一篇。永平中，上疏獻之。顯宗重其書，寫藏祕館。……逵數爲帝言古文尚書與經傳爾雅詁訓相應，詔令撰歐陽大小夏侯尙書、古文同異，逵集爲三卷，帝善之。復令撰齊、魯、韓詩與毛氏異同。並作周官解詁。……逵所著經傳義詁及論難，百餘萬言。又作詩、頌、誄、書、連珠、酒令，凡九篇。」

〔二三〕馬融已見頁三五注〔二六〕。後漢書卷九十馬融傳「著三傳異同說，注孝經、論語、詩、易、三禮、尚書……。」

〔二四〕鄭君卽鄭玄之尊稱，已見頁三六注〔三三〕。後漢書卷六十五鄭玄傳「凡玄所注周易、尚書、毛詩、儀禮、禮記、論語、孝經、尚書大傳、中候、乾象曆，又著天文七政論、魯禮禘祫義、六藝論、毛詩譜、駁許愼五經異義、答臨孝存周禮難，凡百餘萬言。」

漢書儒林傳贊曰：「自武帝立五經博士，開弟子員，設科射策，勸以官祿；訖於元始，百有餘年〔一〕。傳業者寖盛，支葉繁滋。一經說至百餘萬言，大師衆至千餘人，蓋祿利之路然也。」〔二〕案經學之盛，由於祿利，孟堅〔三〕一語道破。在上者欲持一術以聳動天下，未有不導以祿利而翕然從之者。漢遵王制之法，以經術造士，視唐、宋科舉尚文辭者爲遠勝矣。大師衆至千餘人，前漢末已稱盛；而後漢書所載張興著錄且萬人〔四〕，牟長著錄前後萬人〔五〕，蔡玄著錄萬六千人〔六〕，樓望諸生著錄九千餘人〔七〕，宋登敎授數千人〔八〕，魏應、丁恭弟子著錄數千人〔九〕，姜肱就學者三千餘人〔一〇〕，曹曾門徒三千人〔一一〕，楊倫、杜撫、張玄皆千餘人〔一二〕，比前漢爲尤盛。所以如此盛者，漢人無無師之學，訓詁句讀皆由口授；非若後世之書，音訓備具，可視簡而誦也。書皆竹簡，得之甚難，若不從師，無從寫錄；非若後世之書，購買極易，可兼兩〔一三〕而載也。負笈〔一四〕雲集，職此之由。至一師能敎千萬人，必由高足弟子傳授，有如鄭康成在馬季長門下，三年不得見者〔一五〕；則著錄之人不必皆親受業之人矣。

〔一〕元始，漢平帝年號，當公元元年至五年；上溯武帝建元元年，當公元前一四〇年，計百四十五年。

〔二〕語見漢書卷八十八。

〔三〕孟堅，班固字。固，前漢安陵人。博貫載籍。明帝時，典校祕書。竇憲出征匈奴，以固爲中護軍。憲敗，死獄中。固續父彪之業，撰漢書百卷。詳可參考漢書卷一百敍傳及後漢書卷七十。

〔四〕後漢書卷百零九儒林傳「張興字君上，潁川鄢陵人也。習梁丘易，以教授。……聲稱著聞，弟子自遠至者，著錄且萬人，爲梁丘家宗。」

〔五〕後漢書卷百零九儒林傳「牟長字君高，樂安臨濟人也。……少習歐陽尚書。……自爲博士，及在河內，諸生講學者常有千餘人，著錄前後萬人。著尚書章句，皆本之歐陽氏，俗號爲牟氏章句。」

〔六〕蔡玄已見頁一二九注〔二〕。

〔七〕後漢書卷百零九儒林傳「樓望字次子，陳留雍丘人也。少習嚴氏春秋。……教授不倦，世稱儒宗。諸生著錄九千餘人。」

〔八〕後漢書卷百零九儒林傳「宋登字叔陽，京兆長安人也。……少傳歐陽尚書，教授數千人。」

〔九〕魏應已見頁一二〇注〔二〕。後漢書卷百零九儒林傳「應經明行修，弟子自遠方至，著錄數千人。」又「丁恭字子然，山陽東緡人也。習公羊嚴氏春秋。恭學義精明，教授常數百人。……諸生自遠方至者，著錄數千人，當世稱爲大儒。」

〔一〇〕後漢書卷八十三姜肱傳「姜肱字伯淮，彭城廣戚人也。……肱博通五經，兼明星緯。士之遠來就學者，三千餘人。」

〔一一〕後漢書卷百零九儒林傳歐陽歙傳「曹曾字伯山，從歙受尙書，門徒三千人。」

〔一二〕楊倫已見頁一二六注〔六〕。後漢書卷百零九儒林傳「楊倫講授於大澤中，弟子至千餘人。」又「杜撫字叔和，犍爲武陽人也。少有高才，受業於薛漢，定韓詩章句。後歸鄉里教授，……弟子千餘人。」又「張玄字君夏，河內河陽人也。少習顏氏春秋，兼通數家法。……方其講問，乃不食終日。及有難者，輒爲張數家之說，令擇從所安，諸儒皆伏其多通。著錄千餘人。」

〔一三〕兩，一車謂之一兩。車有兩輪，故稱爲兩。說見書牧誓序疏。兼，倍也，見文選西都賦注。兼兩猶言數輛也。

〔一四〕笈，謂學士所負書箱，見一切經音義三。

〔一五〕鄭康成，鄭玄之字，已見頁一三六注〔一三〕。馬季長，馬融之字，已見頁一三五注〔一六〕。後漢書卷六十五鄭玄傳「事扶風馬融。融門徒四百餘人，升堂進者五十餘生。融素驕貴，玄在門下，三年不得見，乃使高業弟子傳受於玄。」

孟堅云「大師衆至千餘人」，學誠盛矣；「一經說至百餘萬言」，則漢之經學所以由盛而衰者，弊正坐此，學者不可以不察也。孟堅於藝文志曰：「古之學者，耕且養，三年而通一藝，存其大體，玩經文而已。是故用日少而畜德多，三十而五經立也。後世經傳既已乖離；

博學者又不思多聞闕疑〔一〕之義，而務碎義逃難〔二〕，便辭巧說，破壞形體〔三〕，說五字之文至於二三萬言〔四〕；後進〔五〕彌以馳逐。故幼童而守一藝，白首而後能言。安其所習，毁所不見，終以自蔽〔六〕。此學者之大患也。」〔七〕案兩漢經學盛衰之故，孟堅數語盡之。凡學有用則盛，無用則衰。存大體，玩經文，則有用；碎義逃難，便辭巧說，則無用。有用則爲人崇尚，而學盛；無用則爲人詬病，而學衰。漢初申公詩訓，疑者弗傳〔八〕；丁將軍易說，僅舉大誼〔九〕；正所謂存大體、玩經文者。甫及百年，而蔓衍支離〔一〇〕，漸成無用之學，豈不惜哉！一經說至百餘萬言，說五字至二三萬言，皆指秦恭言之。桓譚新論〔一一〕云：「秦近君能說堯典〔一二〕篇目兩字之誼，至十餘萬言；但說『曰若稽古』〔一三〕，三萬言。」〔一四〕後漢書云：「信都秦恭延君守小夏侯說文，增師法至百萬言。」〔一五〕延君近君是一人〔一六〕，其學出小夏侯。小夏侯師事夏侯勝及歐陽高，左右采獲，又從五經諸儒問與尚書相出入者，牽引以次章句，具文飾說，夏侯勝譏其破碎〔一七〕。是小夏侯本碎義逃難之學；恭增師法，益以支蔓。故愚以爲如小夏侯者，皆不當立學也。

〔一〕顏師古漢書注：「論語稱孔子曰：『多聞闕疑，慎言其餘，則寡尤。』言爲學之道，務在多聞，疑則闕之，慎於言語，則少過也。故志引之。」

〔二〕漢書注：「苟爲僻碎之義，以避他人之攻難者。」

〔三〕漢書注：「故爲便辭巧說，以折破文字之形體。」

〔四〕漢書注：「言其煩妄也。桓譚新論云：秦近君能說堯典篇目兩字之誼，至十餘萬言；但說『曰若稽古』，三萬言。」

〔五〕後進猶言後輩、後學也。論語先進篇何晏集解「先進、後進謂仕先後輩也。」

〔六〕按此三語係排斥經今文學家之言。當時古文經傳發現，今文學家以爲僞造，不足憑信，故劉歆作七略，斥今文學者爲安於所習，毀所不見。班固漢志，襲用七略，故有此語。詳可參考康有爲僞經考卷三漢書藝文志辨僞。

〔七〕語見漢書卷三十藝文志六藝略末。

〔八〕申公已見頁五六注〔九〕。史記卷百二十一儒林傳「申公獨以詩經爲訓以教，無傳疑；疑者則闕不傳。」漢書卷八十八儒林傳作「申公獨以詩經爲訓故以教，亡傳，疑者則闕弗傳。」文相似。司馬貞史記索隱「謂申公不作詩傳，但教授，有疑則闕耳。」

〔九〕漢書卷八十八儒林傳「丁寬字子襄，梁人也。……景帝時，寬爲梁孝王將軍，距吳、楚，號丁將軍。作易說三萬言，訓故舉大誼而已，今小章句是也。」按誼卽義字。

〔一〇〕支離，形體支離不全貌，見莊子人間世注。又分散也，見文選魯靈光殿賦注。按支離係疊韻聯綿詞。

〔一一〕桓譚已見頁八七注〔一六〕。譚曾著新論二十九篇，今亡。

〔一二〕堯典，尚書第一篇篇名。

〔一三〕「曰若稽古」四字係尚書堯典篇首句。

〔四〕語見顏師古漢書藝文志注引，已見注〔四〕。

〔五〕漢書卷八十八儒林傳「張山拊……事小夏侯建……授……山陽張無故子儒、信都秦恭延君。……無故善修章句，爲廣陵太傅，守小夏侯說文。恭增師法至百萬言，爲城陽內史。」注「言小夏侯本所說之文不多，而秦恭又更增益，故至百萬言也。」按皮文引後漢書，疑非其最初出處。

〔六〕近君係延君之誤。王先謙漢書補注藝文志「說五字之文至二三萬言」句下云：「王應麟曰：儒林傳作秦延君，注『近』字誤。」

〔七〕已見頁七九注〔七〕。

前漢重師法，後漢重家法。先有師法，而後能成一家之言。師法者，溯其源；家法者，衍其流也。師法、家法所以分者：如易有施、孟、梁丘之學，是師法；施家有張、彭之學〔一〕，孟有翟、孟、白之學〔二〕，梁丘有士孫、鄧、衡之學〔三〕，是家法。家法從師法分出，而施、孟、梁丘之師法又從田王孫一師分出者也〔四〕。施、孟、梁丘已不必分，況張、彭、翟、白以下乎！後漢書儒林傳云：「立五經博士，各以家法教授。」宦者蔡倫傳〔五〕云：「帝以經傳之文，多不正定，乃選通儒謁者劉珍〔六〕及博士良史詣東觀〔七〕，各校讎〔八〕家法。」是博士各守家法也。質帝紀云：「令郡國舉明經，年五十以上，七十以下，詣太學。自大將軍至六百石，皆遣子受業。……四姓小侯〔九〕先能通經者，各令隨家法。」〔一〇〕是明經必守家法也。左雄傳云：雄上言郡國所舉孝廉，請皆詣公府，諸生試家法〔一〕。注曰：「儒有一家之學，故稱家法。」是孝廉必守家法也。徐防傳，防上疏云：「伏見太學試博士弟子，皆以意說，不修家法；……以遵師爲非義，意說爲得理；……誠非詔書實選本意。」〔二〕漢時不修家法之戒，蓋極嚴矣。然師法別出家法，而家法又各分顓家；如幹既分枝，枝又分枝，枝葉繁滋，浸失其本；又如子既生孫，孫又生孫，雲礽〔三〕曠遠，漸忘其祖。是末師而非往古，用後說而舍先傳；微言大義之乖，即自源遠末分始矣。

〔一〕張，張禹；彭，彭宣也。漢書卷八十八儒林傳「讎（施讎）授張禹、瑯琊魯伯。伯爲會稽太守，禹至丞相。禹授淮陽彭宣、沛戴崇子平。崇爲九卿，宣大司空。禹、宣皆有傳。魯伯授太山毛莫如少路、琅邪邴丹曼容（曼容）。著清名，莫如至常山太守。此其知名者也。繇是施家有張、彭之學。」

〔二〕翟，翟牧；白，白光；下孟字係衍文。漢書卷八十八儒林傳「喜（孟喜）授同郡白光少子、沛翟牧子兄，皆爲博士。繇是有翟、孟、白之學。」王先謙補注「當云孟家有白、翟之學，文有脫誤。」

〔三〕士孫，士孫張；鄧，鄧彭祖；衡，衡咸也。據漢書卷八十八儒林傳，梁丘賀傳子臨，臨授瑯琊王駿、代五鹿充宗。「充宗授平陵士孫張仲方、沛鄧彭祖子夏、齊衡咸長賓。張爲博士，至揚州牧、光祿大夫、給事中，家世傳業。彭祖，眞定太傅。咸，王莽講學大夫。繇是梁丘有士孫、鄧、衡之學。」

〔四〕漢書卷八十八儒林傳「寬（丁寬）授同郡碭田王孫。王孫授施讎、孟喜、梁丘賀，繇是易有施、孟、梁丘之學。」

〔五〕蔡倫傳見後漢書卷百零八宦者列傳。

〔六〕後漢書卷百十文苑傳「劉珍字秋孫，一名寶，南陽蔡陽人也。少好學。永初中，爲謁者僕射。鄧太后詔使與校書劉騊駼、馬融及五經博士定東觀五經、諸子、傳記、百家藝術，整齊脫誤，是正文字。……」又卷五安帝紀文相似。

〔七〕東觀，漢中祕藏書處。後漢書卷五安帝紀注：「洛陽宮殿，名曰南宮，有東觀。」

〔八〕一人讀書，校其上下，得繆誤，爲校。一人持本，一人讀書，若怨家相對，爲讎。見文選魏都賦注引劉向別錄。

〔九〕四姓小侯已見頁一一六注〔三〕。

〔一〇〕見後漢書卷六質帝本紀本初元年文。

〔一一〕左雄傳見後漢書卷九十一，雄字伯豪，南陽涅陽人。陽嘉元年，上言孝廉詣公府試家法。按皮文非全抄後漢書原文，係節錄而成。

〔一二〕徐防已見頁五一注〔一〇〕。防於永元十四年上疏言五經章句事。

〔一三〕昆孫之子曰仍孫，以禮仍有之耳，恩意實遠也。仍孫之子曰雲孫，言去已遠如浮雲也。見漢劉熙釋名釋親屬。

凡事有見爲極盛，實則盛極而衰象見者，如後漢師法之下復分家法，今文之外別立古文〔一〕，似乎廣學甄微〔二〕，大有裨於經義；實則矜奇炫博，大爲經義之蠹。師說下復分家法，此范蔚宗所謂「經有數家，家有數說。……學徒勞而少功，後生疑而莫正也。」〔三〕今文外別立古文，此范升所謂「各有所執，乖戾分爭，從之則失道，不從則失人也。」〔四〕蓋凡學皆貴求新，惟經學必專守舊。經作於大聖，傳自古賢。先儒口授其文，後學心知其意，制度有一定而不可私造，義理衷一是而非能臆說。世世遞嬗，師師相承，謹守訓辭，毋得改易。如是，則經旨不雜而聖教易明矣。若必各務創獲，苟異先儒；騁怪奇以釣名，恣穿鑿以標異；是乃決科之法，發策之文；侮慢聖言，乖違經義。後人說經，多中此弊；漢世近古，已兆其端。故愚以爲明、章〔五〕極盛之時，不加武、宣〔六〕昌明之代也。

〔一〕經今文學爲：易施、孟、梁丘、京氏四家，書歐陽、大小夏侯三家，詩魯、齊、韓三家，禮大小戴、慶氏三家，春秋公羊傳嚴、顏二家。經古文學爲：易費氏一家，書古文尚書孔氏一家，詩毛氏一家，禮有周官、逸禮，春秋有左氏傳。春秋穀梁傳，前人皆以爲今文，近人崔適指爲古文。又易有高氏一家，春秋有鄒、夾二家，當時即已亡失。

〔二〕甄，明也，見後漢書光武紀注。又表也，見文選西征賦注。甄微言表明衰微之學，指立古文經傳事。

〔三〕范蔚宗，後漢書之著者，已見頁一一七注〔三〕。引語見後漢書卷六十五鄭玄傳論。

〔四〕范升已見頁八二注〔五〕。引語見後漢書卷六十六范升傳。

〔五〕明，後漢明帝；章，章帝也。明帝在位十八年，始永平元年，迄永平十八年，當公元五八年至七五年。章帝在位十三年，始建初元年，迄章和二年，當公元七六年至八八年。

〔六〕武，前漢武帝；宣，宣帝也。武帝在位五十四年，始建元元年，迄後元元年，當公元前一四〇年至八八年。宣帝在位二十五年，始本始元年，迄黃龍元年，當公元前七三年至四九年。

五　經學中衰時代

經學盛於漢；漢亡而經學衰。桓、靈〔一〕之間，黨禍兩見〔二〕；志士仁人，多填牢戶；文人學士，亦扞文網〔三〕；固已士氣頹喪而儒風寂寥矣。鄭君康成，以博聞彊記之才，兼高節卓行之美；著書滿家，從學盈萬。當時莫不仰望，稱伊、雒〔四〕以東，淮、漢〔五〕以北，康成一人而已。咸言先儒多闕，鄭氏道備。自來經師未有若鄭君之盛者也。然而木鐸行教，卒入河海而逃〔六〕；蘭陵傳經，無救焚坑之禍〔七〕；鄭學雖盛，而漢學終衰。三國志〔八〕董昭上疏陳末流之弊云：「竊見當今年少，不復以學問爲本，專更以交游爲業。國士不以孝弟清修爲首，乃以趨勢游利爲先。」〔九〕杜恕上疏云〔一〇〕：「今之學者，師商、韓〔一一〕而上法術，競以儒家爲迂闊，不周〔一二〕世用。此則風俗之流弊。」魚豢魏略〔一三〕以董遇、賈洪、邯鄲淳、薛夏、隗禧、蘇林、樂祥〔一四〕七人爲儒宗；其序曰：「正始〔一五〕中，有詔議圜丘〔一六〕，普延學士。是時郎官及司徒領吏二萬餘人，……而應書與議者，略無幾人。又是時朝堂公卿以下四百餘人，其能操筆者未有十人，多皆飽食相從而退。嗟夫！學業沈隕，乃至於此。是以私心常區區貴乎數公者，各處荒亂之際，而能守志彌敦者也。」〔一七〕魚豢序見三國志注，令人閔之悚然。夫以兩漢經學之盛，不百年而一衰至此；然則，文明豈可恃乎！范蔚宗論鄭君「括囊大典〔一八〕，網羅衆家；刪裁繁蕪，刊改漏失；自是學者略知所歸。」〔一九〕蓋以漢時經有數家，家有數說，學者莫知所從；鄭君兼通今古文，溝合爲一；於是經生皆從鄭氏，不必更求各家。鄭學之盛在此，漢學之衰亦在此。鄭君傳云：「凡玄所注周易、尚書、毛詩、儀禮、禮記、論語、孝經、尚書大傳、中候、乾象曆，又著七政論、魯禮禘祫義、六藝論、毛詩譜、駁許愼五經異義、答臨孝存周禮難，凡百餘萬言。」〔二〇〕案鄭注諸經，皆兼采今古文。注易用費氏古文；爻辰〔二一〕出費氏分野〔二二〕，今旣亡佚，而施、孟、梁邱易又亡，無以考其同異。注尚書用古文，而多異馬融；或馬從今而鄭從古，或馬從古而鄭從今〔二三〕。是鄭注書兼采今古文也。箋詩以毛爲主，而閒易毛字〔二四〕。自云：「若有不同，便下己意。」〔二五〕所謂己意，實本三家〔二六〕。是鄭箋詩兼采今古文也。注儀禮並存今古文；從今文則注內疊出古文，從古文則注內疊出今文。是鄭注儀禮兼采今古文也〔二七〕。周禮古文無今文，禮記亦無今古文之分，其注皆不必論。注論語，就魯論篇章，參之齊、古〔二八〕，爲之注，云：「魯讀某爲某，今從古。」是鄭注論語兼采今古文也。注孝經多今文說，嚴可均有輯本〔二九〕。

〔一〕桓、靈，後漢桓帝、靈帝也。桓帝在位二十一年，始建和元年，迄永康元年，當公元一四七年至一六七年。靈帝在位二十一年，始建寧元年，迄中平六年，當公元一六八年至一八九年。

〔二〕桓帝延熹九年（一六六年），「司隸校尉李膺等二百餘人受誣爲黨人，並坐下獄，書名王府。」

至永康元年（一六七年），「大赦天下，悉除黨錮」，黨禁始解。此爲第一次之黨禍。靈帝建寧二年（一六九年），「中常侍侯覽諷有司奏前司空虞放、太僕杜密、長樂少府李膺、司隸校尉朱瑀、潁川太守巴肅、沛相荀翌、河內太守魏朗、山陽太守翟超，皆爲鉤黨，下獄。死者百餘人。妻子徙邊。諸附從者錮及五屬。制詔州郡，大舉鉤黨，於是天下豪傑及儒學行義者一切結爲黨人。」建寧四年（一七一年），「大赦天下，唯黨人不赦。」熹平五年（一七六年），「永昌太守曹鸞坐訟黨人棄市。詔黨人門生故吏父兄子弟在位者，皆免官禁錮。」中平元年（一八四年），「大赦天下黨人，還諸徙者。」黨禍始息。此爲第二次之黨禍。詳可參考後漢書卷七卷八桓、靈本紀及卷九十七黨錮列傳。

〔三〕史記卷百二十四游俠列傳「雖時扞當世之文罔」。索隱「扞卽捍也。違扞當世之法網，謂犯法禁也。」按扞卽干字，干犯也。罔網字通。

〔四〕伊，伊水，源出河南盧氏縣東南悶頓嶺。東北流，經嵩縣、伊陽、洛陽、偃師，入於雒。雒，雒水，源出陝西雒南縣西北冢嶺山。東流入河南，經盧氏、永寧。又東北經宜陽、洛陽、偃師、鞏縣，納瀍、伊諸水，至洛口入河。按雒或通作洛。

〔五〕淮，淮水，源出河南之桐柏山。東流，入安徽境，瀦於江蘇、安徽間之洪澤湖。其下游水道屢徙，今由淮陰縣合運河。漢，漢水，源出陝西寧羌縣北嶓冢山。流貫舊漢中、興安、鄖陽、襄陽、安陸、漢陽六府之境，爲入江之大川。

〔六〕論語八佾「天下之無道也久矣，天將以夫子爲木鐸。」何晏集解「木鐸，施政教時所振也。言天將命孔子制作法度，以號令於天下。」又論語公冶長「子曰：道不行，乘桴浮於海。」邢昺正義「言我之善道，中國既不能行，即欲乘其桴栰，浮渡於海而居九夷，庶幾能行己道也。」按此文借言孔子具木鐸之德而有浮海之嘆，猶鄭君秉經師之譽而無救於經學之衰也。

〔七〕蘭陵指荀子；荀子曾爲蘭陵令。據汪中述學荀卿子通論，漢初經學多傳自荀子，故云蘭陵傳經。已見五八頁注〔四〕。焚坑指秦始皇焚書坑儒事。焚坑之議，發於李斯；而李斯爲荀子之門人。按此文借言荀卿傳經而無救於秦皇之焚坑，猶鄭君傳經而不能挽漢學之衰頹也。

〔八〕三國志，六十五卷，晉陳壽撰。壽字承祚，巴西安漢人。曾仕蜀，後入晉，終治書御史。傳見晉書卷八十二。其所撰三國志，凡魏志三十卷，蜀志十五卷，吳志二十卷，而以魏爲正統。

〔九〕語見三國志卷十四魏志董昭傳。昭字公仁，濟陰定陶人。魏明帝太和六年（公元二三二年）拜司徒，因上疏論末流之弊。

〔一〇〕杜恕字務伯，三國魏杜陵人。杜畿之子，杜預之父。官幽州刺史。傳見三國志卷十六魏志杜畿傳。疏語見本傳。

〔一一〕商，商鞅，佐秦孝公變法，傳見史記卷六十八。韓，韓非，著韓非子五十五篇，傳見史記卷六十三。二人皆法家。

〔一二〕周，合也，見離騷注。

〔一三〕魚豢，三國魏京兆人。曾撰魏略五十卷，止於明帝。其書今佚，裴松之三國志注多引之。

〔一四〕董遇名見三國志卷十三魏志王肅傳末：「云明帝時，大司農弘農董遇等，亦歷注經傳，頗傳於世。」

裴松之注「魏略曰：遇字季直。性質訥而好學。……明帝時，入爲侍中大司農。……善左氏傳，更爲作朱墨別異。」賈洪、薛夏、隗禧三人亦見王肅傳裴注。裴注云：「賈洪字叔業，京兆新豐人也。好學有才，而特精於春秋左傳。」「薛夏字宣聲，天水人也。博學有才。」「隗禧字子牙，京兆人也。……禧既明經，又善星官。……撰諸經解數十萬言，未及繕寫而得聾，後數歲病亡。」邯鄲淳名見三國志卷二十一魏志王粲傳中，係潁川人。裴注「魏略曰：淳一名竺，字子叔。博學有才章，又善蒼雅蟲篆、許氏字指。……黃初初，以淳爲博士給事中。」蘇林名見三國志卷二十一魏志劉劭傳中，係陳留人，官至散騎常侍。裴注「魏略曰：林字孝友。博學，多通古今字指。凡諸書傳文間危疑，林皆釋之。……黃初中，爲博士給事中。」樂詳見三國志卷十六魏志杜畿傳，云：「甘露二年，河東樂詳，年九十餘，上書訟畿之遺績。」裴注「魏略曰：樂詳字文載。少好學。……左氏樂氏問七十二事，詳所撰也。……黃初中，徵拜博士。……門徒數千人。」

〔一五〕正始，魏廢帝第一年號，計七年，當公元二四〇年至二四六年。

〔一六〕圜丘卽今之天壇，古帝王多至祭天之處。周禮春官「大司樂」疏「土之高者曰丘。圜者，象天圜也。因高以事天，故於地上。」按圜卽圓字。

〔一七〕引語見三國志卷十三魏志王肅傳注。「飽食相從」原文本作「相從飽食」，皮引疑誤。

〔一八〕後漢書注「括，結也。易坤卦曰：『括囊无咎也。』」按括囊大典猶言包羅經典，以喻鄭玄之博學也。

〔一九〕引語見范曄（蔚宗）後漢書卷六十五鄭玄傳論。

〔二〇〕引語見後漢書卷六十五鄭玄傳。按玄書今存者有毛詩箋、儀禮注、禮記注、周禮注四種。周易注殘缺，有宋王應麟、淸惠棟及袁鈞鄭氏遺書輯本。論語注、中候、魯禮禘祫義、六藝論殘缺，有馬國翰玉函山房輯佚書及袁鈞鄭氏遺書輯本。孝經注殘缺，有嚴可均及袁鈞鄭氏遺書輯本。駁許愼五經異義殘缺，有宋王應麟及淸袁鈞鄭氏遺書輯本。尙書注、尙書大傳注、毛詩譜、答臨孝存周禮難殘缺，有袁鈞鄭氏遺書輯本。計鄭書今完全不可考者，僅乾象曆、七政論二書。

〔二一〕爻，卦之六爻；辰，十二辰也。鄭玄以六爻與十二辰相配合以說易，故稱爻辰。其說久佚，間見於唐李鼎祚集解、孔穎達正義。淸惠棟輯鄭易注，末附十二月爻辰圖及爻辰所值二十八宿圖；又作易漢學，其六爲鄭氏周易爻辰圖及鄭氏易，均極詳愼，可參考。玆舉一例以作說明。「泰，六五，帝乙歸妹，以祉元吉。」鄭注云：「五，爻辰在卯。春爲陽中，萬物以生。生育者，嫁娶之貴。仲春之月，嫁娶，男女之禮，福祿大吉。」見周禮地官媒氏疏引。鄭謂泰卦六五之爻，於辰爲卯，於月爲仲春，卽所謂爻辰也。

〔二二〕分野，本謂王者封國，上應星宿之位。費直說易，以八卦與星宿干支等相配合，故亦曰分野。其說已佚，淸馬國翰玉函山房輯佚書輯有費氏易林及費氏分野二書，雖甚簡略，但尙可供參考。玆舉一例如下：禮記正義月令引易林云：「震主庚子午，巽主辛丑未，坎主戊寅申，離主己卯酉，艮主丙辰戌，兌主丁巳亥。」按以八卦與干支相配，與鄭之爻辰說相同，故云爻辰出於分野。

〔二三〕鄭注尙書，每與馬異。如堯典「欽明文思安安」句之「思」字，古文作「思」，今文作「塞」。馬注云：「道德純備謂之思，」是讀「思」爲「塞」，參用今文說也。鄭注云：「慮深通敏謂之思」，是「思」讀如其字，古文說也。此爲馬從今而鄭從古之一例。又如堯典「日若稽古帝堯曰放勳」句。馬訓「稽」爲「考」，言堯順考古道而行之，此古文說也。鄭訓「稽」爲「同」，訓「古」爲「天」，稽古同天，言堯同於天，此今文說也。此爲馬從古而鄭從今之一例。詳可參考陳喬樅今文尚書經說考。

〔二四〕鄭玄詩箋，每易毛字；如陳風衡門「可以樂飢」，易「樂」爲「藥」；小雅十月之交「抑此皇父」，讀「抑」爲「噫」；大雅思齊「古之人無斁」，易「斁」爲「擇」，魯頌泮水「狄彼東南」，易「狄」爲「剔」，皆其明例。

〔二五〕語見鄭著六藝論。

〔二六〕三家指詩今文齊、魯、韓三家。鄭用三家詩說，如商頌玄鳥「天命玄鳥，降而生商。」毛傳「玄鳥，鳦也。春分，玄鳥降。湯之先祖有娀氏女簡狄，配高辛氏帝。帝率與之祈於郊禖而生契。故本其爲天所命，以玄鳥至而生焉。」按此古文說，以簡狄於春分燕至時，與帝祈於郊禖，因而生契。鄭箋「降，下也。天使鳦下而生商者，謂鳦遺卵，有娀氏之女簡狄吞之，而生契。」按此今文說，以簡狄吞燕卵而生契。鄭主後說，是鄭從三家也。

〔二七〕儀禮士冠禮「布席于門中，闑西閾外，西面。」鄭玄注云：「古文『闑』爲『槷』，『閾』爲『蹙』。」按此卽從今文而於注內疊出古文之一例。又士冠禮「禮於阼」。鄭玄注云：「今文『禮』作『醴』。」按此卽從古文而於注內疊出今文之一例。賈公彥儀禮疏於士冠禮「布席於門中」句下云：「鄭注禮之時，……或從今，或從古，皆逐義彊者從之。若二字俱合義者，則互換見之。」

〔二八〕論語在西漢時，有齊、魯、古三家。皇侃論語疏敍引劉向別錄云：「魯人所學，謂之魯論；齊人所學，謂之齊論；孔壁所得，謂之古論。」隋書經籍志經部論語類「漢初有齊、魯之說。其齊人傳者，二十二篇；魯人傳者，二十篇。張禹本授魯論，晚講齊論，遂合而考之，刪其煩惑，除去齊論問王、知道二篇，從魯論二十篇爲定，號張侯論。……又有古論語，與古文尚書同出。章句煩省，與魯論不異；唯分子張爲二篇，故有二十一篇。……鄭玄以張侯論爲本，參考齊論、古論，而爲之注。」

〔二九〕嚴可均字景文，號鐵橋，清烏程人。嘉慶間舉人。深於文字學，著有說文聲類、鐵橋漫稿等書。傳可參考繆荃孫續碑傳集卷七十二儒學二。其所輯孝經鄭注，今刻入姚覲元咫進齋叢書中。

所謂鄭學盛而漢學衰者：漢經學近古可信，十四博士今文家說，遠有師承；劉歆創通古文，衞宏、賈逵、馬融、許慎〔一〕等推衍其說，已與今學分門角立矣。然今學守今學門戶，古學守古學門戶。今學以古學爲變亂師法，古學以今學爲「黨同妒眞。」〔二〕相攻若讎，不相混合。杜、鄭、賈、馬〔三〕注周禮、左傳，不用今說；何休注公羊傳，亦不引周禮一字〔四〕；許慎五經異義分今文說、古文說甚晰〔五〕。若盡如此分別，則傳至後世，今古文不雜廁，開卷可瞭然矣。鄭君先通今文，後通古文。其傳曰：「造太學受業，師事京兆第五元先。始通京氏易、公羊春秋、三統曆、九章算術。又從東郡張恭祖受周官、禮記、左氏春秋、韓詩、古文尚書。以山東無足問者，乃西入關，因涿郡、盧植事扶風、馬融。」〔六〕案京氏易、公羊春秋爲今文，周官、左氏春秋、古文尙書爲古文。鄭君博學多師，今古文道通爲一，見當時兩家相攻擊，意欲參合其學，自成一家之言，雖以古學爲宗，亦兼采今學以附益其義。學者苦其時家法繁雜，見鄭君閎通博大，無所不包，衆論翕然歸之，不復舍此趨彼。於是鄭易注行而施、孟、梁丘、京之易不行矣；鄭書注行而歐陽、大小夏侯之書不行矣；鄭詩箋行而魯、齊、韓之詩不行矣；鄭禮注行而大小戴之禮不行矣；鄭論語注行而齊、魯論語不行矣。重以鼎足分爭〔七〕，經籍道息。漢學衰廢，不能盡咎鄭君；而鄭采今古文，不復分別，使兩漢家法亡不可考，則亦不能無失。故經學至鄭君一變。

〔一〕衞宏已見頁八九注〔七〕。賈逵已見頁八九注〔八〕。馬融已見頁三五注〔一六〕。許愼已見頁八九注〔一一〕。

〔二〕漢書卷九十九王莽傳「故左將軍公孫祿……曰：……國師嘉信公（卽劉歆）顚倒五經，毀師法，令學士疑惑。」按此卽今文學家斥古文學家爲變亂師法之一例。又漢書卷三十六劉歆傳「歆因移書太常博士責讓之曰：……若必專己守殘（指今文博士），黨同門，妬道眞，違明詔，失聖意，以陷於文吏之議，甚爲二三君子不取也。」按此卽「黨同妬眞」四字之來源。

〔三〕杜，杜子春；鄭，鄭興及其子衆；賈，賈逵；馬，馬融也。杜子春傳周禮，賈公彥周禮正義「序周禮興廢」引馬融傳云：「河南緱氏杜子春，尙在永平之初，年且九十。家於南山，能通其讀（指周禮），頗識其說，鄭衆、賈逵往受業焉。」馬國翰玉函山房輯佚書輯有周禮杜氏注二卷。鄭興字少贛，後漢開封人。好古學。尤明左氏、周官。其子衆字仲師，從父受左氏春秋，又從杜子春受周禮。傳均見後漢書卷六十六。玉函山房輯佚書輯有周禮鄭大夫（興）解詁一卷、周禮鄭司農（衆）解詁六卷及鄭衆春秋牒例章句一卷。賈逵已見頁八九注〔八〕。玉函山房輯佚書輯有周禮賈氏解詁一卷、春秋左氏傳解詁二卷、春秋左氏長經一卷。隋書經籍志尚著錄有春秋釋訓一卷、春秋三家經本訓詁十二卷，已佚。馬融已見頁三五注〔六〕。玉函山房輯佚書輯有周官傳一卷、春秋三傳異同說一卷。

〔四〕何休已見頁五九注〔七〕。休撰春秋公羊解詁十一卷，今存，十三經注疏本卽用此書。休爲今文學家，故不引古文學之周禮。

〔五〕許愼已見頁八九注〔二〕。愼撰五經異義十卷，見隋書經籍志。宋時亡佚，清代加以輯錄，得百餘條。陳壽祺五經異義疏證一書較完備。玆擧一例如下：「第五田稅：今春秋公羊說，十一而稅。過於十一，大桀，小桀；減於十一，大貉小貉。十一稅，天下之中正。十一行而頌聲作。古周禮（說）：國中園廛之賦，二十而稅一；近郊，十而稅一；遠郊，二十而稅三。……」按五經異義分今古文說，大率類此。

〔六〕引語見後漢書卷六十五鄭玄傳。

〔七〕鼎足分爭指吳、蜀、魏三國鼎足之局。

事有不可一概論者，非通觀古今，不能定也。毛詩、左傳乃漢時不立學之書，而後世不可少；鄭君爲漢儒敗壞家法之學，本李兆洛說〔一〕而後世尤不可無。漢時詩有魯、齊、韓三家，春秋有公、穀二傳。毛詩、左傳不立學無害；且不立學，而三家二傳更不至淆雜也。漢後三家盡亡，二傳殆絕，若無毛詩、左傳，學者治詩、春秋，更無所憑依矣。鄭君雜糅今古，使顓門學盡亡；然顓門學既亡，又賴鄭注得略考見。今古之學若無鄭注，學者欲治漢學，更無從措手矣！此功過得失互見而不可概論者也。鄭君徒黨徧天下，即經學論，可謂小統一時代。傳云：「齊、魯間宗之」；非但齊、魯間宗之，傳列郗慮等五人〔二〕，鄭志、鄭記有趙商等十六人〔三〕。三國志姜維傳云：「好鄭氏學」〔四〕，不知其何所受。昭烈帝嘗自言周旋鄭康成間〔五〕，蓋鄭君避地徐州，時昭烈爲徐州牧，嘗以師禮事之。然則，蜀漢君臣亦鄭學支裔矣。有與鄭君同時而學不盡同者：荀爽、虞翻並作易注〔六〕；荀用費易，虞用孟易，今略存於李鼎祚集解中〔七〕。虞嘗駁鄭尙書注，又以鄭易注爲不得〔八〕。王粲亦駁鄭，而其說不傳〔九〕。有視鄭稍後而學不盡同者：王弼易注，盡掃象數，雖亦用費易，而說解不同〔一〇〕。故李鼎祚云：「刊輔嗣之野文，補康成之逸象。」〔一一〕何晏論語集解雖采鄭注，而不盡主鄭〔一二〕。若王肅尤顯與爲敵者〔一三〕。

〔一〕李兆洛字申耆，清常州武進人。嘉慶間進士，官鳳臺知縣。精考證，長於輿地之學。著有李氏五種及養一齋集等書。傳可參考繆荃孫續碑傳集卷七十三儒學三。清代今文學之復興，以常州為中心，申耆受其影響，故亦主今文說。其為張金吾作兩漢五經博士考敍云：「今之所謂『漢學』者，獨宰一康成氏焉耳；而不知康成氏者，『漢學』之大賊也。……惜哉！『漢學』亡，而所存者獨一不守家法之康成也。」按皮自注云本李說，蓋指此文。

〔二〕後漢書卷六十五鄭玄傳「其門人：山陽郗慮至御史大夫。東萊王基、清河崔琰，著名於世。又樂安國淵、任嘏，時並童幼，玄稱淵為國器，嘏有道德。」注「慮字鴻豫。基字伯輿，魏鎮南將軍安樂鄉侯。琰字季珪，魏東曹掾，遷中尉。淵字子尼，魏司空掾，遷太僕。嘏字昭光，魏黃門侍郎也。」按王基傳見三國志卷二十七魏志，崔琰傳見三國志卷十二魏志，國淵傳見三國志卷十一魏志。餘二人於正史無可考。

〔三〕鄭志十一卷，魏侍中鄭小同撰；鄭記六卷，鄭玄弟子撰；見隋書經籍志。四庫全書總目提要謂：鄭志皆玄與門人問答之詞，鄭記皆其門人互相問答之詞；志之與記，其別在此。兩書，北宋時全佚。後人輯鄭志三卷補遺一卷，四庫全書總目提要著錄於經部五經總義類。皮錫瑞曾依袁鈞鄭書遺書本作鄭志疏證八卷，附鄭記考證一卷，可參考。趙商，河內人，玄之門人，附見後漢書玄本傳。趙商外，其見於鄭志、鄭記者，尙有冷剛、張逸、孫皓（一作顥）、劉琰（一作炎）、炅模（炅一作靈）、田瓊、王瓚、焦氏（又作焦喬）、崇精、王權、鮑遺、任厥、氾閣、崇翱、劉德、陳鑠（一作鏗）、桓翱十七人；皮云十六人，疑未備。

〔四〕姜維字伯約，三國蜀天水人。為蜀之名將。傳見三國志卷四十五蜀志。引語見本傳。

〔五〕昭烈帝卽蜀漢主劉備，傳見三國志卷三十二蜀志。引語見劉後主傳注，又見華陽國志卷七劉後主志。

〔六〕荀爽已見頁三六注〔二三〕。曾著禮傳、易傳、詩傳、尙書正經、春秋條例、公羊問、辨讖、漢語、新書等百餘篇。其治易，本古文費氏，注周易十一卷，今亡。馬國翰玉函山房輯佚書輯有周易荀氏注三卷。又惠棟撰易漢學，張惠言撰周易荀氏九家義，亦可考見大概。又虞翻亦見頁三六注〔二三〕。世傳孟氏易，爲易注九卷。又爲老子、論語、國語訓注。易注今亡。清惠棟易漢學，張惠言周易虞氏義、周易虞氏消息、虞氏易禮、虞氏易事、虞氏易言、虞氏易候，曾釗周易虞氏義箋，均可考見大概。

〔七〕李鼎祚，唐資州人。唐書無傳，其詳不可考。撰周易集解十卷。附略例一卷，索隱六卷，共十七卷。後人因索解及略例散佚，因析集解爲十七卷。其書今存，見四庫全書總目提要經部易類一。書內採子夏、孟喜、焦贛、京房、馬融、荀爽、鄭玄、劉表、何晏、宋衷、虞翻、陸績、干寶、王肅、王弼、姚信、王廙、張璠、向秀、王凱冲、侯果、蜀才、翟元、韓康伯、劉瓛、何妥、崔憬、沈驎士、盧氏、崔覲、伏曼容、孔穎達、姚規、朱仰之、蔡景君等三十五家之說，爲考輯古代易說之要籍。

〔八〕虞翻奏「鄭玄解尙書違失事」云：「故北海徵士鄭玄所注尙書，以顧命康王執瑁，古月似同，從誤作同，旣不覺定，復訓爲杯，謂之酒杯。成王疾困憑几，洮頮爲濯，以爲瀚衣成事，洮字虛更作濯，以從其非。又古大篆丣字當讀爲桺，古桺丣同字，而以爲昧。『分北三苗』，北，古別字，又訓北，言北猶別也。……於此數事，誤莫大焉。宜命學官，定此三事。」又奏易注云：「若乃北海鄭玄、南陽宋忠，雖各立注；忠小差玄，而皆未得其門，難以示世。」按二奏文均見三國志卷五十七吳志虞翻傳注。

〔九〕王粲字仲宣，三國魏山陽人。累官侍中。博物多識，尤善文學，著詩賦論議垂六十篇。爲建安七子之一。傳見三國志卷二十一魏志。其駁鄭玄之說，今已不傳，惟略見於顏之推顏氏家訓勉學篇第八。家訓云：「吾初入鄴，與博陵崔文彥交遊，嘗說王粲集中難鄭玄尚書事，崔轉爲諸儒道之。始將發口，懸見排蹙，云：文集中有詩賦銘誄，豈當論經書事乎？且先儒之中，未聞有王粲也。崔笑而退，竟不以粲集示之。」據此，則當時王粲集尚載難鄭之文。

〔一〇〕王弼字輔嗣，三國魏山陽人。好老氏，通辨能言。注易及老子，今存。傳見三國志卷廿八魏志鍾會傳及裴松之注。按易學可分爲二派：一重象數，一重義理。弼之易注，源於費氏，盡去象數，而更附以老、莊之義，與鄭注言爻辰之不棄象數者異趣。

〔一一〕引語見李鼎祚周易集解自序。輔嗣，王弼字。弼注周易，雜以老義，故斥爲野文。刊，謂刊落也。康成，鄭玄字。玄注周易，不棄象數。鼎祚此書，採集其他之言象數者，故云補其逸象。

〔一二〕何晏字平叔，三國魏南陽宛人。以才秀知名。好老、莊言，作道德論及諸文賦著述凡數十篇。傳附見三國志卷九魏志曹爽傳及裴松之注。今十三經注疏中之論語注，即用何晏之論語集解。此書本晏與孫邕、鄭沖、曹羲、荀顗四人合注，不過以晏爲主。陸德明經典釋文序錄云：「何晏集孔安國、包咸、周氏、馬融、鄭玄、陳羣、王肅、周生烈之說，并下己意，爲集解。」據此，則晏書雖采鄭注而實不盡主鄭也。

〔一三〕王肅已見頁五一注〔一四〕。肅善賈逵、馬融之學，而不好鄭氏。采會同異，爲尚書、詩、論語、三禮、左氏解，并撰定父朗所作易傳，皆立於學官。又僞造孔子家語及孔叢子，作聖證論，以譏短鄭玄。

鄭學出而漢學衰，王肅出而鄭學亦衰。肅善賈、馬〔一〕之學，而不好鄭氏。賈逵、馬融皆古文學，乃鄭學所自出。肅善賈、馬而不好鄭，殆以賈、馬專主古文，而鄭又附益以今文乎？案王肅之學，亦兼通今古文。肅父朗師楊賜，楊氏世傳歐陽尚書〔二〕；洪亮吉傳經表〔三〕以王肅爲伏生十七傳弟子〔四〕，是肅嘗習今文；而又治賈、馬古文學。故其駁鄭，或以今文說駁鄭之古文，或以古文說駁鄭之今文〔五〕。不知漢學重在顓門；鄭君雜糅今古，近人議其敗壞家法；肅欲攻鄭，正宜分別家法，各還其舊，而辨鄭之非；則漢學復明，鄭學自廢矣。乃肅不惟不知分別，反效鄭君而尤甚焉。僞造孔安國尚書傳、論語孝經注、孔子家語、孔叢子，共五書〔六〕，以互相證明；託於孔子及孔氏子孫〔七〕，使其徒孔衍爲之證〔八〕。不思史、漢皆云安國早卒〔九〕，不云有所撰述；僞作三書，已與史、漢不合矣。而家語、孔叢子二書，取郊廟大典禮兩漢今古文家所聚訟不決者，盡託於孔子之言，以爲定論〔一〇〕。不思漢儒議禮聚訟，正以去聖久遠，無可據依。故石渠、虎觀〔一一〕，天子稱制臨決。若有孔子明文可據，羣言淆亂折諸聖，尙安用此紛紛爲哉！肅作聖證論〔一二〕，以譏短鄭君；蓋自謂取證於聖人之言；家語一書，是其根據〔一三〕。其注家語，如五帝、七廟、郊丘之類，皆牽引攻鄭之語〔一四〕，適自發其作僞之覆。當時鄭學之徒皆云「家語，王肅增加。」〔一五〕或云王肅所作〔一六〕。是肅所謂聖證，人皆知其不出於聖人矣。孫志祖家語疏證〔一七〕已明著其僞。

〔一〕賈、馬，賈逵、馬融也，已屢見前注。

〔二〕王肅父朗，字景興，東海人。師太尉楊賜。初爲漢會稽太守，後歸魏，封蘭陵侯。著易、春秋、孝經、周官傳及奏議論記，均傳於當時。傳見三國志卷十三魏志。楊賜字伯獻，後漢華陰人。楊震之孫。世傳歐陽尙書。靈帝時，曾官太尉。傳見後漢書卷八十四。

〔三〕洪亮吉字君直，一字稚存，號北江，清陽湖人。嘉慶時，以上封事言詞切直，戍伊犂；尋赦還。精輿地學，善詩文。著有洪北江全集。傳見江藩國朝漢學師承記卷四。其所撰傳經表，見洪北江全集中。花雨樓續鈔及校經山房叢書亦收刻傳經表，但以爲畢沅作；或當時洪亮吉在畢幕，故署畢名。

〔四〕傳經表序「今文尙書伏勝十七傳至王肅。」兹按本書，圖示之如下：伏勝（1）——歐陽生（2）——兒寬（3）——歐陽世（4）——（歐陽氏家學）（5）——（歐陽氏家學）（6）——歐陽高（7）——林尊（8）——平當（9）——朱普（10）——桓榮（11）——桓郁（12）——楊震（13）——楊秉（14）——楊賜（15）——王朗（16）——王肅（17）。

〔五〕王肅以今文說駁鄭之古文說，如：詩小雅車舝篇「以慰我心。」毛傳「慰，安也。」鄭箋衍毛詩之古文說，云：「我得見女之新昏如是，則以慰除我心之憂也。」但王肅從韓詩之今文說，改「慰」爲「慍」，云：「韓詩『以慍我心』；慍，恚也。」即其一例。又王肅以古文說駁鄭之今文說，如：詩大雅生民篇「厥初生民，時維姜嫄。生民如何，克禋克祀，以弗無子。履帝武敏，歆，攸介攸止，載震載夙，載生載育，時維后稷。」鄭箋取三家詩之今文說，以爲后稷無父感天而生，云：「祀郊禖之時，時有大神之迹，姜嫄履之，足不能滿。履其拇指之處，心體歆歆然，其左右所止住，如有人道感己者也。於是遂有身，而肅戒不復御。後則生子而養，名之曰棄。」但王肅從毛詩之古文說，以后稷爲帝嚳之子，而反對感生說，云：「帝嚳有四妃，上妃姜嫄，生后稷。……帝嚳崩後，十月而后稷生，蓋遺腹也。雖爲天所安，然寡居而生子，爲衆所疑，不可申說。姜嫄知后稷之神奇，必不可害，故棄之以著其神，因以自明。」即其一例。

〔六〕孔子家語十卷，孔叢子三卷，今存，相傳爲王肅僞造，詳可參考四庫全書總目提要子部儒家類一。孔安國尚書傳，即十三經注疏中之尚書注，今存。此書經清閻若璩古文尚書疏證、惠棟古文尚書考之考證，指爲梅賾僞造。其後丁晏作尚書餘論，始追指王肅。丁書刻入續清經解卷八四四，可參考。孔安國論語注，今佚，何晏間採入論語集解中。沈濤作論語孔注辨僞二卷，丁晏作論語孔注證僞四卷，均指爲王肅僞造。沈書刻入續清經解卷六二七至六二八，可參考。孔安國孝經注，見於隋書經籍志，當時指爲劉炫僞造。其書本亡，至清汪翼滄從日本得古文孝經孔傳一卷。丁晏作孝經徵文，指爲王肅僞造。丁書刻入續清經解卷八四七，可參考。按以孔子家語、孔叢子爲肅僞造，先儒已有此疑；至以尚書、論語、孝經孔注爲肅僞造，實發於淸儒。

〔七〕孔子家語託名孔安國撰，孔叢子託名孔鮒撰。鮒及安國皆孔氏之子孫。

〔八〕孔子家語載孔衍上書云：「魯恭王壞孔子故宅，得古文科斗尚書、孝經、論語。世人莫有能言者；安國爲之今文讀，而訓傳其義。又撰孔子家語。既畢，會値巫蠱事起，遂各廢不行。光祿大夫向（劉向）以爲其時所未施行之故，尚書則不記於別錄，論語則不使名家也。」按孔衍字舒元，晉魯國人，孔子二十二世孫。師王肅。傳見晉書卷九十一儒林傳。

〔九〕史記卷四十七孔子世家「安國爲今皇帝（武帝）博士，至臨淮太守，蚤卒。」前漢書卷三十藝文志，卷五十八兒寬傳，卷八十八儒林傳，雖均言及孔安國，但無「早卒」之文。蚤，早之借字。

〔一〇〕家語卷八廟制第三十四，及孔叢子卷上論書第二，均言及郊廟典禮，而託於孔子之言；文繁不具錄，節取一段，以見一斑。如家語云：「天子立七廟，三昭三穆，與太祖之廟七。……諸侯立五廟，二昭二穆，與太祖之廟而五。……大夫立三廟，一昭一穆，與太祖之廟而三。……士立一廟，曰考廟。……庶人無廟。」孔叢子云：「埋少牢於太昭，所以祭時也；祖迎於坎壇，所以祭寒暑也；主於郊宮，所以祭日也；夜明，所以祭月也；幽禜，所以祭星也；雩禜，所以祭水旱也。禋於六宗，此之謂也。」

〔一一〕漢宣帝會諸儒於石渠閣，親稱制臨決；後漢章帝仿石渠故事，會諸儒於白虎觀。已見前頁一一八注〔四〕〔五〕。

〔一二〕聖證論十二卷，王肅撰，見隋書經籍志。唐書藝文志云十一卷。今佚。清馬國翰玉函山房輯佚書輯爲一卷。皮錫瑞曾撰有聖證論補評二卷，可參考。

〔三〕聖證論時根據其僞作之家語，以駁鄭說。如尚書堯典「禋於六宗」，鄭以六宗爲星、辰、司中、司命、風師、雨師。王肅依僞家語，云：「家語，四時也，寒暑也，日也，月也，水旱也，爲六宗。」即其一例。

〔四〕家語卷六五帝第二十四專言五帝，孫志祖家語疏證云：「此篇王肅所造，雜采禮記、左傳，假爲季康子問答，以駁鄭康成六天之說。」又卷八廟制第三十四言天子七廟，孫云：「此篇王肅所造，以駁鄭康成廟制而撰。」又卷七郊問第二十九言郊祀之禮，孫云：「此篇王肅所造，雜采禮記諸文，以駁鄭康成，而假爲定公、孔子問對之詞。」文繁不錄，詳可參考孫氏本書。

〔五〕孔穎達禮記正義樂記引馬昭曰：「家語，王肅所增加。」按昭主鄭學。

〔六〕通志卷九十一引馬昭云：「家語之言，固所未信。」但未顯斥爲肅作。

〔七〕孫志祖字頤谷，清仁和人。官至監察御史。撰家語疏證六卷，證家語爲王肅僞造，書刻入校經山房叢書中。孫傳見阮元國史儒林傳卷下。

兩漢經學極盛，而前漢末出一劉歆，後漢末生一王肅，爲經學之大蠹。歆，楚元王之後〔一〕；其父向，極言劉氏、王氏不並立〔二〕。歆黨王莽篡漢〔三〕，於漢爲不忠，於父爲不孝。肅父朗，漢會稽太守，爲孫策虜，復歸曹操，爲魏三公〔四〕。肅女適司馬昭，黨司馬氏篡魏，但早死不見篡事耳〔五〕。二人黨附篡逆，何足以知聖經！而歆創立古文諸經，汩亂今文師法；肅僞作孔氏諸書，並鄭氏學亦爲所亂。歆之學行於王莽〔六〕；肅以晉武帝爲其外孫，其學行於晉初。尚書、詩、論語、三禮、左氏解及撰定父朗所作易傳，皆立學官〔七〕。晉初郊廟之禮，皆王肅說，不用鄭義〔八〕。其時孔晁、孫毓等申王駁鄭〔九〕，孫炎、馬昭等又主鄭攻王〔一〇〕，齗齗〔一一〕於鄭、王兩家之是非，而兩漢顓門無復過問。重以永嘉之亂〔一二〕，易亡梁丘、施氏、高氏，書亡歐陽、大小夏侯，齊詩在魏已亡，魯詩不過江東，韓詩雖存，無傳之者，孟、京、費易亦無傳人，公、穀雖在若亡〔一三〕。晉元帝修學校，簡省博士，置周易王氏，尚書鄭氏，古文尚書孔氏，毛詩鄭氏，周官、禮記鄭氏，春秋左傳杜氏、服氏，論語、孝經鄭氏博士各一人〔一四〕。太常荀崧上疏，請增置鄭易、儀禮及春秋公羊、穀梁博士各一人，時以爲穀梁膚淺不足立。王敦之難，復不果行〔一五〕。晉所立博士，無一爲漢十四博士所傳者，而今文之師法遂絕。

〔一〕楚元王名交，字游，漢高祖同父少弟。高祖六年，封爲楚王。傳見漢書卷三十六。歆爲元王之後裔，傳附元王後。

〔二〕劉向已見頁五七注〔一四〕。成帝時，外戚王氏專政，向遂上封事極諫，云：「事勢不兩大，王氏與劉氏亦且不並立。」

〔三〕歆爲劉向之少子。王莽篡位，歆爲國師。旋因叛莽自殺。詳見漢書卷九十九王莽傳。

〔四〕王朗已見頁一五六注〔二〕。漢末時，以勤王拜會稽太守。孫策渡江略地。朗舉兵與戰，敗績，被虜。旋展轉抵魏。文帝（曹丕）即位，遷御史大夫，封安陵亭侯。旋拜司空，進封樂平鄉侯。明帝時，轉爲司徒，進封蘭陵侯。

〔五〕王肅女適司馬昭，卽晉書所謂文明皇后，生晉武帝炎。按肅傳，肅斥曹爽，蓋黨於司馬懿。司馬師廢廢帝，立高貴鄉公，由肅奉法駕迎之。又師時以經術問肅，蓋頗相得。但肅卒於甘露元年，當公元二五六年，下距司馬炎之篡魏，當公元二六五年，尙差十年。詳可參考肅本傳。

〔六〕哀帝時，王莽薦擧劉歆。歆欲建立古文尙書、毛詩、逸禮、左氏春秋於學官，以博士反對不果。平帝元始五年，莽奏起明堂辟雍，使歆等治之。又徵天下通知古書、毛詩、逸禮、周官、爾雅者詣公車，蓋出歆意。王莽篡漢，歆爲國師；諸古學皆立。詳可參考漢書卷十二平帝紀、卷三十六劉歆傳、卷八十八儒林傳、卷九十九王莽傳。

〔七〕見三國志卷十三魏志王肅傳。

〔八〕晉太康初，摯虞奏喪制鄭、王各有異同，可準依王景侯（肅謚）所撰喪服變除。詔可其議。泰始二年，有司奏置七廟，其禮亦依肅說。詳可參考晉書卷十九禮志上。

〔九〕按孔晁，正史無傳。舊唐書卷百零二元行冲傳云：「子雍（王肅）規玄，數十百件。守鄭學者，時有中郎馬昭，上言以爲肅謬。詔王學之輩占答以鬪。」按當時答馬昭駮問而知名者爲孔晁。淸馬國翰輯聖論證序云：「孔晁說黨於王，則晁固王學輩之首選也。」晁書今佚，間見於詩、禮正義及通典。馬所輯聖證論採輯尙備，可參考。又陸德明經典釋文序錄「晉豫州刺史孫毓，爲詩評，評毛、鄭、王肅三家同異，朋於王。」自注：「毓字休朗，北海平昌人。長沙太守。」隋書經籍志「毛詩異同評十卷，晉長沙太守孫毓撰。」按毓亦黨王，其書今佚，馬國翰玉函山房輯佚書輯爲三卷，可參考。

〔一〇〕孫炎字叔然，三國魏樂安人，鄭玄再傳弟子。王肅作聖證論以譏玄，炎駁釋之。又作周易、春秋例、毛詩、禮記、春秋三傳、國語、爾雅諸注。傳附見三國志卷十三魏志王肅傳。按炎駁聖證論語，今不傳。又馬昭已見注〔九〕。昭駁聖證論語見馬國翰玉函山房輯佚書所輯聖證論中。

〔一一〕斷斷，辯爭之貌，見漢書卷六十六傳贊注。

〔一二〕永嘉，晉懷帝年號，計六年，當公元三〇七年至三一二年。永嘉之亂，指永嘉五年（三一一年）劉聰兵陷洛陽虜懷帝事。

〔一三〕陸德明經典釋文序錄「永嘉之亂，施氏、梁丘之易亡。孟、京、費之易，人無傳者。」隋書經籍志「梁丘、施氏、高氏亡於西晉。孟氏、京氏，有書無師。」又序錄「永嘉傷亂，衆家之書並滅亡。」隋志「永嘉之亂，歐陽、大小夏侯尚書幷亡。」又序錄「齊詩久亡；魯詩不過江東；韓詩雖在，人無傳者。」隋志「齊詩，魏代已亡；魯詩亡於西晉；韓詩雖存，無傳之者。」又隋志「公羊、穀梁浸微，今殆無師說。」序錄「二傳，近代無講者。」按皮文蓋合二書而成。

〔一四〕語見晉書卷七十五荀崧傳。王氏，王弼，已見頁一五四注〔一〇〕。鄭氏，鄭玄，已見頁三六注〔三〕。孔氏，指僞孔安國尚書傳，已見頁一五七注〔六〕。杜氏，杜預，已見一五五頁注〔二四〕。服氏，服虔，字子愼；初名重，又名祇，後漢滎陽人。靈帝時，官九江太守。撰春秋左氏傳解，又以左傳駁何休所駁漢事六十餘條。傳見後漢書卷百零九下儒林傳下。

〔一五〕荀崧已見頁九八注〔二九〕。晉文帝時，崧爲太常，上疏言宜置鄭易、鄭儀禮、春秋公羊、春秋穀梁博士各一人。詔下其議；議者多請從崧奏。詔以穀梁膚淺，不足置博士，餘如奏。會王敦之難，不行。詳見晉書卷七十五荀崧傳。

世傳十三經〔一〕注，除孝經爲唐明皇御注〔二〕外，漢人與魏、晉人各居其半。鄭君箋毛詩，注周禮、儀禮、禮記；何休注公羊傳；趙岐注孟子；凡六經，皆漢人注。孔安國尚書傳，王肅僞作；王弼易注；何晏論語集解；凡三經，皆魏人注。杜預左傳集解；范寧穀梁集解〔三〕；郭璞爾雅注〔四〕；凡三經，皆晉人注。以注而論，魏、晉似不讓漢人矣；而魏、晉人注卒不能及漢者：孔傳多同王肅，孔疏已有此疑〔五〕；宋吳棫與朱子及近人閻若璩、惠棟歷詆其失，以爲僞作〔六〕；丁晏尚書餘論，攷定其書實出王肅〔七〕。據晉書荀崧傳，崧疏稱武帝時置博士，已有孔氏，是晉初已立學。永嘉之亂亡失，東晉時梅頤復獻之，非梅頤僞作也〔八〕。王弼、何晏祖尚玄虛，范寧常論其罪浮於桀、紂〔九〕。王弼易注，空談名理，與漢儒樸實說經不似；故宋趙師秀云：「輔嗣易行無漢學。」〔一〇〕何晏論語集解合包、周之魯論，孔、馬之古論，而雜糅莫辨〔一一〕。所引孔注，亦是僞書；如「孰謂鄹人之子知禮乎」，孔注「鄹，孔子父叔梁紇所治邑」，不自稱幾世祖，此大可疑者〔一二〕。丁晏謂孔注亦王肅僞作〔一三〕。杜預左傳集解多據前人說解，而沒其名，後人疑其杜撰〔一四〕。諒闇短喪，倡爲邪說〔一五〕。釋例於「凡弒君稱君，君無道也」一條，亟揚其波〔一六〕。鄭伯射王中肩之類，曲爲出脫〔一七〕。焦循論預背父黨簒之罪，謂爲司馬氏飾，其注多傷名教，不可爲訓〔一八〕。范寧穀梁集解，雖存穀梁舊說，而不專主一家。序於三傳皆加詆諆〔一九〕，宋人謂其最公〔二〇〕。此與宋人門徑合耳；若漢時，三傳各守顓門，未有兼采三傳者也。郭璞爾雅注亦沒前人說解之名，余蕭客謂爲攘善無恥〔二一〕。此皆魏、晉人所注經，準以漢人著述體例，大有逕庭，不止商、周之判。蓋一壞於三國之分鼎，再壞於五胡之亂華〔二二〕，雖緒論略傳，而宗風已墜矣。

〔一〕十三經爲：一、周易，二、尙書，三、毛詩，四、周禮，五、儀禮，六、禮記，七、左傳，八、公羊傳，九、穀梁傳，十、論語，十一、孝經，十二、爾雅，十三、孟子。

〔二〕舊唐書經籍志「孝經一卷，玄宗注。」唐會要「開元十年（公元七二二年）六月，上注孝經，頒天下及國子學。天寶二年（公元七四三年）五月，上重注，亦頒天下。」

〔三〕范寧字武子，晉順陽人。官至豫章太守。著春秋穀梁傳集解十二卷。傳見晉書卷七十五。

〔四〕郭璞字景純，晉聞喜人。官至弘農太守。著爾雅注五卷。傳見晉書卷七十二。

〔五〕尙書舜典「三帛」下，孔穎達正義云：「王肅之注尙書，其言多同孔傳。」又「禋於六宗」下云：「漢世說六宗者多矣，惟王肅據家語說六宗，與孔同。」又左傳哀六年傳引夏書「惟彼陶唐，有此冀方」下，孔穎達正義云：「王肅注尙書其言多是孔傳，疑肅見古文，匿之而不言也。」按據上所引，孔傳多同王肅，孔穎達疏已疑之。詳可參考丁晏尙書餘論「王肅注書，多同孔傳，再見於唐孔氏正義」節。

〔六〕吳棫字才老，南宋時人。正史無傳。棫始疑東晉所獻古文尚書爲僞造，曾著書稗傳十三卷，今佚。詳可參考閻若璩古文尚書疏證卷八「疑古文自吳才老始」節。朱子卽朱熹，已見頁三七注〔四〕。熹亦曾疑古文尚書，詳可參考閻著古文尚書疏證卷八「朱子於古文猶爲調停之說」節。閻、惠皆清代名儒，故稱爲近人。閻若璩字百詩，號潛邱，太原人。康熙中，應博學鴻詞科，罷。佐徐乾學修一統志。著古文尚書疏證、四書釋地、孟子生卒年月考、潛邱札記等書。傳見阮元國史儒林傳卷下及江藩國朝漢學師承記卷一。又惠棟已見頁一一三注〔五〕。按閻著古文尚書疏證，惠著古文尚書考，始確證古文尚書爲梅頤所僞造。頤或作賾。

〔七〕丁晏字儉卿，一字柘堂，清淮安山陽人。早歲治經，篤好鄭學。道光初舉人。咸豐中，以功官內閣中書。有頤志堂叢書二十二種。傳見繆荃蓀續碑傳集卷七十四儒學四。其著述刻入續清經解者，有尚書餘論、孝經徵文、詩譜考正、禹貢錐指正義四種。尚書餘論一卷，以孔傳爲王肅所僞作，見續清經解卷八四四。

〔八〕晉書卷七十五荀崧傳，崧上疏云：「世祖武皇帝應運登禪，崇儒興學。……先儒典訓，賈、馬、鄭、杜、服、孔、王、何、顏、尹之徒，章句傳注衆家之學，置博士十九人。」按孔卽孔安國古文尚書。據此，則古文尚書，西晉已立學官，非梅頤僞作。詳可參考丁晏尚書餘論「古文尚書，西晉已立博士，非東晉梅氏僞作」節。

〔九〕晉書卷七十五范寧傳「時以浮虛相扇，儒雅日替，寧以爲其源始於王弼、何晏，二人之罪深於桀、紂。」王弼已見頁一五四注〔一〇〕，何晏已見頁一五四注〔一一〕。

〔一〇〕趙師秀字紫芝，號靈秀，南宋永嘉人。紹熙進士，終高安推官。工詩，著有清苑齋集、衆妙集。宋史無傳。引語見清苑齋集補遺「秋夜偶成」一詩。原文「無」作「非」，皮引偶誤。

〔一一〕包，包咸；周，周氏；孔，孔安國；馬，馬融。何晏論語集解序「安昌侯張禹本受魯論，兼講齊說，善者從之，號曰張侯論，爲世所貴；包氏、周氏章句出焉。古論唯博士孔安國爲之訓解，而世不傳。至順帝時，南郡太守馬融亦爲之訓說。」邢昺疏云：「後漢儒林傳云：包咸字子良，會稽曲阿人。……建武中，入授皇太子論語，又爲其章句。……周氏不詳何人。」陸德明經典釋文序錄「何晏集孔安國、包咸、周氏、馬融、鄭玄、陳羣、王肅、周生烈之說，並下己意。」據此，則何氏集解實雜糅齊、魯、古論也。

〔一二〕引語見何晏論語集解八佾篇。皮云可疑，說本陳鱣論語古訓及孫志祖讀書脞錄。孫書「孔安國論語注」條云：「今讀海寧陳仲魚鱣所輯論語古訓，……謂安國爲孔子十一世孫，而注云孔子父叔梁紇，此大可疑者。予乃嘆古來僞書何限，惜無明眼人道破爾。」

〔一三〕丁晏曾著論語孔注證僞四卷，未見。其尙書餘論「王肅私造古文以難鄭君；幷論語孔注皆肅一手僞書」節中云：「論語孔注，亦係僞書，實出王肅之手，與書傳一時所爲也。」

〔一四〕皮說蓋本惠棟及陳壽祺。惠棟春秋左傳補注序「杜元凱爲春秋集解，雖根本前修，而不著其說。」陳壽祺左海文集答高雨農舍人書，「杜預注左氏傳，……其善者多出賈、服而深沒本來，其繆者每出師心而乖經意。……所說長轂一乘，……出何經典，誠所未聞。」皮謂後人疑其杜撰蓋指此。

〔一五〕左傳隱元年傳「弔生不及哀」下杜預集解云：「諸侯已上，既葬則縗麻除，無哭位，諒闇終喪。」

孔穎達正義引晉書杜預傳云：「太始十年，元皇后崩，依漢、魏舊制，既葬，帝及羣臣皆除服，疑皇太子亦應除否。……預以爲古者天子……居喪，齊斬之制，菲杖絰帶，當遂其服。既葬而除，諒闇以終之。三年無改於父之道，故曰百官總己以聽冢宰。喪服既除，故更稱不言之美，明不復寢苦枕塊以荒大政也。……議奏，皇太子遂除縗麻而諒闇終喪。於時內外卒聞預議，多怪惑者，乃謂其違禮以合時。」又左傳文元年傳「卑讓德之基也」下杜集解云：「諸侯諒闇，則國事皆用吉禮。」按古禮，父母之喪，服喪三年，不論葬與未葬。但杜預倡短喪之義，以爲既葬則除喪服，而僅諒闇不言以終，且國事概用吉禮；故當時以爲違禮，皮氏以爲邪說。按王應麟困學紀聞卷六左氏傳云：「杜預解傳云：『諸侯諒闇，國事皆用吉禮。』議太子服云：『高宗無服喪之文，唯稱不言而已。』飾經舞禮，不可爲訓。」皮說蓋源於此。諒闇，古天子居喪之稱，論語作亮陰，同。據僞孔安國說：諒，信也；闇，默也；謂信任冢宰，默而不言也。

〔一六〕春秋經宣四年「鄭公子歸生弒其君夷。」左傳「凡弒君稱君，君無道也；稱臣，臣之罪也。」杜預春秋釋例「天生民而樹之君，使司牧之羣物，所以繫命也。故戴之如天，親之如父母；……然本無父子自然之恩，未有家人習翫之愛；高下之隔懸殊，壅塞之否萬端。是以居上者降心以察下，表誠以感之，然後能相親也。若亢高自肆，羣下絕望，情義圮隔，是謂路人，非君臣也。人心苟離，則位號雖存，無以自固。故傳例曰：『凡弒君稱君，君無道也；稱臣，臣之罪。』……」清焦循撰春秋左傳補疏，言杜氏集解及釋例皆悖聖經以欺世，皮說蓋本於此，可參考。

〔一七〕左傳桓五年傳「秋，王以諸侯伐鄭，鄭伯禦之。……王卒大敗。祝聃射王中肩；王亦能軍。祝聃請從之，公（鄭莊公）曰：『君子不欲多上人，況敢陵天子乎？苟自救也，社稷無隕，多矣。』夜，鄭伯使祭足勞王，且問左右。」杜預集解「勞王問左右，言鄭志在苟免。王討之，非也。」按杜意，似爲鄭伯射王罪出脫。焦循春秋左傳補疏「射王中肩，鄭不臣甚矣；勞王問左右，奸也；而杜預以爲王討之非，明爲高貴討司馬昭而發。……自救之說，原爲飾辭；左氏述之，非左氏以鄭志在苟免也。預援寤生（莊公）答聃之言，爲司馬昭作解，已非；而乃直斥王討爲非，何謬戾至此。」按皮說蓋本此。

〔一八〕焦循字理堂，清江蘇甘泉人。乾隆舉人，不應禮部試，閉戶著書。以治經名，兼善算及文學。著焦氏叢書百二十二卷，雕菰樓集二十四卷。傳可參考錢儀吉碑傳集卷百三十五。其解經之作刻入正續清經解者計十二種。其中春秋左傳補疏計五卷，刻入清經解卷一一五九至一一六三。本書自序云：「晉書預本傳云：『祖畿，魏尚書僕射。父恕，幽州刺史。其父與宣帝（司馬懿）不相能，遂以幽死；故預久不得調。文帝（司馬昭）嗣立，預尚帝妹高陸公主起家，拜尚書郎。四年，轉參相府軍府。』預以父得罪於懿，廢棄不用，蓋蟄中久矣。昭有篡弑之心，收羅才士，遂以妹妻預，而使參府事。預出意外，於是忘父怨而竭忠於司馬氏。既目見成濟之事（成濟抽戈刺殺魏高貴鄉公），將有以爲昭飾，且有以爲懿、師飾，即用以爲已飾。此左氏春秋集解所以作也。……余深怪夫預之忘父怨而事仇，悖聖經以欺世，摘其說之大紕繆者稍疏出之，……俾天下後世共知預爲司馬氏之私人，杜恕之不肖子，而我孔子作春秋之蟊賊也。」按皮說蓋即指焦氏此書。

〔一九〕范寧穀梁集解序云：「春秋之傳有三，而爲經之旨，臧否不同，褒貶殊致。蓋九流分而微言隱，異端作而大義乖。左氏以鬻拳兵諫爲愛君，文公納幣爲用禮；穀梁以衞輒拒父爲尊祖，不納子糾爲內惡；公羊以祭仲廢君爲行權，妾母稱夫人爲合正。以兵諫爲愛君，是人主可得而脅也；以納幣爲用禮，是居喪可得而婚也；以拒父爲尊祖，是爲子可得而叛也；以不納子糾爲內惡，是仇讎可得而容也；以廢君爲行權，是神器可得而闚也；以妾母爲夫人，是嫡庶可得而齊也。若此之類，傷教害義，不可強通者也。……左氏豔而富，其失也巫；穀梁清而婉，其失也短；公羊辯而裁，其失也俗。」按范氏於三傳皆有所不滿。

〔二〇〕顧炎武日知錄卷二十七「漢人注經」條「宋黃震言杜預註左氏，獨主左氏；何休註公羊，獨主公羊；惟范寗不私穀梁，而公言三家之失。」按皮所謂宋人，蓋卽指黃震。

〔二一〕余蕭客字仲林，號古農，清吳縣人。惠棟弟子。撰古經解鉤沈三十卷，唐以前解經之說，採錄頗備。傳見阮元國史儒林傳卷下及江藩國朝漢學師承記卷二。江云：「（余）以郭璞注爾雅，用舊注而掩其名，謂之攘善無恥。乃採注疏及太平御覽諸書中犍爲舍人、孫炎、李巡舊注而爲之釋。書未成。」按皮說本此。

〔二二〕五胡：匈奴、鮮卑、羯、氐、羌五族也。東漢以來，五胡先後移居塞內，勢力漸增。西晉末，國內大亂，匈奴族之劉淵，鮮卑族之慕容氏，羯族之石氏，氐族之苻氏，羌族之姚氏相繼稱帝，分據中原。始於晉永興元年（公元三〇四年），迄於宋元嘉十六年（公元四三九年），前後歷百三十餘年，史稱五胡之亂。

六　經學分立時代

自劉、石十六國幷入北魏，與南朝對立，爲南北朝分立時代〔一〕；而其時說經者亦有「南學」「北學」之分。此經學之又一變也。北史儒林傳〔二〕序曰：「江左，周易則王輔嗣，尙書則孔安國，左傳則杜元凱；河、洛，左傳則服子愼，尙書、周易則鄭康成；詩則並主於毛公，禮則同遵於鄭氏。」〔三〕案南北學派，北史數言盡之。夫學出於一，則人知依歸；道紛於歧，則反致眩惑。鄭君生當漢末，未雜玄虛之習、僞撰之書〔四〕，箋注流傳，完全無缺；欲治「漢學」，舍鄭莫由。北學，易、書、詩、禮皆宗鄭氏，左傳則服子愼。鄭君注左傳未成，以與子愼，見於世說新語〔五〕。是鄭、服之學本是一家；宗服卽宗鄭，學出於一也。南學則尙王輔嗣之玄虛，孔安國之僞撰，杜元凱之臆解，此數家與鄭學枘鑿〔六〕，亦與漢儒背馳。乃使涇、渭混流〔七〕，薰、猶同器〔八〕，以致後世不得見鄭學之完全，並不得存漢學之什一，豈非談空空、覈玄玄者階之厲乎〔九〕！南方玄學不行於北魏，李業興對梁武帝云：「少爲書生，止習五典，……素不玄學，何敢仰酬！」〔一〇〕此北重經學不雜玄學之明證。南學之可稱者，惟晉、宋間諸儒善說禮服〔一一〕。宋初雷次宗〔一二〕最著，與鄭君齊名，有雷、鄭之稱。當崇尙老、莊之時，而說禮謹嚴，引證詳實，有漢石渠、虎觀〔一三〕遺風，此則後世所不逮也。其說略見於杜佑通典〔一四〕。

〔一〕東晉之後，據有南方者，爲宋、齊、梁、陳四朝，皆漢族，謂之南朝。據有北方者，爲北魏，旋分爲北周、北齊，皆鮮卑族或同化於鮮卑者，謂之北朝。又劉、石十六國卽指五胡十六國。劉爲前趙劉淵，石爲後趙石勒。十六國，除二趙外，尚有前涼、後涼、南涼、北涼、西涼、夏、成漢、前燕、後燕、南燕、北燕、前秦、後秦、西秦十四國，互相吞併，後皆入於北魏。

〔二〕北史一百卷，爲本紀十二卷，列傳八十八卷，唐李延壽撰。延壽字遐齡，相州人。追述父大師志，撰南北史百八十卷。傳附見唐書卷百零二及舊唐書卷七十三令狐德棻傳，又見北史卷一百序傳。儒林傳見北史卷八十一及八十二。

〔三〕江左指長江以東之地，卽南朝之代詞；河、洛指黃河、洛水兩流域之地，卽北朝之代詞。又輔嗣，王弼之字；元凱，杜預之字；子愼，服虔之字；康成，鄭玄之字；其人及書均見前注，從略。又禮遵鄭氏，卽指鄭玄之儀禮注、周禮注及小戴禮記注。

〔四〕玄虛之習指王弼以老、莊解易；僞撰之書指梅頤所獻僞孔安國古文尚書。

〔五〕世說新語三卷，劉宋劉義慶撰。原名世說新書，後改稱世說新語。分爲三十八門，起後漢，迄東晉，皆軼事瑣語，近小說家言。梁劉孝標爲之注，頗著名。新語卷一下「文學」門云：「鄭玄欲注春秋傳，尚未成，時行與服子愼遇，宿客舍，先未相識。服在外車上與人說己注傳意，玄聽之良久，多與己同。玄就車與語曰：『吾久欲注，尚未了；聽君向言，多與吾同；今當盡以所注與君。』遂爲服氏注。」

〔六〕枘鑿言方枘圓鑿。以喩不相合也。楚辭九辯五「圜鑿而方枘兮，吾固知其鉏鋙而難入。」

〔七〕涇、渭本二水名；涇濁渭清，故借以爲清濁之喻。詩邶風谷風「涇以渭濁」。釋文「涇，濁水也；渭，清水也。」

〔八〕僞孔子家語卷二致思篇「薰蕕不同器而藏」。王肅注「薰，香；蕕，臭。」按薰，香草；蕕，臭草。此言薰蕕同器，喻善惡混也。

〔九〕詩大雅桑柔「誰生厲階」。毛傳「厲，惡也。」又瞻仰「維厲之階」。鄭箋「階，所由上下也。」按階之厲猶言導之於惡也。

〔一〇〕李業興，北魏上黨長子人。師事徐遵明。長於算曆。嘗與梁武帝討論經傳。傳見魏書卷八十四及北史卷八十一儒林傳上。引語見魏書本傳，北史曾加刪略。

〔一一〕禮服指儀禮中之喪服傳。晉、宋諸儒說禮服之書，其目詳見隋書經籍志一經部禮類。如晉袁準、陳銓各注喪服經傳一卷，晉孔倫、宋裴松之、蔡超宗各撰集注喪服經傳一卷或二卷。宋雷次宗撰略注喪服經傳一卷。晉杜預撰喪服要集二卷，衛瓘撰喪服儀一卷，環濟撰喪服要略一卷，蔡謨、賀循各撰喪服譜一卷，葛洪撰喪服變除一卷，孔衍撰凶禮一卷，賀循又撰喪服要記十卷。按以上各書，皆其著者；隋志自注所錄及已亡者，尚不在其內。

〔一二〕雷次宗字仲倫，劉宋南昌人。明三禮及毛詩。隱退不受徵辟。後嘗爲宋皇太子諸王講喪服經。傳見宋書卷九十三隱逸傳及南史卷七十五隱逸傳。

〔一三〕漢宣帝會諸儒於石渠閣，講論五經同異，撰著石渠通議，其書今亡。後漢章帝仿石渠故事，會諸儒於白虎觀，親臨稱決，命班固編著白虎通義，今存。指二事已見本書第四章。

〔四〕杜佑通典已見頁一一九注〔七〕。其援引晉、宋諸儒禮服之說，見卷七十九至卷百零五中。

北史又云：「漢世鄭氏並爲衆經註解，服虔、何休各有所說。鄭，易、詩、書、禮、論語、孝經；虔，左氏春秋；休，公羊傳；大行於河北。」〔一〕案漢儒經注，當時存者，止此三家；河北大行，可謂知所宗尚。而據北史，河、洛主服氏左傳外，不聞更有何氏公羊；且云：「公羊、穀梁，多不措意。」〔二〕儒林傳載習公羊春秋者，止有梁祚〔三〕一人；而劉蘭且排毀公羊〔四〕。則此所云公羊大行，似非實錄。公羊傳何氏解詁疏二十八卷，唐志〔五〕不載；崇文總目〔六〕始著錄稱，不著撰人名氏，或云徐彥；而徐彥亦不知何代人。近人王鳴盛謂卽北史之徐遵明；以其文氣似六朝人，不似唐人所爲〔七〕。洪頤煊引疏司空掾云「『若今之三府掾，』三府掾，六朝時有之，至唐以後則無此稱矣；此疏爲梁、齊間舊帙無疑。」〔八〕姚範云：「隋、唐間不聞有三府掾，亦無三府之稱，意者在北齊、蕭梁之間乎〔九〕？據此二說，則以爲徐遵明，不爲無見。惟據北史，遵明傳鄭易、尚書、三禮、服氏春秋，不聞傳何氏公羊，其弟子亦無傳公羊學者；則謂彥卽遵明，尚在疑似之間。公羊疏設問答〔一〇〕；梁有公羊傳問九卷，荀爽問，魏安平太守徐欽答；又晉車騎將軍庾翼問，王愆期答；其書在隋並亡〔一一〕，或卽徐疏所引。王愆期注公羊，以爲春秋制文王指孔子，見書泰誓疏引〔一二〕；兩漢人無此說，亦未可據。

〔一〕引語見北史卷八十一儒林傳序。按「鄭，易、詩、……，」原文「鄭」字作「玄」，皮引蓋偶誤。

〔二〕北史儒林傳序「其公羊、穀梁二傳，儒者多不厝懷。」按皮引蓋約據原文，故字句少異。厝與措通。

〔三〕梁祚，北朝泥陽人。歷習經典，尤善公羊春秋及鄭氏易。傳見北史卷八十一儒林傳上。

〔四〕劉蘭，北朝武邑人。通五經，明陰陽，爲儒者所宗。但「排毀公羊，又非董仲舒，由是見譏於世。」傳見北史卷八十一儒林傳上。

〔五〕唐志係唐書藝文志之簡稱。唐書二百二十五卷，宋歐陽修、宋祁等奉敕修撰。是書或稱新唐書，以別晉劉昫等所撰之舊唐書。唐志見唐書卷五十七至六十。

〔六〕崇文總目，宋王堯臣等奉敕撰。宋太平興國三年，建崇文院，以貯祕書。景祐元年，命王堯臣等加以校正，定著爲三萬六百六十九卷；分類編目，總成六十六卷。慶曆元年，上之，賜名崇文總目。徽宗時，改稱祕書總目；然後人援引者，仍用舊稱。其書或云六十七卷，或云六十六卷，或云六十四卷，或云六十卷，說殊參差。書旋亡佚，清初，從永樂大典中輯爲十二卷，爲今傳目錄書籍之較古者。詳可參考四庫全書總目提要史部目錄類一。

〔七〕王鳴盛，字鳳喈，號禮堂，又號西莊、西沚。清江蘇嘉定人。累官內閣學士，兼禮部侍郎。治經宗漢學，撰尚書後案、十七史商榷、蛾術編、耕養齋集、西沚居士集等書。傳見江藩國朝漢學師承記卷三。蛾術編卷七「公羊傳疏」條云：「公羊疏必徐遵明作。……義疏則最善者公羊。……

無休（何休）則無公羊，無公羊則無春秋也。公羊無疏則埋滅，故以爲各疏之冠也。」又阮元春秋公羊傳注疏校勘記序云：「王鳴盛云卽北史之徐遵明，不爲無見也。蓋其文章似六朝人，不似唐人所爲者。」按皮所云蓋本此。又徐遵明字子判，北魏華陰人。幼孤好學，歷更數師，俱不終業；後不出院門，苦讀覃思，遂博通諸經。手撰春秋義章，海內宗仰，稱大儒。永安末，爲亂兵所害。傳見魏書卷八十四儒林傳及北史卷八十一儒林傳。

〔八〕洪頤煊字筠軒，清臨海人。爲孫星衍門人。精研經史。曾著讀書叢錄、禮記宮室答問、漢志水道疏證、諸史考異、平津館讀碑記等書。引語見讀書叢錄卷六「公羊疏」。「六朝」上原文有「亦」字，皮引刪略。

〔九〕姚範字南菁，清桐城人。官至編修。學者稱薑塢先生。撰有援鶉堂筆記及詩文集，傳見阮元國史文苑傳下。引語見援鶉堂筆記卷十三「經部春秋公羊傳」。按「蕭梁之間」，「間」字原文作「前」，皮引蓋偶誤。

〔一〇〕徐彥公羊傳疏多用問答體，茲舉一例如下。如書題下云：「問曰：『左氏以爲魯哀十一年，夫子自衞返魯；十二年，告老，遂作春秋；至十四年經成。不知公羊之義，孔子早晚作春秋乎？』答曰：『公羊以爲哀公十四年獲麟之後，得端門之命，乃作春秋，至九月而止筆。春秋說具有其文。』」

〔一一〕隋書經籍志經部春秋類自注云：「梁有……春秋公羊傳問答五卷，荀爽問，魏安平太守徐欽答；春秋公羊論二卷，晉車騎將軍庾翼問，王愆期答；亡。」按皮所引書名卷數與隋志不合，疑偶誤。

〔三〕王愆期，晉河東猗氏人。王接之子。注公羊，又集列女後傳。傳附見晉書卷五十一王接傳。書泰誓序孔穎達正義云：「春秋之王，自是當時之王，非改正之王。晉世有王愆期者，知其不可，注公羊，以爲春秋制文王指孔子，非周昌也。」

北史又云：「南人約簡，得其英華；北學深蕪，窮其枝葉。」〔一〕蓋唐初人重南輕北，故定從南學；而其實不然。說經貴約簡，不貴深蕪，自是定論；但所謂約簡者，必如漢人之持大體，玩經文，口授微言，篤守師說，乃爲至約而至精也。若唐人謂南人約簡得其英華，不過名言霏屑〔二〕，騁揮麈之淸談〔三〕；屬詞尙腴，侈雕蟲之餘技〔四〕。如皇侃之論語義疏〔五〕，名物制度，略而弗講，多以老、莊之旨，發爲駢儷之文，與漢人說經相去懸絕。此南朝經疏之僅存於今者，卽此可見一時風尙。江藩以其得自日本，疑爲足利贋鼎〔六〕；不知此等文字，非六朝以後人所能爲也。禮記疏本皇、熊二家；熊安生北學，皇侃南學〔七〕。孔穎達以爲熊違經多引外義，釋經唯聚難義〔八〕，此正所謂北學深蕪者。又以皇雖章句詳正，微稍繁廣；以熊比皇，皇氏勝矣〔九〕；此則皇氏比熊爲勝，正所謂南人約簡者。而郊特牲〔一〇〕疏云：「皇氏於此經之首，廣解天地百神用樂委曲，及諸雜禮制，繁而不要，非此經所須；又隨事曲解，無所憑據；今皆略而不載。」〔一一〕此又孔穎達之所謂繁廣者。說禮本宜詳實，不嫌稍繁；皇氏之解禮記，視論語義疏爲遠勝矣。南史皇侃傳，「所撰論語義、禮記義見重於世，學者傳焉。」〔三〕今論語義佚而復存，禮記義略見孔疏。

〔一〕引語見北史卷八十一儒林傳序。

〔二〕名言霏屑，謂名言如玉屑之霏落也。韓愈雪詩「中微玉霏屑。」王惲琉璃肺詩「四筵談屑霏餘烈」。

〔三〕麈，麈尾之省詞，古以爲拂塵。晉王衍喜清談，常操麈尾，故後人或以「麈談」連詞。晉書卷四十三王衍傳「終日清談，……妙善玄言，唯談老、莊爲事。每捉玉柄麈尾，與手同色。」

〔四〕揚雄法言卷二吾子篇「或問吾子少而好賦。曰：然。童子雕蟲篆刻。俄而曰：壯夫不爲也。」後人因每以「雕蟲」爲治文藝之貶辭。

〔五〕皇侃，梁吳郡人。梁書作皇偘。嘗爲國子助教。撰有論語義及禮記義。傳見梁書卷四十八儒林傳及南史卷七十一儒林傳。按侃所撰論語義，即論語義疏，計十卷，曾亡佚於南宋時。清康熙九年，日本山井鼎稱其國有是書；乾隆間，始入中國。今古經解彙函中有刻本。詳可參考四庫全書總目提要經部四書類一。

〔六〕江藩字子屏，號鄭堂，清甘泉人。曾師事惠棟、余蕭客、江聲諸大師，專宗漢學。撰有國朝漢學師承記、宋學淵源記、經師經義目錄、周易述補、隸經文、炳燭室雜文諸書。傳可參考繆荃孫續碑傳集卷七十四儒學四。江著國朝漢學師承記卷二余古農（蕭客）傳云：「皇侃論語義疏，其書出於著鈎沈（古經解鈎沈）之後，且爲足利贋鼎。」按足利即足利學，日本人，曾用活字版印行皇侃論語義疏，見山井鼎所撰七經孟子考文凡例。詳可參考四庫全書總目提要經部五經總義類七經孟子考文補遺條。江意以皇疏爲足利僞造，蓋不足信。

〔七〕皇侃，據本傳，曾撰禮記講疏及禮記義二書。隋志載禮記義疏九十九卷，禮記講疏四十八卷；唐志載義疏五十卷，講疏一百卷；卷帙互異。今二書並佚。清馬國翰玉函山房輯佚書曾輯有禮記皇氏義疏四卷。又熊安生字植之，北周長樂阜城人。通五經，尤精三禮。仕北齊，爲國子博士；旋入北周，爲露門學博士下大夫。著有周禮、禮記、孝經諸義疏。傳見周書卷四十五儒林傳及北史卷八十二儒林傳。安生所撰禮記義疏，本傳云三十卷，隋志不錄，唐志云四十卷。今已亡佚，清馬國翰玉函山房輯佚書輯有禮記熊氏義疏四卷。按皇，梁人，屬南朝，故曰南學；熊，北周人，屬北朝，故曰北學。

〔八〕孔穎達禮記正義序「熊（安生）則違背本經，多引外義，猶之楚而北行，馬雖疾而去逾遠矣。又欲釋經文，唯聚難義，猶治絲而棼之，手雖繁而絲益亂也。」皮所援引，蓋節約此文。

〔九〕孔穎達禮記正義序「皇氏（侃）雖章句詳正，微稍繁廣。又旣遵鄭氏，乃時乖鄭義。此是木落不歸其本，狐死不首其丘。……然以熊比皇，皇氏勝矣。」

〔一〇〕郊特牲係禮記之第十一篇篇名。

〔一一〕見孔穎達禮記正義郊特牲篇「大饗尙腶脩而已矣」句下。

〔一二〕語見南史卷七十一儒林傳皇侃傳。

南史儒林傳〔一〕序「宋、齊國學，時或開置，而勸課未博，建之不能十年，蓋取文具而已。

是時鄉里莫或開館，公卿罕通經術。朝廷大儒，獨學而弗肯養衆；後生孤陋，擁經而無所講習。……至梁武〔二〕創業，深愍其弊。天監四年〔三〕，乃詔開五館，建立國學，總以五經教授，置五經博士各一人。於是以平原明山賓、吳郡陸璉、吳興沈峻、建平嚴植之，會稽賀瑒〔四〕補博士，各主一館。館有數百生，給其餼廩〔五〕。其射策通明經者，卽除爲吏。於是懷經負笈者雲會矣。又選學生遣就會稽雲門山，受業於廬江何胤〔六〕。分遣博士祭酒到州郡立學。七年，又詔皇太子宗室王侯始就學受業。武帝親屈輿駕，釋奠於先師先聖〔七〕，申之以讌語，勞之以束帛。濟濟焉！洋洋焉！大道之行也如是。及陳武〔八〕創業，時經喪亂，……敦獎未遑，……稍置學官，成業蓋寡。」案南朝以文學自矜，而不重經術；宋、齊及陳，皆無足觀。惟梁武起自諸生，知崇經術；崔、嚴、何、伏〔九〕之徒，前後並見升寵，四方學者靡然向風；斯蓋崇儒之效。而晚惑釋氏，尋遘亂亡〔一〇〕，故南學仍未大昌。姚方興得舜典篇首二十八字於大航頭，梁武時爲博士議駁，有漢宣、章二帝稱制臨決之風，而至今流傳。僞中之僞，是又梁武所不料也〔一一〕。

〔一〕南史儒林傳見南史卷七十一。

〔二〕梁武帝，姓蕭，名衍。殺南齊主寶卷而卽帝位。後以侯景之亂餓死。在位四十八年，始公元五〇二年，至五四九年。紀元凡七：天監、普通、大通、中大通、大同、中大同、太淸。傳見梁書卷一至三本紀及南史卷六、卷七本紀。

〔三〕天監爲梁武帝第一年號，計十八年。天監四年當公元五〇五年。

〔四〕明山賓字孝若，梁平原人。博通經傳。累官東宮學士，兼國子祭酒。撰吉禮儀注、禮儀、孝經、喪服儀等凡二百五十九卷。傳見梁書卷二十七及南史卷五十。陸璉，除儒林傳序外，其事蹟不見於梁書及南史。沈峻字士嵩，梁吳興武康人。博通五經，尤長三禮。曾兼五經博士。嚴植之，字孝源，梁建平秭歸人。精解喪服、孝經、論語，徧習鄭氏禮、周易、毛詩、左氏春秋。兼五經博士。撰凶禮儀注四百七十九卷。沈、嚴傳均見梁書卷四十八儒林傳及南史卷七十一儒林傳。賀瑒字德璉，梁會稽山陰人。傳家業，善三禮。兼五經博士，拜步兵校尉。撰有禮、易、老、莊講疏數百篇及賓禮儀注百四十五卷。傳見梁書卷四十八及南史卷六十二。

〔五〕給其餼廩，言公家供其用費也。儀禮聘禮注「餼猶稟也。」說文「稟，賜穀也。」「氣，饋客芻米也。」按稟卽廩字。氣卽餼之本字。

〔六〕何胤字子季，梁廬江人。事沛國劉瓛，受易、禮記、毛詩；又入鍾山定林寺聽內典。齊武帝時，爲建安太守，政有恩信。後隱會稽。梁武帝時，起爲光祿大夫，辭不受，遷居秦望山。著百法論、十二門論、周易注、毛詩總集、毛詩隱義、禮記隱義、禮答問等書。傳見梁書卷五十一處士傳及南史卷三十。

〔七〕禮記文王世子「凡學，春官釋奠於其先師，秋冬亦如之。凡始立學者，必釋奠於先聖先師。」鄭玄注「釋奠者，設薦饌酌奠而已，無迎尸以下之事。」孔穎達疏「釋奠，直奠置其物，無食飲酬酢之事。」

〔八〕陳武帝，姓陳，名霸先，殺王僧辯，受梁敬帝禪而即帝位。在位三年，始公元五五七年，至五五九年。年號永定。傳見陳書卷一、卷二本紀及南史卷九本紀。

〔九〕崔，崔靈恩；嚴，嚴植之；何，何佟之；傳並見南史卷七十一儒林傳及梁書卷四十八儒林傳。伏，伏晅，傳見南史卷七十一儒林傳及梁書卷五十三良吏傳。崔靈恩，清河東武城人。偏習五經，尤精三禮、三傳。初仕魏，後入梁，爲國子博士。撰毛詩集注、周禮集注、制三禮義宗、左氏經傳義、左氏條例、公羊穀梁文句義等書。嚴植之已見注〔四〕。何佟之字士威，廬江灊人。好三禮。初仕齊，後入梁，爲尚書左丞。著文章禮義百許篇。伏晅字玄曜，平昌安丘人。曼容之子，能傳父業。初仕齊，後仕梁，爲五經博士，又歷長州郡。

〔一〇〕梁武帝晚年崇信佛教，曾三度捨身同泰寺，親講金字三慧經。東魏司徒侯景以河南十三州降，帝納之。旋魏遣使求成，又許之。侯景疑，遂反，陷臺城，帝以餓死。皮所云「晚惑釋氏，尋遘亂亡」，蓋指此。詳可參考梁書卷一至卷三本紀及南史卷六、卷七本紀。

〔一一〕陸德明經典釋文序錄「齊明帝建武中，吳興姚方興采馬、王之注，造孔傳舜典一篇，云於大航頭買得，上之。梁武時爲博士，議曰：『孔序稱伏生誤合五篇，皆文相承接，所以致誤。舜典首有曰若稽古，伏生雖昏耄，何容合之。』遂不行。」按今所傳僞古文尚書，將堯典「慎徽五典」以下分稱舜典，而於其首加姚方興所僞造之「曰若稽古帝舜曰重華，協于帝，濬哲文明，溫恭允塞，玄德升聞，乃命以位」二十八字。詳可參考閻若璩古文尚書疏證及惠棟古文尚書考。東晉梅賾所獻尚書孔傳，本爲僞書；而姚氏所加，更爲贋造；故皮云「僞中之僞」。又舫卽航字。

北史儒林傳〔一〕序「魏道武〔二〕初定中原，……始建都邑，便以經術爲先。立太學，置五經博士，生員千有餘人。天興二年〔三〕春，增國子太學生員至三千人。……明元時〔四〕，改國子爲中書學，立教授博士。太武始光三年〔五〕春，起太學於城東。後徵盧玄、高允等〔六〕，而令州郡各舉才學，於是人多砥尚儒術。……天安初〔七〕，詔立鄉學。……太和中〔八〕，改中書學爲國子學，建明堂辟雍，尊三老五更〔九〕，又開皇子之學。及遷都洛邑〔一〇〕，詔立國子太學、四門小學。……劉芳、李彪〔一一〕諸人以經術進。……宣武時〔一二〕，復詔營國學，樹小學於四門，大選儒生，以爲小學博士員四十人。雖黌宇未立，而經術彌顯。時天下承平，學業大盛；故燕、齊、趙、魏之間，橫經著錄，不可勝數；大者千餘人，小者猶數百。……周文〔一三〕受命，雅重經典；……明皇〔一四〕纂歷，敦尚學藝。內有崇文之觀〔一五〕，外重成均之職〔一六〕。……徵沈重於南荆〔一七〕，……待熊安生以殊禮〔一八〕。是以天下慕嚮，文教遠覃。」〔一九〕案北朝諸君，惟魏孝文、周武帝〔二〇〕能一變舊風，尊崇儒術。考其實效，亦未必優於蕭梁。而北學反勝於南者，由於北人俗尚樸純，未染清言之風、浮華之習，故能專宗鄭、服，不爲僞孔、王、杜所惑。此北學所以純正勝南也。焦循〔二一〕曰：「正始〔二二〕以後，人尚清談。迄晉南渡，經學盛於北方。大江以南，自宋及齊，遂不能爲儒林立傳。梁天監〔一三〕中，漸尚儒風，於是梁書有儒林傳。陳書嗣之，仍梁所遺也。魏儒學最隆，歷北齊、周、隋，以至唐武德、貞觀〔一四〕，流風不絕，故魏書儒林傳爲盛。」〔一五〕

〔一〕北史儒林傳見北史卷八十一及八十二。

〔二〕魏道武帝，姓跖拔，名珪。以晉太元十一年（公元三八六年）即帝位。在位二十三年。紀元四：曰登國、皇始、天興、天賜。傳見魏書卷二帝紀及北史卷一魏本紀第一。

〔三〕天興，魏道武帝之第三年號。天興二年當公元四〇〇年。

〔四〕魏明元帝，名嗣，道武帝之長子。以晉義熙五年（公元四〇九年）誅跖拔紹即位。在位十五年。紀元三：曰永興、神瑞、泰常。傳見魏書卷三帝紀及北史卷一魏本紀第一。

〔五〕魏太武帝，名燾，明元帝之長子。以宋文帝元嘉元年（公元四二四年）立。在位二十八年。紀元六：曰始光、神䴥、延和、太延、太平眞君、正平。傳見魏書卷四帝紀及北史卷二魏本紀第二。始光爲太武帝第一年號。始光三年當公元四二六年。

〔六〕盧玄字子眞，北魏范陽涿人。太武帝辟召天下儒俊，以玄爲首。授中書博士，賜爵固安子，卒謚宣。傳見魏書卷四十七及北史卷三十。高允字伯恭，北魏渤海人。好文學，博通經史天文術數。太武帝神䴥中，拜中書博士，累進爵咸陽公，卒謚文。傳見魏書卷四十八及北史卷三十一。

〔七〕天安爲北魏獻文帝之第一年號，計一年，當公元四六六年。

〔八〕太和爲北魏孝文帝之第三年號，計二十三年，當公元四七七年至四九九年。

〔九〕三老，衆人之師也；五更，老人知五行更代事者；見後漢書明帝紀注。一說：三老五更，五官之耳，皆老人能知三德五事者也；見禮記樂記注。一云更當作叟，見禮記文王世子釋文。

〔一〇〕洛邑卽洛陽。魏孝文帝太和十八年，當齊明帝建武元年，公元四九四年，魏遷都於洛陽。

〔一一〕劉芳，字伯文，北魏彭城人。長音訓，辨析無疑，時人號劉石經。宣武時，仕至中書令，轉太常卿，定律令及朝儀。所撰述凡十三種。卒謚文貞。傳見魏書卷五十五及北史卷四十二。李彪字道固，北魏衞國人。孝文時，累遷祕書丞，參著作事；旋以事除名。宣武時，在祕書省，以白衣修史；旋除通直散騎常侍。撰有文集。卒謚剛憲。傳見魏書卷六十二及北史卷四十。

〔一二〕魏宣武帝爲孝文帝之次子，名恪。在位十六年。紀元四：曰景明、正始、永平、延昌。傳見魏書卷八帝紀及北史卷四魏本紀第四。

〔一三〕周文指北周文皇帝宇文泰。泰武川人。仕於北魏，爲關西大都督。孝武帝謀伐高歡，不成，西走依泰，爲西魏。泰酖殺之，立文帝，自爲太師。子覺簒西魏，改爲北周，追尊泰爲太祖文皇帝。傳見周書卷一、卷二本紀及北史卷九周本紀上。

〔一四〕明皇指北周明帝宇文毓。毓，宇文泰長子，在位三年，年號武成。傳見周書卷四本紀及北史卷九周本紀上。

〔一五〕周書卷四明帝紀云：「（帝）卽位，集公卿已下有文學者八十餘人於麟趾殿，刊校經史。又捃採衆書，自羲、農以來，訖於魏末，敍爲世譜，凡五百卷。」北史卷十周本紀，文同。儒林傳所謂

「內有崇文之觀」，蓋指此。

〔一六〕成均，古代學校名，此借用。周禮春官「大司樂掌成均之法，以治建國之學政，而合國之子弟焉。」鄭玄注：「成均，五帝之學。」按周書卷四明帝紀及北史卷十周本紀皆無載明帝立學之事，唯有以侯莫陳崇及達奚武爲大宗伯之文；大司樂係大宗伯之官屬，儒林傳所謂「外重成均之職」，或指此。

〔一七〕沈重字子厚，北周吳興武康人。初仕梁，爲五經博士。北周武帝禮聘至京師，詔令討論五經，授驃騎大將軍，露門博士。後復歸梁。撰有周禮義、儀禮義等書。傳見周書卷四十五儒林傳及北史卷八十二儒林傳。按沈本仕南朝蕭梁；稱南朝曰南荆者，爾雅釋山「漢南曰荆州」，故以南荆連文。

〔一八〕熊安生已見頁一七八注〔七〕。北史卷八十二儒林傳云：「天和三年，周、齊通好，兵部尹公正使焉。與齊人語及周禮，齊人不能對，乃令安生至賓館，與公正言，……公正嗟服。還，具言之於武帝；帝大欽重之。及入鄴，……帝幸其第，詔不聽拜，親執其手，引與同坐。……賜帛三百匹，米三百石，宅一區；並賜象笏及九鐶金帶；自餘什物稱是。」按儒林傳所謂待以殊禮，蓋指此。

〔一九〕覃，延也；見爾雅釋言。

〔二〇〕魏孝文帝，名宏，獻文帝長子。卽位後，大興文治；均民田，制戶籍，修明堂、辟雍、靈臺，行郊廟之禮，舉養老籍田之制。又惛國俗之陋，遷都洛陽，禁胡服胡語。在位二十九年。紀元三：曰延興、承明、太和。傳見魏書卷七帝紀及北史卷三魏本紀第三。周武帝，宇文泰第四子，名邕。禁佛、道二教，毁淫祠。乘齊之衰，滅之，統一北方。在位十八年。紀元四：曰保定、天和、建德、宣政。傳見周書卷五、卷六本紀及北史卷十周本紀下。

〔二二〕焦循已見頁一六八注〔一八〕。

〔二三〕正始，爲魏廢帝曹芳之第一年號，已見頁一四五注〔一五〕。

〔二四〕天監爲梁武帝第一年號，計十八年，當公元五〇二年至五一九年。

〔二五〕武德爲唐高祖之年號，計九年，當公元六一八年至六二六年。貞觀爲唐太宗之年號，計二十三年，當公元六二七年至六四九年。

〔二六〕引語見焦循雕菰樓集卷十二國史儒林文苑傳議。

「北方戎馬，不能屏視月之儒〔一〕；南國浮屠，不能改經天之義。」〔二〕此孔廣森以爲經學萬古不廢，歷南北朝之大亂，異端雖熾，聖教不絕也〔三〕。而南北諸儒抱殘守缺，其功亦未可沒焉。夫漢學重在明經，唐學重在疏注；當漢學已往，唐學未來，絕續之交，諸儒倡爲義疏之學，有功於後世甚大。南如崔靈恩三禮義宗、左氏經傳義〔四〕，沈文阿春秋、禮記、孝經、論語義疏〔五〕，皇侃論語、禮記義〔六〕，戚袞禮記義〔七〕，張譏周易、尙書、毛詩、孝經、論語義〔八〕，顧越喪服、毛詩、孝經、論語義〔九〕，王元規春秋、孝經義記〔一〇〕；北如劉獻之三禮大義〔一一〕，徐遵明春秋義章〔一二〕，李鉉撰定孝經、論語、毛詩、三禮義疏〔一三〕，沈重周禮、儀禮、禮記、毛詩、喪服經義〔一四〕，熊安生周禮、禮記義疏、孝經義〔一五〕；皆見南北史儒林傳。今自皇、熊二家見采於禮記疏外，其餘書皆亡佚。然淵源有自，唐人五經之疏未必無本於諸家者。論先河後海之義〔一六〕，亦豈可忘篳路藍縷之功〔一七〕乎！

〔一〕「北方」指北朝。「視月之儒」一語出世說新語。世說卷二文學篇「支道林聞之，曰：『……北人看書，如顯處視月；南人學問，如牖中窺日。』」劉孝標注：「學廣則難周，難周則識闇，故如顯處視月。學寡則易覈，易覈則智明，故如牖中窺日也。」按孔廣森語，蓋謂北朝雖日事干戈，然仍不能屏去儒者。

〔二〕「南國」指南朝。「經天之義」言孔子六經大義如日之經天。孔語蓋謂南朝雖崇信釋教，如梁武帝等，然仍不能改削孔經大義也。

〔三〕孔廣森字衆仲，又字撝約，號顨軒，清山東曲阜人。乾隆間進士，官至檢討。少受經於戴震。著公羊通義、大戴禮記補注、詩聲類、禮卮言、經學卮言等書。又善屬文，著師鄭堂駢儷文。傳可參考江藩國朝漢學師承記卷六及錢儀吉碑傳集卷百三十四。引語見戴氏遺書序。

〔四〕崔靈恩已見頁一八一注〔九〕。崔注三禮義宗三十卷，左氏經傳義二十二卷，見南史儒林傳，今佚。清馬國翰玉函山房輯佚書輯有三禮義宗四卷，可參考。

〔五〕沈文阿字國衞，陳吳興武康人。傳父業，研精章句，治三禮、三傳。仕梁，爲國子博士，尋領步兵校尉。後仕陳，爲通直散騎常侍。撰儀禮八十餘條，經典大義十八卷，春秋、禮記、孝經、論語義記七十餘卷。傳見南史卷七十一儒林傳及陳書卷三十三儒林傳。按沈所撰各書，今佚；清馬國翰玉函山房輯佚書輯有春秋左氏經傳義略一卷，可參考。

〔六〕皇侃及所撰二書已見頁一七七注〔五〕及頁一七八〔七〕。

〔七〕戚袞字公文，梁吳郡鹽官人。受三禮於劉文紹。官至江州刺史。入陳，官始興王府錄事參軍。曾撰三禮義記，遭亂亡失；又撰禮記義四十卷，行於當時，但今亦亡佚。傳見南史卷七十一儒林傳及陳書卷三十三儒林傳。

〔八〕張譏字直言，陳清河武城人。通孝經、論語，篤好玄言。仕梁為士林館學士。入陳，官國子博士。撰周易義三十卷，尚書義十五卷，毛詩義二十卷，孝經義八卷，論語義二十卷，及老子義、莊子義、玄部通義、游玄桂林等書。傳見南史卷七十一儒林傳及陳書卷三十三儒林傳。張所撰書，今佚；清馬國翰玉函山房輯佚書輯有周易張氏講疏一卷，可參考。

〔九〕顧越字允南，陳吳郡鹽官人。遍該經藝，尤精毛詩。仕梁為五經博士。入陳，為給事中、黃門侍郎。後被譖坐免。所著有喪服、毛詩、老子、孝經、論語等義疏四十餘卷，詩頌、碑誌、牋表凡二百餘篇。傳見南史卷七十一儒林傳及陳書卷三十三儒林傳。按顧書今皆佚亡。

〔一〇〕王元規字正範，陳太原晉陽人。年十八，通左氏、孝經、論語、喪服。梁簡文帝甚優禮之。入陳，歷官尚書祠部郎。陳亡入隋，終秦王府東閤祭酒。著春秋發題辭及義記十一卷，續經典大義十四卷，孝經義記兩卷及左傳音、禮記音等書。傳見南史卷七十一儒林傳及陳書卷三十三儒林傳。按王書今佚，清馬國翰玉函山房輯佚書輯有續春秋左氏經傳義略一卷，可參考。

〔一一〕劉獻之，北魏饒陽人。雅好詩傳，博觀衆籍。孝文帝徵典內校書，固以疾辭。撰三禮大義四卷、三傳略例三卷，注毛詩序義一卷及章句疏二卷。傳見北史卷八十一儒林傳及魏書卷八十四儒林傳。按劉書今佚。

〔二〕徐遵明已見頁一七四注〔七〕。曾撰春秋義章三十卷，今佚。

〔三〕李鉉字寶鼎，北齊渤海南皮人。師事徐遵明。文宣帝時，官至國子博士。撰定孝經、論語、毛詩、三禮義疏及三傳異同、周易義例，合三十餘卷。傳見北史卷八十一儒林傳及北齊書卷四十四儒林傳。按李書今佚。

〔四〕沈重已見頁一八五注〔一七〕。沈撰周禮義三十一卷，儀禮義三十五卷，禮記義三十卷，毛詩義二十八卷，喪服經義五卷，及周禮音、儀禮音、禮記音、毛詩音等書，今皆佚亡。清馬國翰玉函山房輯佚書輯有周官禮義疏一卷，禮記沈氏義疏一卷，毛詩沈氏義疏二卷，可參考。

〔五〕熊安生已見頁一七八注〔七〕。熊撰周禮義疏二十卷，禮記義疏三十卷，孝經義一卷，今皆佚亡；清馬國翰玉函山房輯佚書輯有禮記熊氏義疏四卷，可參考。

〔六〕「先河後海」語出禮記。禮記學記「三王之祭川也，皆先河而後海。或源也，或委也；此之謂務本。」按河爲海之源，猶南北朝諸儒義疏爲唐人義疏所源也。

〔七〕「篳路藍縷」語出左傳。左傳宣十二年「篳路藍縷，以啓山林。」杜預注「篳路，柴車；藍縷，敝衣。」按謂篳柴車，服敝衣，以開闢山林；故引申爲開創之義。本文引以喻經傳義疏之體由南北朝儒者開其端也。

北史又云：「自魏末大儒徐遵明門下講鄭玄所注周易，遵明以傳盧景裕〔一〕，……景裕傳權會、郭茂〔二〕，……能言易者多出郭茂之門。河南及青、齊之間儒生多講王輔嗣所注，師訓蓋寡。齊時儒士罕傳尙書之業，徐遵明兼通之。遵明受業於屯留王聰〔三〕，傳授浮陽李周仁及勃海張文敬、李鉉、河間權會〔四〕，並鄭康成所注，非古文也。下里諸生，略不見孔氏註解。武平末〔五〕，劉光伯、劉士元〔六〕始得費甝義疏〔七〕，乃留意焉。其詩、禮、春秋，尤爲當時所尙，諸生多兼通之。三禮並出遵明之門。徐傳業於……熊安生，……其後生能通禮經者，多是安生門人。諸生盡通小戴禮，於周、儀禮兼通者，十二三焉。通毛詩者，多出於魏朝劉獻之〔八〕，……其後能言詩者多出二劉之門。河北諸儒能通春秋者，並服子愼所注，亦出徐生之門。……姚文安、秦道靜〔九〕初亦學服氏，後兼更講杜元凱所注。其河外儒生，俱伏膺杜氏。」〔一〇〕案史言北學極明晰；而北學之折入於南者，亦間見焉。青、齊之間，多講王輔嗣易、杜元凱左傳；蓋青、齊居南北之中，故魏、晉經師之書，先自南傳於北。北學以徐遵明爲最優，擇術最正；鄭注周易、尙書、三禮，服注春秋，皆遵明所傳；惟毛詩出劉獻之耳。其後則劉焯、劉炫爲優，而崇信僞書，擇術不若遵明之正〔一一〕。得費甝義疏，傳僞孔古文，實始於二劉。二劉皆北人，乃傳南人費甝之學，此北學折入於南之一證。蓋至隋，而經學分立時代變爲統一時代矣。

〔一〕盧景裕字仲儒，北魏范陽涿人。少敏，專治經。避地大寧山，世號居士。高澄特徵教諸子。興和中，補齊王開府屬。嘗注周易、尙書、孝經、論語、禮記、老子。其所注易，大行於世。傳見魏書卷七十六及北史卷三十。

〔二〕權會字正理，北齊河間鄚人。少受鄭易、詩、書、三禮，兼明風角。累遷國子博士。注易一部，行於世。傳見北齊書卷四十四儒林傳及北史卷八十一儒林傳。又郭茂除名見北史儒林傳序外，無傳。

〔三〕王聽名見北史儒林傳序外，無傳。

〔四〕李周仁、張文敬，名見北史儒林傳序外，無傳。又李鉉已見頁一八九注〔一三〕。又權會已見注〔二〕。

〔五〕武平，係北齊後主高緯之第二年號，計六年，當公元五七〇年至五七五年。

〔六〕劉光伯，劉炫之字；劉士元，劉焯之字；詳見下文注〔一一〕。

〔七〕費甝，名見北史儒林傳序外，無傳。隋書經籍志云：尚書義疏十卷，梁國子助教費甝撰。陸德明經典釋文云：梁國子助教江夏費甝作尚書義疏，行於世。按費書今佚。

〔八〕劉獻之已見頁一八八注〔一一〕。

〔九〕姚文安、秦道靜，名見北史儒林傳序外，無傳。

〔一〇〕引語見北史卷八十一儒林傳序。

〔一一〕劉焯字士元，隋信都昌亭人。開皇中，舉秀才，對策甲科，除員外將軍。於國子共論古今滯義，以精博稱。奉敕與劉炫等考定洛陽石經。後與炫議論，深挫諸儒，遂爲飛章所謗，除名歸里。煬帝時，遷太學博士。著有稽極、曆書、五經述議。劉炫與之齊名，時稱二劉。劉炫字光伯，隋河間景城人。少以聰敏見稱。開皇中，除殿內將軍，旋坐罪除名。後與諸儒修定五禮，授旅騎尉。

旋除太學博士，以品卑去任。尋陷於賊，凍餓死。門人謚曰宣德先生。著有論語、孝經、春秋、尚書、毛詩述義、春秋攻昧、五經正名、注詩序、算述等書。傳均見隋書卷七十五儒林傳及北史卷八十二儒林傳下。按二劉均崇信僞古文尚書孔傳；炫又信僞古文孝經孔傳，并僞造連山易、魯史記等；故皮云「擇術不若遵明之正。」

七　經學統一時代

學術隨世運爲轉移，亦不盡隨世運爲轉移。隋平陳而天下統一，南北之學亦歸統一，此隨世運爲轉移者也；天下統一，南幷於北，而經學統一，北學反幷於南，此不隨世運爲轉移者也。北史儒林傳序「自正朔〔一〕不一，將三百年；師訓紛綸，無所取正。隋文〔二〕……平一寰宇，頓天網以掩之，……於是四海九州強學待問之士靡不畢集。……齊、魯、趙、魏，學者尤多。負笈追師，不遠千里。講誦之聲，道路不絕。中州之盛，自漢、魏以來，一時而已。及帝暮年，……不悅儒術，……遂廢天下之學，唯存國子一所，弟子七十二人。煬帝〔三〕卽位，復開庠序，國子郡縣之學盛於開皇〔四〕之初。徵辟儒生，遠近畢至，使相與講論得失於東都〔五〕之下。納言〔六〕定其差次，一以聞奏焉。於時舊儒多已彫亡，惟信都劉士元、河間劉光伯拔萃出類，學通南北，博極古今，後世鑽仰〔七〕。所製諸經議疏，搢紳〔八〕咸師宗之。旣而外事四夷，……其風漸墜。……方領矩步〔九〕之徒，亦轉死溝壑。凡有經籍，因此湮沒於煨燼矣。」案史於隋一代經學盛衰及南北學統一，說皆明晰；而北學所以幷入於南之故，尙未瞭然。南朝衣冠禮樂，文采風流，北人常稱羨之。高歡謂江南蕭衍老公專事衣冠禮樂，中原士大夫望之，以爲正朔所在〔一〇〕。是當時北人稱羨南朝之證。經本樸學，非顓家莫能解，俗目見之，初無可悅。北人篤守漢學，本近質樸；而南人善談名理，增飾華詞，表裏可觀，雅俗共賞。故雖以亡國之餘，足以轉移一時風氣，使北人舍舊而從之。正如王褒入關，貴游並學褒書，趙文深之書遂被遐棄。文深知好尚難反，亦改習褒書〔二二〕。庾信歸周，羣公碑志多出其手。信有「韓陵一片石可共語，餘皆驢鳴犬吠」之言〔二三〕。此皆北人重南、南人輕北之證。北方經學折入於南，亦猶是也。

〔一〕正朔本爲正月一日；古者王者易姓，必改正朔，如夏建寅，殷建丑，周建子，各不相同，故引申爲君統之義。

〔二〕隋文帝，楊堅，仕北周爲相國，旋廢帝自立，亡梁，滅陳，統一中國。在位二十四年。年號二：曰開皇、仁壽。傳見隋書卷一、卷二本紀及北史卷十一隋本紀上。

〔三〕煬帝，隋文帝第二子，名廣，一名英。文帝寢疾，以廣無道，欲廢之；廣遂弒帝自立。性奢侈，廣興土木。南巡至江都，沈湎酒色，爲宇文化及所弒。在位十二年，年號大業。傳見隋書卷三、卷四本紀及北史卷十二隋本紀下。

〔四〕開皇，隋文帝第一年號，計二十年，當公元五八一年至六〇〇年。

〔五〕東都卽洛陽。

〔六〕納言本古官名，見尚書堯典；隋時，改稱侍中爲納言。

〔七〕劉士元卽劉焯，劉光伯卽劉炫，已見一九一頁注〔一〕。又「鑽仰」語出論語。論語子罕「仰之彌高，鑽之彌堅。」本爲顏回贊孔子語，引申爲一切鑽研而敬仰之義。

〔八〕搢紳，已見頁一一五注〔一一〕，引申指宦族，更引申而泛指上流社會。

〔九〕「方領矩步」語出後漢書。後漢書馬援傳「朱勃……能誦詩、書……衣方領，能矩步。」注「頸下施衿領正方，學者之服也。矩步者，回旋皆中規矩。」按此云「方領矩步之徒」猶泛言「學者」。

〔一〇〕高歡即北齊高祖神武皇帝。爾朱兆弑魏孝莊帝，歡起兵討滅之，擁立孝武帝，自爲丞相。帝西走依宇文泰，歡又別立孝靜帝。由是魏分東西，相攻戰。卒謚獻武。天保初，追崇爲獻武帝，廟號太祖。天統初，始改謚高祖神武皇帝。傳見北齊書卷一、卷二本紀及北史卷六齊本紀上。又蕭衍即梁武帝，已見頁一七九注〔二〕。

〔一一〕王褒字子淵，北周琅邪臨沂人。七歲能屬文。梁元帝時，召拜吏部尚書，左僕射。尋入周，授車騎將軍。明帝好文學，褒與庾信才名最高，特加親待。官終宣州刺史。傳見周書卷四十一及北史八十三文苑傳。又趙文深字德本，北周南陽宛人。工楷隸。年十一，獻書於魏帝，雅有鍾、王之則。周文帝以隸書紕謬，命文深等依說文及字林，刊定六體，行於世。及王褒入關，改習褒書，以無成被譏。官終趙興郡守。傳見周書卷四十七藝術傳及北史卷八十二儒林傳。引事見趙文深傳。

〔一二〕庾信字子山，小字蘭成，北周南陽新野人。文藻艷麗，與徐陵齊名，時稱徐庾體。仕梁，爲右衛將軍，封武康縣侯。使周，被留。周明、武二帝，並好文學，皆恩禮之。累遷驃騎大將軍，開府儀同三司。世稱庾開府。有庾開府集。傳見周書卷四十一及北史卷八十三文苑傳。引語見唐張鷟朝野僉載。朝野僉載云：「溫子昇作韓陵山寺碑，（庾）信讀而寫其本。南人問信曰：『北方文字何如？』信曰：『惟有韓陵一片石堪共語；薛道衡、盧思道少解把筆；自餘驢鳴狗吠，聒耳而已。』」按皮引，「堪」作「可」，「狗」作「犬」，蓋偶誤。

經學統一之後，有南學，無北學。南學北學，以所學之宗主分之，非以其人之居址分之也。當南北朝時，南學亦有北人，北學亦有南人。如崔靈恩本北人，而歸南〔一〕；沈重本南人，而歸北〔二〕。及隋并陳，褚暉、顧彪、魯世達、張沖皆以南人見重於煬帝〔三〕。南方書籍，如費甝義疏之類，亦流入於北方。人情既厭故喜新，學術又以華勝樸。當時北人之於南學，有如「陳相見許行而大悅，盡棄其學而學焉」〔四〕矣。隋書經籍志於易云：「梁、陳，鄭玄、王弼二註，列於國學。齊代，唯傳鄭義。至隋，王註盛行，鄭學浸微。」〔五〕於書云：「梁、陳所講，有鄭、孔二家。齊代，唯傳鄭義。至隋，孔、鄭並行，而鄭氏甚微。」〔六〕於春秋云：「左氏唯傳服義。至隋，杜氏盛行，服義浸微。」〔七〕是僞孔、王、杜之盛行，鄭、服之浸微，皆在隋時。故天下統一之後，經學亦統一，而北學從此絕矣。隋之二劉〔八〕，冠冕一代。唐人作疏，詩、書皆本二劉〔九〕；而孔穎達書疏序云：「焯乃組織經文，穿鑿孔穴，……使教者煩而多惑，學者勞而少功。……炫嫌焯之煩雜，就而刪焉。……義既太略，辭又過華。雖爲文筆之善，乃非開奬之路。」〔一〇〕據孔氏說，是二劉以北人而染南習；變樸實說經之體，蹈華腴害骨之譏；蓋爲風氣所轉移，不得不俯從時尚也。

〔一〕崔靈恩已見頁一八一注〔九〕。按崔，清河東武城人，曾仕魏，故云本北人；後入梁，爲國子博士，故云歸南。

〔二〕沈重已見頁注一八五〔一七〕。按沈，吳興武康人，曾仕梁爲五經博士，故云本南人；後周武帝聘至京師，授驃騎將軍，露門博士，故云歸北。

〔三〕褚暉，字高明，隋吳郡人。以三禮學稱於江南。大業中，徵天下儒者相次講論，暉博辯無所屈，擢太學博士。撰禮疏一百卷。暉，隋書作輝，此蓋從北史。又顧彪字仲文，隋餘杭人。明尚書、春秋。大業中，爲祕書博士。撰有古文尚書疏。又魯世達，隋餘杭人。煬帝時，爲國子助教。撰有毛詩章句義疏。又張沖字叔玄，隋吳郡人。官至漢王侍讀。覃思經典。撰有春秋義、喪服義、孝經義、論語義、前漢書義等書。四人傳均見隋書卷七十五儒林傳及北史卷八十二儒林傳下。

〔四〕引語見孟子滕文公上。按許行倡君臣並耕之說，陳相棄其師陳良之說而從許行，因爲孟子所譏斥。

〔五〕語見隋志經部易類。

〔六〕引語見隋志經部尚書類。鄭，鄭玄尚書注；孔，僞孔安國尚書傳。

〔七〕引語見隋志經部春秋類。服，服虔春秋左氏傳解義；杜，杜預春秋左氏經傳集解。

〔八〕二劉指劉焯、劉炫，已見頁一九一注〔一一〕。

〔九〕唐孔穎達毛詩正義序「近代爲義疏者，有全緩、何胤、舒瑗、劉軌思、劉醜、劉焯、劉炫等。然焯、炫並聰穎特達，文而又儒。擢秀幹於一時，騁絕轡於千里；固諸儒之所揖讓，日下之所無雙。其於作疏內，特爲殊絕。今奉敕刪定，故據以爲本。」按此，則詩疏實本二劉也。又孔穎達尚書正義序「其爲正義者，蔡大寶、巢猗、費甝、顧彪、劉焯、劉炫等。其諸公旨趣，或多因循；帖釋注文，義皆淺略。惟劉焯、劉炫最爲詳雅。……今奉明敕，考定是非；謹罄庸愚，竭所聞見。」按此，則書疏亦本二劉也。

〔10〕「就而刪焉」，原文「刪」作「削」；「義既太略」，原文「既」作「更」；疑皮引偶誤。

唐太宗〔一〕以儒學多門，章句繁雜，詔國子祭酒孔穎達〔二〕與諸儒撰定五經義疏，凡一百七十卷，名曰五經正義〔三〕。穎達既卒，博士馬嘉運〔四〕駮其所定義疏之失，有詔更定，未就。永徽二年〔五〕，詔諸臣復考證之，就加增損。永徽四年，頒孔穎達五經正義於天下，每年明經依此考試。自唐至宋，明經取士，皆遵此本。夫漢帝稱制臨決，尙未定爲全書；博士分門授徒，亦非止一家數；以經學論，未有統一若此之大且久者。此經學之又一變也。其所定五經疏，易主王注，書主孔傳，左氏主杜解；鄭注易、書，服注左氏，皆置不取。論者責其朱紫無別，眞贗莫分，唐初編定諸儒誠不得辭其咎。而據隋經籍志，鄭注易、書，服注左氏，在隋已浸微將絕，則在唐初已成「廣陵散」〔六〕矣。北學旣幷於南，人情各安所習；諸儒之棄彼取此，蓋亦因一時之好尙，定一代之規模。猶之唐行詩賦，本煬帝科舉之遺〔七〕；明用時文，沿元人經疑之式〔八〕。名爲新義，實襲舊文。尙書舜典疏云：「鞭刑，……大隋造律，方始廢之。」〔九〕呂刑疏云：「大隋開皇之初，始除男子宮刑。」〔10〕以唐人而稱大隋，此沿襲二劉之明證。是則作奏雖工，葛龔之名未去〔二〕；建國有制，節度之榜猶存〔三〕。疏失可嗤，不能爲諸儒解矣。

〔一〕唐太宗，高祖次子，名世民。即位，銳意圖治，世稱昇平。在位二十三年，年號貞觀。傳見唐書卷二本紀及舊唐書卷二、卷三本紀。

〔二〕孔穎達字仲達，唐冀州衡水人。隋末舉明經，煬帝召天下儒官集東都，詔國子祕書學士與論議，穎達爲冠。時年最少，老師宿儒恥出其下，陰遣客刺之，匿楊玄感家得免。入唐，累官國子司業，遷祭酒。嘗受太宗命撰五經正義。卒諡憲。傳見唐書卷百九十八及舊唐書卷七十三。

〔三〕唐書藝文志，周易正義十六卷，國子祭酒孔穎達、顏師古、司馬才、章王恭、太學博士馬嘉運、太學助教趙乾叶、王談、于志寧等奉詔譔，四門博士蘇德融、趙弘智覆審。尚書正義二十卷，國子祭酒孔穎達、太學博士王德韶、四門助教李子雲等奉詔譔，四門博士朱長才、蘇德融、太學助教隋德素、四門助教王士雄、趙弘智覆審。（志尙載有刊定諸儒，今從略。）毛詩正義四十卷，孔穎達、王德韶、齊威等奉詔譔，趙乾叶、四門助教賈普曜、趙弘智等覆正。禮記正義七十卷，孔穎達、國子司業朱子奢、國子助教李善信、賈公彥、柳士宣、范義頵，魏王參軍事張權等奉詔譔，與周玄達、趙君贊、王士雄、趙弘智覆審。春秋正義三十六卷，孔穎達、楊士勛、朱長才奉詔譔，馮嘉運、王德韶、蘇德融與隋德素覆審。按周易正義，孔序云十四卷，與唐志微異。五經正義計共百八十卷，皮云百七十卷，蓋偶誤。

〔四〕馬嘉運，唐魏州繁水人。少爲沙門，還治儒學。貞觀初，累除越王東閤祭酒。退隱白鹿山，受業至千人。召拜弘文館學士，終國子博士。駁正孔穎達五經正義，諸儒服其精。傳見唐書卷百九十八及舊唐書卷七十三。

〔五〕永徽係唐高宗第一年號，計六年，當公元六五〇年至六五五年。永徽二年當公元六五一年。

〔六〕「廣陵散」本琴曲名，語出晉書。晉書嵇康傳「康將刑，……索琴彈之，曰：『昔袁孝尼嘗從吾學廣陵散，吾每靳固之；廣陵散於今絕矣。』……初康嘗游乎洛西，暮宿華陽亭，引琴而彈。夜分，忽有客詣之，稱是古人，……因索琴彈之，而爲廣陵散，聲調絕倫。遂以授康，仍誓不傳人，亦不言其姓字。」按此文，蓋以廣陵散之絕調喻鄭、服著作之佚亡也。

〔七〕顧炎武日知錄卷十六「明經」條原注云：「金史移剌履傳：進士之科，隋大業中，始試以策。唐初因之。高宗時，雜以箴銘賦詩。至文宗，始專用賦。」按大業，隋煬帝之年號。據此，則唐行詩賦，實本煬帝科舉之遺法也。

〔八〕「經疑」，元人試士之文式。據元史選舉志科目篇，仁宗皇慶二年，定科場事宜。漢人、南人，第一場明經，「經疑」二問，大學、論語、孟子、中庸內出題，並用朱氏章句集注，復以己意結之，限三百字以上。又時文卽八股，其制始於明。據顧炎武日知錄卷十六「試文格式」條，謂經義之文，流俗謂之八股，蓋始於成化以後。股者，對偶之名。天順以前，經義之文，敷衍傳注，或對或散，初無定格。成化二十三年會試，乃以反正、虛實、淺深扇扇立格。八股之制，實始於此。按成化係明憲宗年號。據此，則明人以八股試士，實沿元制之經疑，而稍加以改變也。

〔九〕引語見尙書正義卷三舜典篇「扑作教刑」句下。原文「隋」作「隨」，係本字，唐人書「隋」字每

〔一〇〕引語見尚書正義卷十九呂刑篇「宮辟疑赦，其罰六百鍰，閱實其罪」句下。

〔一一〕後漢書卷百一十文苑傳葛龔傳注「龔善爲文奏，或有請龔奏以干人者，龔爲作之。其人寫之，忘自載其名，因并寫龔名以進之。故時人爲之語曰：『作奏雖工，宜去葛龔。』事見笑林。」按葛龔字元甫，梁國寧陵人。以善文記知名。本文言唐人沿用隋儒義疏，而忘去「大隋」之稱；猶人之請葛龔作奏，而忘去葛龔之名也。

〔一二〕新五代史卷六十五南漢世家「（劉龑）乾化二年，除清海軍節度使。……貞明三年，龑卽皇帝位，……改國號漢。龑初欲僭號，憚王定保不從，遣定保使荆南。及還，懼其非已，使倪曙勞之，告以建國。定保曰：『建國當有制度，吾入南門，清海軍額猶在，其不取笑乎？』」按本文言唐人沿用隋儒義疏，而忘去「大隋」之稱，猶劉龑建國稱帝，而忘去清海軍之榜額也。榜額猶言匾額。

　議孔疏之失者，曰彼此互異，曰曲徇注文，曰雜引讖緯。案著書之例，注不駁經，疏不駁注；不取異義，專宗一家；曲徇注文，未足爲病。讖緯多存古義，原本今文；雜引釋經，亦非巨謬。惟彼此互異，學者莫知所從；既失刊定之規，殊乖統一之義。卽如讖緯之說，經疏並引；而詩、禮從鄭，則以爲是；書不從鄭，又以爲非；究竟讖緯爲是爲非，矛盾不已甚歟！官修之書不滿人意，以其雜出衆手，未能自成一家。唐修晉書，大爲子玄呵詆〔一〕；梁撰通史，未見一字留遺〔二〕。正義奉敕監修，正中此弊。穎達入唐，年已耄老；豈盡逐條親閱，不過總攬大綱。諸儒分治一經；各取一書以爲底本，名爲創定，實屬因仍。書成而穎達居其功，論定而穎達尸其過。究之功過非一人所獨擅，義疏並非諸儒所能爲也。其時同修正義者，周易則馬嘉運、趙乾叶〔三〕，尙書則王德韶、李子雲〔四〕，毛詩則王德韶、齊威〔五〕，春秋則谷那律、楊士勛〔六〕，禮記則朱子奢、李善信、賈公彥、柳士宣、范義頵、張權〔七〕。標題孔穎達一人之名者，以年輩在先，名位獨重耳。

〔一〕子玄，劉知幾之字，撰史通，已見頁九九注〔三四〕。史通卷五採撰篇云：「晉世雜書，諒非一族。若語林、世說、幽明錄、搜神記之徒，其所載或恢諧小辯，或神鬼怪物。其事非聖，揚雄所不觀；其言亂神，宣尼所不語。皇朝新撰晉史，多採以爲書。夫以干、鄧之所糞除，王、虞之所糠粃，持爲逸史，用補前傳。此何異魏朝之撰皇覽，梁世之修徧略，務多爲美，聚博爲功。雖取悅於小人，終見嗤於君子矣。」按皮云「唐修晉史，大爲子玄呵詆，」蓋指此文。

〔二〕梁武帝撰通史六百卷，見梁書及南史本紀。舊唐書經籍志及新唐書藝文志著錄爲六百二卷，入史部正史類。按此書今已全佚。

〔三〕馬嘉運已見頁一九九注〔四〕。趙乾叶官大學助教，見周易正義序，新舊唐書無傳。

〔四〕王德韶官朝散大夫、大學博士，李子雲官四門助教，均見尙書正義序，新舊唐書無傳。

〔五〕齊威官四門博士，見毛詩正義序，新舊唐書無傳。

〔六〕谷那律，唐魏州昌樂人。淹識羣書，褚遂良稱爲九經庫。貞觀中，累遷諫議大夫，兼弘文館學士。傳見唐書卷百九十八儒學傳及舊唐書卷百八十九儒學傳。楊士勛官四門博士，見春秋左傳正義序，又曾撰春秋穀梁傳疏，新舊唐書無傳。

〔七〕朱子奢，唐吳人。從顧彪習左傳。善屬文。貞觀初，官國子助教。曾持節諭高麗、百濟、新羅，平三國之憾。累遷弘文閣學士。傳見唐書卷百九十八儒學傳及舊唐書卷百八十九儒學傳。又李善信官國子助教，見禮記正義序，新舊唐書無傳。又賈公彥，唐洛水永州人。永徽中，官太學博士。撰有周禮義疏及儀禮義疏，今存。周禮疏尤極博核，爲學者所稱。傳見舊唐書卷百八十九儒學傳。又柳士宣官太常博士，范義頵官魏王東閤祭酒，張權官魏王參軍事，均見禮記正義序，新舊唐書無傳。

朱子謂五經疏，周禮最好，詩、禮記次之，書、易爲下〔一〕。困學紀聞云：「考之隋志，王弼易，孔安國書，齊、梁始列國學；故諸儒之說，不若詩、禮之詳實。」〔二〕其說亦未盡然。正義者，就傳注而爲之疏解者也。所宗之注不同，所撰之疏亦異。易主王弼，本屬清言。王注，河北不行。「江南義疏十有餘家，皆辭尚虛玄，義多浮誕」，正義序已明言其失〔三〕。而疏文仍失於虛浮，以王注本不摭實也。書主僞孔，亦多空詮。孔傳，河北不行。正義專取二劉，序又各言其失〔四〕，由僞傳本無足徵也。詩、禮、周禮，皆主鄭氏，義本詳實；名物度數，疏解亦明；故於諸經正義爲最優。朱子分別次序極當。竊謂周禮是一代之制，猶不如禮記可以通行，學術治術無所不包。王制一篇，體大物博，與孟子、公羊多合〔五〕。用其書，可以治天下。比之周禮，尤爲簡明。治注疏者，當從此始。左氏傳，朱子所未言者。案左氏正義，雖詳亦略，盡棄賈、服舊解，專宗杜氏一家〔六〕。劉炫規杜，多中杜失；乃駁劉申杜，強爲飾說〔七〕。嘗讀正義，怪其首尾橫決，以爲必有譌脫。考各本皆如是，疑莫能釋。後見劉文淇左傳舊疏考證〔八〕，乃知劉炫規杜，先申杜而後加規；正義乃翦截其文，以劉之申杜者列於後，而反以駁劉；又不審其文義，以致不相承接。首尾橫決，職此之由。易、書之疏，間亦類此，特未若左傳疏之甚耳。劉文淇謂「唐人刪定者僅駁劉炫說百餘條，餘皆光伯述議也。」〔九〕劉毓崧又作周易尙書舊疏考正〔一〇〕。

〔一〕引語見朱子語類。王應麟困學紀聞卷八「經說」亦引載。

〔二〕引語見王應麟困學紀聞卷八「經說」。

〔三〕孔穎達周易正義序云：「魏世王輔嗣（弼）之注，獨冠古今。所以江左諸儒並傳其學；河北學者罕能及之。其江南義疏，十有餘家，皆辭尙虛玄，義多浮誕。原夫易理難窮，雖復玄之又玄；至於垂範作則，便是有而教有。若論住內住外之空，就能就所之說；斯乃義涉於釋氏，非爲教於孔門也。既背其本，又違於注。」據此，則孔序顯明言江南義疏虛浮之失。

〔四〕尙書正義序言二劉之失，已略見頁一九六本文，茲再詳錄之。序云：「焯（劉焯）乃織綜經文，穿鑿孔穴。詭其新見，異彼前儒。非險而更爲險，無義而更生義。竊以古文言誥，惟在達情。雖復時或取象，不必辭皆有意。若必言必託數，經悉對文；斯乃鼓怒浪於平流，震驚飆於靜樹。使教者煩而多惑，學者勞而少功。過猶不及，良爲此也。炫（劉炫）嫌焯之煩雜，就而刪焉。雖復微稍省要，又好改張前義。義更太略，辭又過華。雖爲文筆之善，乃非開奬之路。義旣無義，文又非文。欲使後生，若爲領袖。此乃炫之所失，未爲得也。」按序言二劉之失頗詳盡。

〔五〕王制係禮記之第五篇，記先王班爵授祿祭祀養老之法度；近代今文學者每以爲今文學之宗，而舉與古文學之周禮相抗；詳可參考皮錫瑞王制箋、廖平王制義證及今古學考卷下。王制與孟子合者，如王制云：「天子之田方千里；公侯田方百里；伯七十里；子男五十里；不能五十里者，不合於天子，附於諸侯，曰附庸。」孟子萬章下亦云：「天子之制，地方千里；公侯皆方百里；伯七十里；子男五十里；凡四等。不能五十里，不達於天子，附於諸侯，曰附庸。」而與古文分五等之說——公方五百里，侯方四百里，伯方三百里，子方二百里，男方一百里——不合。又王制與公羊合者，如王制云：「諸侯之於天子也，比年一小聘，三年一大聘，五年一朝。」公羊傳隱十一年亦云：「諸侯來曰朝，大夫來曰聘。」桓元年「諸侯時朝乎天子。」何休解詁亦云：「比年使大夫小聘，三年使上卿大聘，四年又使大夫小聘，五年一朝。」而與古文諸侯各以其服數來朝之說——侯服歲壹見，甸服二歲壹見，男服三歲壹見，采服四歲壹見，衞服五歲壹見，要服六歲壹見，蕃國世壹見——不合。

〔六〕孔穎達春秋左傳正義序云：「其前漢傳左氏者，有張蒼、賈誼、尹咸、劉歆，後漢有鄭衆、賈逵、服虔、許惠卿之等，各爲詁訓；然雜取公羊、穀梁以釋左氏，此乃以冠雙屨，將絲綜麻，方鑿圓枘，其可入乎？晉世杜元凱又爲左氏集解，專取丘明之傳，以釋孔氏之經；所謂子應乎母，以膠投漆，雖欲勿合，其可離乎？今校先儒優劣，杜爲甲矣。」據此，可見孔疏之盡棄賈、服而專宗杜氏。

〔七〕孔穎達春秋左氏正義序又云：「劉炫……意在矜伐，性好非毀。規杜氏之失，凡一百五十餘條。習杜義而攻杜氏，猶蠹生於木，而還食其木，非其理也。雖規杜過，義又淺近；所謂捕鳴蟬於前，不知黃雀在其後。案僖公三十三年經云：『晉人敗狄於箕。』杜注云：『郤缺稱人者，未爲卿。』劉炫規云：『晉侯稱人，與殽戰同。』案殽戰在葬晉文公之前，可得云背喪用兵，以賤者告。箕戰在葬晉文公之後，非是背喪用兵，何得云與殽戰同？此則一年之經，數行而已；曾不勘省上下，妄規得失。……」據此，可見孔疏之駁劉申杜。

〔八〕劉文淇字孟瞻，清江蘇儀徵人。嘉慶優貢生。致力於左氏，撰左傳舊注疏證，遍輯賈、服、鄭三家之注及近人補注，而以己意疏通證明之，未成書而卒。子毓崧，孫壽曾，世傳其學。傳可參考繆荃孫續碑傳集卷七十四儒學四。按左傳舊疏考證計八卷，考明孔疏所刪定者，僅駁劉炫說百餘條，餘仍襲取炫之述議。書今刻入續清經解卷七四七至卷七五四。

〔九〕語見劉文淇左傳舊疏考證自序。

〔一〇〕劉毓崧字伯山，一字松崖，文淇子。道光間優貢。傳父左氏學，旁通經史諸子百家，精於校勘。撰有春秋左氏傳大義、周禮尙書毛詩禮記舊疏考證、經傳史乘諸子通義、通義堂詩文筆記等書。傳可參考繆荃孫續碑傳集卷七十四儒學四。按周易舊疏考證一卷，尙書舊疏考證一卷，今刻入續清經解卷一三四五至一三四六。

唐人義疏，其可議者誠不少矣；而學者當古籍淪亡之後，欲存漢學於萬一，窺鄭君之藩籬，舍是書無徵焉。是又功過互見，未可概論者也。前乎唐人義疏，經學家所寶貴者，有陸德明經典釋文〔一〕。經典釋文，亦是南學。其書創始於陳後主元年〔二〕，成書在未入隋以前。而易主王氏，書主僞孔，左主杜氏，爲唐人義疏之先聲。中引北音，止一再見。序錄〔三〕於王曉周禮音，注云：「江南無此書，不詳何人。」於論語云：「北學有杜弼注，世頗行之。」北方大儒，如徐遵明，未嘗一引。陸本南人〔四〕，未通北學，固無怪也。與義疏同時並出者，唐初又有定本，出顏師古〔五〕，五經疏嘗引之。師古爲顏之推〔六〕後人。之推本南人，晚歸北〔七〕，其作家訓〔八〕，引江南、河北本，多以江南爲是〔九〕。師古定本從南，蓋本家訓之說；而家訓有不盡是者。如詩「興雲祁祁」，家訓以爲當作「興雨」，詩正義即據定本作「興雨」，以或作「興雲」爲誤〔一〇〕。不知古本作「興雲」，漢無極山碑可證〔一一〕。毛詩亦當與三家同。古無虛實兩讀之分，下云「雨我公田」，若上句又作「興雨」，則文義重複。家訓據班固靈臺詩〔一二〕「祁祁甘雨」，不知班氏是合「興雲祁祁，雨我公田」爲一句。班作漢書食貨志，引詩正作「興雲」〔一三〕，尤可證也。自正義、定本頒之國胄〔一四〕，用以取士，天下奉爲圭臬〔一五〕。唐至宋初數百年，士子皆謹守官書，莫敢異議矣。故論經學，爲統一最久時代。

〔一〕陸德明經典釋文已見頁四〇注〔四〕。

〔二〕陳後主名叔寶，在位六年，爲隋所滅。紀元二：曰至德、禎明。傳見陳書卷六本紀及南史卷十陳本紀下。按陳後主至德元年當公元五八三年。

〔三〕陸德明經典釋文首有序錄一卷。

〔四〕陸，吳縣人，故云南人。

〔五〕顏師古字籀，唐京兆萬年人。之推之孫。少博覽。精訓詁學，善屬文。高祖時，累遷中書舍人，專典機密，詔令一出其手。太宗時，晉祕書少監，封琅邪縣男。嘗受詔於祕書省考定五經文字，多所釐正。又撰定五禮。注漢書及急就章，俱顯於時。終祕書監、弘文館學士。卒諡戴。永徽中，其子上所著匡謬正俗八篇，考據極精密。傳見唐書卷百九十八儒學傳及舊唐書卷七十三。

〔六〕顏之推，字介，北朝琅邪臨沂人。師古之祖。世善周禮及左氏學。之推博覽羣書，詞情典麗。仕梁，爲散騎常侍。後奔齊，見禮於文宣帝，歷遷中書舍人。齊亡，入關爲御史上士。隋開皇中，太子召爲學士，深見禮重。撰有文集、顏氏家訓、還冤志。傳見北齊書卷四十五文苑傳及北史卷八十三文苑傳。

〔七〕按顏之推之父協，祖見遠，均仕梁，傳見梁書卷五十及南史卷七十二文學傳；而之推初亦仕梁，故皮云「本南人。」後之推遷居關中，歷仕北齊、北周及隋，故皮云「晚歸北。」

〔八〕顏氏家訓二卷，顏之推撰。唐志、宋志俱作七卷，列入儒家；今本合爲二卷，四庫全書列入雜家。內凡二十篇，述立身治家之法，辨正時俗之謬；又兼論字書音訓，並考正典故，品第文藝。文辭茂密，而能飾以經訓，故頗爲學者所尊信。

〔九〕顏氏家訓卷下書證篇，考釋經文，時引江南、河北各本，以相校正，然多以江南本爲是。下舉一例，即其明證。「詩云：『有杕之杜』，江南本並『木』傍施『大』。傳曰：『杕，獨皃也。』徐仙民音徒計反。說文曰：『杕，樹皃也。』在木部。韻集音次第之第。而河北本皆作夷狄之『狄』，此大誤也。」

〔一〇〕「興雲祁祁」見詩小雅大田篇。毛傳「祁祁，徐也。」鄭箋「陰陽和，風雨時，其來祁祁然，而不暴疾。」孔穎達正義本作「興雨」，云：「經，興雨，或作興雲，誤也。定本作興雨。」按孔穎達正義及顏師古定本，改「雲」爲「雨」，係依據家訓之說。家訓卷下書證篇云：「詩云：『有渰萋萋，興雲祁祁』……案渰已是陰雲，何勞復云『興雲祁祁』耶？『雲』當作『雨』，俗寫誤耳。班固靈臺詩云：『三光宣精，五行布序。習習祥風，祁祁甘雨。』此其證也。」

〔一一〕漢無極山碑見隸釋，清阮元十三經校勘記云：「考此經本作興雲，顏氏家訓始以爲當作興雨，釋文、正義、唐石經皆從其說。……呂氏春秋、食貨志、隸釋無極山碑、韓詩外傳皆作興雲。……鹽鐵論、後漢書左雄傳作興雨，當亦是後人以顏說改之耳。」按據此，則興雨之作興雲，除無極山碑外，尚有呂氏春秋、食貨志及韓詩外傳三書可證。

〔一二〕班固靈臺詩在固所撰兩都賦末，見文選卷一及後漢書卷七十班固傳。其原詩云：「乃經靈臺，靈臺既崇。帝勤時登，爰考休徵。三光宣精，五行布序。習習祥風，祁祁甘雨。百穀蓁蓁，庶草蕃廡。屢惟豐年，於皇樂胥。」

〔一三〕漢書食貨志見漢書卷二十四。志於「故民皆勸功樂業，先公而後私」句下，引詩大田篇云：「其詩曰：有渰淒淒，興雲祁祁，雨我公田，遂及我私。」正作「興雲」。

〔四〕國胄猶言國子。書堯典「教胄子」。釋文引王肅注云：「胄子，國子也。」按說文云：「胄，胤也。」釋詁云：「胤，繼也。」胄子本指太子、王子及卿大夫元士之適子，引申泛指貴族階級之子弟。

〔五〕圭臬猶言標準。圭表本古者測日影以定時刻之器。周禮大司徒注：「土圭所以致四時日月之景也。」按景同影。臬本射的。說文云：「臬，射準的也。」故引申爲「法也」，見小爾雅廣詁及廣雅釋詁一。

唐以易、書、詩、三禮、三傳合爲九經，取士。禮記、左傳爲大經，毛詩、周禮、公羊爲中經，周易、尚書、儀禮、穀梁爲小經〔一〕。以經文多少分大中小三等，取士之法不得不然。開元八年〔二〕，國子司業李元瓘〔三〕上言：「三禮、三傳及毛詩、尚書、周易等，並聖賢微旨，生人教業。……今明經〔四〕所習，務在出身。咸以禮記文少，人皆競讀。周禮經邦之軌則，儀禮莊敬之楷模；公羊、穀梁，歷代宗習。今兩監及州縣，以獨學無友，四經殆絕。事資訓誘，不可因循。」〔五〕開元十六年，楊瑒〔六〕爲國子祭酒，奏言：「今明經習左氏者十無二三。……又周禮、儀禮、公羊、穀梁殆將絕廢，……請量加優獎。」〔七〕據此二說，則唐之盛時，諸經已多束閣〔八〕。蓋大經，左氏文多於禮記，故多習禮記，不習左氏。中、小經，周禮、儀禮、公羊、穀梁難於易、書、詩，故多習易、書、詩，不習周禮、儀禮、公羊、穀梁。此所以四經殆絕也。唐帖經課試之法，以其所習經掩其兩端，中間惟開一行，裁紙爲帖，凡帖三字，隨時增損，可否不一，或得四，或得五，或得六，爲通〔九〕。專考記誦，而不求其義，故明經不爲世重，而偏重進士。宋初因唐明經之法，王安石改用墨義〔一〇〕，是爲空衍義理之始，元、明經義時文〔一一〕之濫觴〔一二〕。

〔一〕新唐書卷四十四選舉志云：「凡禮記、春秋左氏傳爲大經，詩、周禮、儀禮爲中經，易、尚書、春秋公羊傳、穀梁傳爲小經。」依此，則儀禮爲中經，公羊爲小經。皮氏以儀禮爲小經，公羊爲中經，蓋偶誤。

〔二〕開元，唐玄宗之第一年號，計二十九年。開元八年當公元七二〇年。

〔三〕李元瓘，皮書瓘誤作璀，今依杜佑通典改正。元瓘，新舊唐書無傳。

〔四〕明經爲唐制取士六科之一。日知錄卷十六「明經」條云：「唐制有六科：一曰秀才，二曰明經，三曰進士，四曰明法，五曰書，六曰算。當時以詩賦取者，謂之進士；以經義取者，謂之明經。」原注：「大唐新語：隋煬帝置明經、進士二科。國家因隋制，增置秀才、明法、明字、明算，并前爲六科。」

〔五〕引語見杜佑通典卷十五「選舉三」。鄭樵通志卷五十八選舉略一亦曾轉錄。

〔六〕楊瑒字瑤光，唐華州華陰人。累官戶部侍郎，旋爲國子祭酒，終左散騎常侍。卒謚貞。傳見舊唐書卷百八十五良吏傳及新唐書卷百三十。

〔七〕引語見舊唐書卷百八十五楊瑒本傳，惟文字稍有刪改。

〔八〕東閣猶言棄置不用也；語出晉書。晉書卷七十三庾翼傳「京兆杜乂、陳郡殷浩並才名冠世，而翼弗之重也。每語人曰：『此輩宜束之高閣，俟天下太平，然後議其任耳。』」韓愈贈玉川子詩「春秋三傳束高閣。」

〔九〕見杜佑通典卷十五「選舉三」。鄭樵通志卷五十八選舉略一亦轉錄。

〔一〇〕墨義謂以經義試士，令其筆答也。對口義而言，故曰墨義。宋熙寧中，王安石廢唐制之詩賦及明經，而以己所撰之新義試士，謂之墨義。詳可參考日知錄卷十六「經義論策」條。

〔一一〕時文卽八股，已見頁二〇〇注〔八〕。

〔一二〕濫觴猶言起源，語出家語。僞家語三恕篇第九「夫江始出於岷山，其源可以濫觴。」王肅注：「觴可以盛酒，言其微。」按謂長江發源之始，其微僅氾濫於一觴。引申，故以濫觴爲發源。

漢熹平〔一〕刊石經之後，越五百餘年，而有唐開成石經〔二〕。此一代之盛舉，羣經之遺則也。惟唐不重經術，故以文宗〔三〕右文之主，鄭覃〔四〕以經術位宰相，而所刊石經，不滿人意，史臣以爲名儒不窺〔五〕。當時並無名儒，窺不窺無足論；而自熹平石經散亡之後，惟開成石經爲完備；以視兩宋刻本〔六〕，尤爲近古。雖校刊不盡善，豈無佳處足證今本之譌脫者。顧炎武考監本儀禮，脫誤尤多，士昏禮脫「壻授綏」一節十四字，賴有長安石經可據以補〔七〕。此開成石經有功經學之一證也。顧又考出唐石經誤字甚夥〔八〕，實不盡屬開成原刻。一經乾符之修造，再經後梁之補刊，三經北宋之添註，四經堯惠之謬作〔九〕。其中誤字，未可盡咎唐人。精審而詳究之，亦治經之一助也。

〔一〕熹平，後漢靈帝之第二年號，計六年，當公元一七二年至一七七年。熹平時所刊石經，世號熹平石經，已見本書第四章。

〔二〕唐開成時所刊石經，世稱開成石經。開成爲唐文宗第二年號，計五年，當公元八三六至八四〇年。舊唐書卷十七文宗本紀「開成二年，……宰臣判國子祭酒鄭覃進石壁九經一百六十卷。時上好文，鄭覃以經義啓導，稍折文章之士，遂奏置五經博士，依後漢蔡伯喈刊碑列於太學，創立石壁九經，諸儒校正訛謬。上又令翰林勒字官唐玄度復校字體，又乖師法。故石經立後數十年，名儒皆不窺之，以爲蕪累甚矣。」詳可參考顧炎武石經考「唐石經」條及杭世駿石經考異上「唐石經」條。

〔三〕唐文宗名昂，穆宗第二子。即位時，勵精求治，故太和初政號清明。其後宦官挠權，帝制之不得其術，遂成甘露之變。在位十四年崩。年號二：曰太和、開成。傳見舊唐書卷十七本紀及唐書卷八本紀。

〔四〕鄭覃，唐鄭州滎澤人。以父蔭補弘文校書郎。文宗時，官翰林侍講學士。覃深於經術，醇篤守仁，每以厚風俗黜朋比爲言。累官門下侍郎、弘文館大學士。帝以覃名儒，使領祭酒，因請置五經博士，刊石經於太學。遷太子太師，以病罷相。武宗初，授司空，致仕卒。傳見唐書卷百六十五及舊唐書卷百七十三。

〔五〕「名儒不窺」語見舊唐書卷十七文宗本紀，已見注〔二〕。

〔六〕阮元重刻宋板注疏總目錄記云：「謹案五代會要，後唐長興三年，始依石經文字，刻九經印板。

經書之刻木板，實始於此。逮兩宋，刻本浸多。有宋十行本注疏，……有蘇州北宋所刻之單疏板本。」據此，則經書刻本始於後唐；不過今所存者，以兩宋刻本爲最古耳。

〔七〕長安石經卽開成石經；因開成石經今在陝西長安縣儒學，故云。顧炎武據開成石經，校監本儀禮，士昏禮脫「壻授綏姆辭曰未教不足爲教也」十四字，語見所著日知錄卷十八「十三經注疏」條。

〔八〕顧炎武撰金石文字記，其卷五考校唐石經，舉出衍誤頗夥；并引舊唐書「名儒不窺以爲蕪累」之言而加以按語云：「舊史之評如此。愚初讀而疑之。又見新書無貶辭，以爲石壁九經，雖不逮古人，亦何遽不賢於寺碑冢碣？及得其本而詳校之，乃知經中之繆戾非一，而劉昫之言不誣也。」

〔九〕語蓋本馮登府石經補考序。序云：「開成去古未遠，猶爲純備。然幾經後人之手，一誤於乾符之修改，再誤於後梁之補栞，三誤於北宋之添注，四誤於堯惠之謬作，遂失鄭、唐之舊狀。……顧氏亭林曾客西安，親橅石本，校正其誤字及文異義同者，著於金石文字記中。其間所摘誤字，有不盡誤者。」馮撰唐石經誤字辨，於顧說有所辨正，見石經補考卷五。又嚴可均撰唐石經校文十卷，辨正顧說，校馮著尤詳，亦可參考。按乾符係唐僖宗年號。堯惠係王堯惠，明嘉靖間人。杭世駿石經考異卷上「唐石經」云：「嘉靖乙卯，地震，石經倒損。西安府學生員王堯惠等按舊文，集其闕字，別刻小石，立於碑傍，以便摹補。」又云：「王堯惠等補字，大爲紕繆。」

唐人經說傳今世者，惟陸淳本啖助、趙匡之說，作春秋纂例、微旨、辨疑〔一〕。謂：左氏，六國時人，非論語之丘明；雜采諸書，多不可信〔二〕。公、穀口授，子夏所傳；後人據其大義，散配經文，故多乖謬，失其綱統〔三〕。此等議論，頗能發前人所未發。惟三傳自古各自爲說，無兼采三傳以成一書者；是開通學之途，背顓門之法矣。史徵周易口訣〔四〕，成伯璵毛詩指說〔五〕，韓、李論語筆解〔六〕，皆寥寥短篇，無關閎旨。惟李鼎祚周易集解〔七〕多存古義；後人得以窺漢易之大略，考荀、虞之宗旨〔八〕，賴有此書。

〔一〕陸淳已見頁九九注〔三六〕。淳明春秋，本師啖助、友趙匡說，作春秋集傳纂例十卷、春秋微旨三卷、春秋集傳辨疑十卷。啖助字叔佐，唐趙州人，徙關中。淹該經術。天寶末，歷臨濟尉、丹陽主簿。後隱居不仕。撰春秋集傳，十年乃成。趙匡字伯循，唐河東人。官洋州刺史。助卒，匡爲損益其春秋集傳。啖、趙傳均見唐書卷二百儒學傳。按陸所撰三書，今存，古經解彙函曾收刻。

〔二〕陸淳春秋纂例卷一「趙氏損益義第五」云：「夫子（孔子）自比，皆引往人，故曰：『竊比於我老彭。』又說伯夷等六人，云：『我則異於是。』並非同時人也。丘明者，蓋夫子以前賢人，論語云左丘明恥之某亦恥之如史佚、遲任之流，見稱於當時耳。焚書之後，莫得詳知。學者各信胸臆，見傳及國語俱題左氏，遂引丘明爲其人。……且左傳、國語，文體不倫，序事又多乖刺，定非一人所爲也。蓋左氏廣集諸國之史，以釋春秋。傳成之後，蓋其家子弟及門人見嘉謀事跡多不入傳，或有雖入傳而復不同，故各隨國編之，而成此書，以廣異聞爾。自古豈止有一丘明姓左乎？何乃見題左氏，悉稱丘明。」又「三傳得失議第二」云：「左氏得此數國之史，……又廣采當時文籍，故兼與子產、晏子及諸國卿佐家傳，幷卜書、夢書，及雜占書、縱橫家、小說、諷諫等，雜在其中。

故敍事雖多，釋意殊少；是非交錯，混然難證。」按皮云「左氏，六國時人，非論語之丘明；雜采諸書，多不可信。」蓋約據上文而言。

〔三〕陸淳春秋纂例卷一「三傳得失議第二」云：「公羊、穀梁，初亦口授。後人據其大義，散配經文，故多乖謬，失其綱統。然其大指，亦是子夏所傳。故二傳傳經，密於左氏。穀梁意深，公羊辭辨，隨文解釋，往往鉤深。」按皮文係約據上文。

〔四〕史徵，正史無傳，崇文總目云河南人。撰周易口訣六卷，今存，僅闕豫、隨、无妄、大壯、晉、睽、蹇、中孚八卦。詳可參考四庫全書總目提要經部易類一。

〔五〕成伯璵，正史無傳，爵里無所考。撰毛詩指說一卷，分四篇：一曰「興述」，二曰「解說」，三曰「傳受」，四曰「文體」。書今存。詳可參考四庫全書總目提要經部詩類一。伯璵尚有毛詩斷章二卷，見崇文總目，今佚。

〔六〕韓、李，韓愈、李翺也。韓愈字退之，唐昌黎人。第進士，旋遷監察御史，上疏論宮市，貶爲山陽令。憲宗時，又累遷刑部侍郎，以上疏諫迎佛骨，貶潮州刺史。後歸，遷吏部侍郎。長慶中卒，贈禮部尚書，諡文。其弟子李漢編其文，爲昌黎先生集。傳見唐書卷百七十六及舊唐書卷百六十。李翺字習之，唐趙郡人。貞元進士。元和初，爲國子博士、史館修撰。終山南東道節度使。翺從韓愈爲文章，辭致渾厚。諡曰文。有李文公集。傳見唐書卷百七十七及舊唐書卷百六十。韓、李合撰論語筆解二卷，今存，古經解彙函曾收刻。詳可參考四庫全書總目提要經部四書類一。

〔七〕李鼎祚周易集解已見頁一五三注〔七〕。

〔八〕荀、虞，荀爽、虞翻也，皆漢易學之著名者，已見頁二二六注〔二三〕。

唐人經學有未可抹摋者，說郛〔一〕令狐澄大中遺事〔二〕云：「大中〔三〕時，工部尚書陳商〔四〕立春秋左傳學議；以孔子修經，褒貶善惡，類例分明，法家流也；左丘明爲魯史載述時政，惜忠賢之泯滅，恐善惡之失墜，以日繫月，修其職官，本非扶助聖言、緣飾經旨，蓋太史氏之流也。舉其春秋，則明白而有識；合之左氏，則叢雜而無徵。杜元凱曾不思夫子所以爲經，當以詩、書、周易等列；丘明所以爲史，當與司馬遷、班固等列。取二義乖刺不侔之語，參而貫之，故微旨有所不周，宛章〔五〕有所未一。」孫光憲北夢瑣言〔六〕，亦載此說。案自漢後，公羊廢擱，左氏孤行，人皆以左氏爲聖經，甚且執杜解爲傳義。不但春秋一經，汨亂已久；而左氏之傳，受誣亦多。孔疏於經傳不合者，不云傳誤，反云經誤。劉知幾史通，詆毀聖人，尤多狂悖〔七〕。皆由不知春秋是經，左氏是史。經垂教立法，有一字褒貶之文；史據事直書，無特立褒貶之義。體例判然不合，而必欲混合爲一。又無解於經傳參差之故，故不能據經以正傳，反信傳而疑經矣。陳商在唐時無經學之名，乃能分別夫子是經、丘明是史，謂杜元凱參貫二義非是，可謂千古卓識。謂左傳非扶助聖言，卽博士云「左氏不傳春秋」之意也〔八〕；非緣飾經旨，卽范升云「左氏不祖孔子」之說也〔九〕。治春秋者，誠能推廣陳商之言，分別經是經，左氏是史，離之雙美，毋使合之兩傷，則不至誤以史視春秋，而春秋大義微言可復明於世矣。

〔一〕說郛百二十卷，明陶宗儀撰。仿曾慥類說之例，每書略存大概，爲考證學之要籍。其書今存，但經明人郁文博及淸人陶珽重編，已非復宗儀之舊本。其內容及目錄可參考四庫全書總目提要子部雜家類七及李之鼎增訂叢書舉要卷四十「前代叢書六」。

〔二〕令狐澄，正史無傳。其所撰大中遺事，今見陶宗儀說郛卷四十九。皮所引，蓋據說郛轉錄。

〔三〕大中，唐宣宗年號，計十三年，當公元八四七年至八五九年。

〔四〕陳商字述聖，唐䌓昌人。初隱馬仁山，以文謁韓愈，愈稱之。登進士第，歷禮部侍郞，終祕書監。與撰敬宗實錄。有文集。唐書無傳。

〔五〕「宛章」蓋「宛而成章」之簡文。杜預春秋左氏傳序「發傳之體有三，而爲例之情有五。……三曰婉而成章；曲從義訓，以示大順，諸所諱避，璧假許田之類是也。」按婉宛字通。本文「宛章有所未一」，蓋譏杜預參貫春秋經與左氏傳乖剌不侔之義，故未能一使之宛而成章也。

〔六〕孫光憲字孟文，自號葆光子，宋陵川貴平人。累官檢校祕書監。勤學聚書，或自抄寫校讎。其著作多佚，傳者有北夢瑣言一書。傳附見宋史卷四百八十三。按北夢瑣言計二十卷，所載皆唐及五代士大夫逸事。每條多載某人所說，以示有徵，蓋用杜陽雜編例之例。詳可參考四庫全書總目提要子部小說家類一。其引陳商語見北夢瑣言卷一第七節。

〔七〕劉知幾史通已見頁九九注〔三四〕。史通卷十四惑經篇，言詳春秋之義，其所未諭者十二，而虛美者有五；蓋對於孔子之春秋，大膽的提出批評意見。皮氏立場於今文學派，故斥爲「詆毀聖人，尤多狂悖。」

〔八〕「左氏不傳春秋」，語見劉歆移讓太常博士書。西漢末，歆欲立左氏，當時今文學派之博士不肯置對，故歆以博士謂左氏不傳春秋爲無從善服義之公心。詳已見本書第三章。

〔九〕范升已見頁八二注〔五〕。東漢初，韓歆疏立左氏春秋博士，范升反對，以爲「左氏不祖於孔子，而出於丘明。」語見范升本傳。

八　經學變古時代

經學自唐以至宋初，已陵夷〔一〕衰微矣。然篤守古義，無取新奇；各承師傳，不憑胸臆；猶漢、唐注疏之遺也。宋王旦〔二〕作試官，題爲「當仁不讓於師」〔三〕，不取賈邊解師爲衆之新說〔四〕，可見宋初篤實之風。乃不久而風氣遂變。困學紀聞云：「自漢儒至於慶曆〔五〕間，談經者守訓故而不鑿。七經小傳〔六〕出而稍尚新奇矣。至三經義〔七〕行，視漢儒之學若土梗〔八〕。」〔九〕據王應麟說，是經學自漢至宋初未嘗大變，至慶曆始一大變也。七經小傳，劉敞〔一〇〕作；三經新義，王安石〔一一〕作，或謂新義多勦敞說〔一二〕。元祐〔一三〕諸公，排斥王學；而伊川易傳專明義理〔一四〕，東坡書傳橫生議論〔一五〕，雖皆傳世，亦各標新。司馬光〔一六〕論風俗劄子曰：「新進後生，口傳耳剽，讀易未識卦爻，已謂十翼非孔子之言；讀禮未知篇數，已謂周官爲戰國之書；讀詩未盡周南、召南，已謂毛、鄭爲章句之學；讀春秋未知十二公，已謂三傳可束之高閣。」陸游〔一七〕曰：「唐及國初，學者不敢議孔安國、鄭康成，況聖人乎！自慶曆後，諸儒發明經旨，非前人所及；然排繫辭，毁周禮，疑孟子，譏書之胤征、顧命，黜詩之序，不難於議經，況傳注乎！」〔一八〕案宋儒撥棄傳注，遂不難於議經。排繫辭謂歐陽修〔一九〕，毁周禮謂修與蘇軾、蘇轍〔二〇〕，疑孟子謂李覯、司馬光〔二一〕，譏書謂蘇軾〔二二〕，黜詩序謂晁說之〔三〕。此皆慶曆及慶曆稍後人，可見其時風氣實然，亦不獨咎劉敞、王安石矣。

〔一〕陵夷謂卑替也，見漢書劉向傳「遂至陵夷」注。按陵，丘陵也；夷，平也；言其積替若丘陵之漸平也；見漢書成帝紀「日以陵夷」注。

〔二〕王旦字子明，宋大名莘人。太平興國進士。眞宗時，累擢知樞密院，進太保。卒封魏國公，謚文正。著有文集。傳見宋史卷二百八十二。

〔三〕「當仁不讓於師」，語見論語衞靈公篇。何晏集解「當行仁之事，不復讓於師，言行仁急。」邢昺正義「此章言行仁之急也。弟子之法，爲事當讓於師；若當行仁之事，不復讓於師也。」按訓師爲師傅。

〔四〕賈邊，正史無傳。師，衆也，見爾雅釋詁。按「當仁不讓於師」之「師」，古訓爲「師傅」，賈邊創新說，訓「師」爲「衆」，故王旦不取。事見馬端臨文獻通考卷三十選舉考三。原書云：「景德二年，親試舉人，得進士李迪等二百四十餘人。……先是，迪與賈邊皆有聲場屋；及禮部奏名，而兩人皆不與。考官取其文觀之，迪賦落韻；邊論當仁不讓於師，以師爲衆，與注疏異。特奏，令就御試。參知政事王旦議：落韻者，失於不詳審耳；捨注疏而立異，不可輒許，恐士子從今放蕩無所準的。遂取迪而黜邊。」

〔五〕慶曆，宋仁宗之第六年號，計八年，當公元一〇四二年至一〇四八年。

〔六〕七經小傳，宋劉敞撰。計三卷，今存。所謂七經者：一、尙書，二、毛詩，三、周禮，四、儀禮，五、禮記，六、公羊傳，七、論語。是編爲雜論經義之語，好以己意改經，實變先儒淳樸之風。

詳可參考四庫全書總目提要經部五經總義類。

〔七〕三經義，或稱三經新義，王安石撰。晁公武郡齋讀書志云：「熙寧中，置經義局，撰三經義，皆本王安石經說。三經：書、詩、周禮也。」按毛詩義二十卷，尙書義十三卷，今並佚亡。周官新義本二十二卷，明萬曆中重編內閣書目尙載其名，其後亦亡。清初從永樂大典中輯出，爲周官新義十六卷，附考工記解二卷，今存。詳可參考四庫全書總目提要經部禮類一。

〔八〕土梗有二義：一謂土壤及木梗，言其粗劣；「凡草木刺人，自關而東，或謂之梗。」見揚雄方言三。一謂土壤所塑之偶像；「土梗，土之木梗，亦木人耳。」見一切經音義二十引莊子司馬注。按此文，二說皆通，以第一說爲較妥。

〔九〕語見王應麟困學紀聞卷八「經說」。

〔一〇〕劉敞字原父，宋臨江新喩人。慶曆進士，累官集賢院學士，判御史臺。敞學問淵博，長於春秋，著有春秋權衡、春秋傳、春秋意林、七經小傳、公是集等書。世稱公是先生。傳見宋史卷三百十九。

〔一一〕王安石字介甫，號半山，宋撫州臨川人。少好讀書，工爲文。第進士。上萬言書，以變法爲言。神宗時，爲相，帝深倚信之。謀改革政治，興青苗、水利、保甲諸法，物議騰沸。時舊臣罷斥，而新法卒無效，因罷相。尋封荆國公。卒謚文。性强忮，工書畫，文章深峭，自成一家。著有周禮新義、臨川集、唐百家詩選等書。傳見宋史卷三百二十七。

〔一二〕吳曾能改齋漫錄曰：「慶曆以前，多尊章句注疏之學；至劉原甫爲七經小傳，始異諸儒之說。王荆公修經義，蓋本於原甫。」晁公武郡齋讀書志亦載上文，以爲元祐史官說，而加以按語：「公武觀原甫說伊尹相湯伐桀升自陑之類，經義多勦取之，史官之言不誣。」按皮云「或謂新義多勦敞說」，蓋卽本此。

〔一三〕元祐，宋哲宗之第一年號，計八年，當公元一〇八六年至一〇九三年。

〔一四〕伊川，程頤之別號，已見頁四七注〔一〇〕。伊川易傳四卷，今存。東都事略作六卷，宋史藝文志作九卷，微異。是書不取宋易邵雍之說以言數，而取晉易王弼之說以言理，故亦與漢學不同。詳可參考四庫全書總目提要經部易類二。

〔一五〕東坡，蘇軾之別號。軾字子瞻，洵之子，宋眉州眉山人。嘉祐中，試禮部，歐陽修擢置第二。熙寧中，王安石創行新法，上書論其不便，貶黃州團練副使。軾築室東坡，因自號東坡居士。元祐中，累官翰林學士，知杭州。建中靖國初，卒於常州。謚文忠。軾善文學，兼工書畫。撰有易傳、書傳、論語說、仇池筆記、東坡志林、東坡全集、東坡詞，數百卷。傳見宋史卷三百三十八。其所撰書傳，十三卷，今存。晁公武郡齋讀書志謂：熙寧以後，專用王（安石）氏之說進退多士，此書駁異，其說爲多。詳可參考四庫全書總目提要經部書類一。按是書譏斥書之胤征、顧命，故皮云橫生議論，詳見注〔一二〕。

〔一六〕司馬光字君實，宋夏縣人。寶元初進士。歷同知諫院。神宗時，以議王安石新法，不合去。哲宗初，拜尚書左僕射，悉罷新法之害民者。在相位八月卒，贈太師溫國公，謚文正。因居涑水鄉，世稱涑水先生。著資治通鑑、傳家集、書儀及涑水紀聞等書。傳見宋史卷三百三十六。司馬光論風俗劄子一文見傳家集中。又王應麟困學紀聞卷八「經說」亦曾引載。

〔一七〕陸游字務觀，自號放翁，宋越州山陰人。孝宗時，除樞密院編修，旋知夔嚴二州。以寶章閣待制致仕。游長於詩，自成一宗。因愛蜀道風土，自題所爲詩曰劍南詩稿。又著有南唐書、渭南文集、放翁詞、老學庵筆記、入蜀記、天彭牡丹譜等書。傳見宋史卷三百九十五。

〔一八〕語見王應麟困學紀聞卷八「經說」。

〔一九〕歐陽修撰易童子問三卷三十七章，辯繫辭、文言以下爲非孔子之言；書今存，見歐陽文忠公全集中。茲略舉其言如下：「童子問曰：繫辭非聖人之作乎？曰：何獨繫辭焉，文言、說卦而下，皆非聖人之作；而衆說淆亂，亦非一人之言也。昔之學易者，雜取以資其講說；而說非一家，是以或同或異，或是或非；其擇而不精，至使害經而惑世也。……繫辭曰：『聖人設卦觀象，繫辭焉而明吉凶。』又曰：『辨吉凶者存乎辭。』又曰：『聖人有以見天下之動，而觀其會通，以行其典禮，繫辭焉以斷其吉凶，是故謂之爻。』又曰：『易有四象，所以示也；繫辭焉，所以告也；定之以吉凶，所以斷也。』又曰：『設卦以盡情僞，繫辭焉以盡其言。』其說雖多，要其旨歸，止於繫辭明吉凶爾，可一言而足也。……謂其說出於諸家，而昔之人雜取以釋經，故擇之不精，不足怪也；謂其說出於一人，則是繁衍叢脞之言也，其遂以爲聖人之作，則又大謬矣。孔子之文章，易、春秋是已。其言愈簡，其義愈深，吾不知聖人之作繁衍叢脞之如此也。……繫辭曰：『河出圖，洛出書，聖人則之。』所謂圖者，八卦之文也，神馬負之，自河而出，以授於伏羲者也。蓋八卦者，非人之所爲，是天之所降也。又曰：『包羲氏之王天下也，仰則觀象於天，俯則觀法於地，觀鳥獸之文與地之宜，近取諸身，遠取諸物，於是始作八卦。』然則，八卦者，是人之所爲也，河圖不與焉。斯二說者，已不相容矣。……自相乖戾，尚不可以爲一人之說，其可以爲聖人之作乎？……然則，繁衍叢脞之言與夫自相乖戾之說，其書皆可廢乎？曰：不必廢也。古之學經者，皆有大傳；今書、禮之傳尚存。此所謂繁辭者，漢初謂之易大傳也，至後漢已爲繁辭矣。……」

〔一〇〕歐陽修毁周禮之語，見於歐陽文忠公全集居士集卷四十八問進士策首一。其文曰：「……周禮，其出最後。……漢武以爲瀆亂不驗之書，何休亦云六國陰謀之說，何也？然今考之，實有可疑者。夫內設公卿大夫士，下至府史胥徒，以相副貳；外分九服，建五等，差尊卑，以相統理；此周禮之大略也。而六官之屬略見於經者五萬餘人，而里閭縣都之長、軍師卒伍之徒不與焉。王畿千里之地，爲田幾井，容民幾家，王官王族之國邑幾數，民之貢賦幾何，而又容五萬人者於其間。其人耕而賦乎？如其不耕而賦，則何以給之？夫爲治者，故若是其煩乎？此其一可疑者也。秦旣誹古，盡去古制。自漢以後，帝王稱號，官府制度，皆襲秦故，以至於今。雖有因有革，然大抵皆秦制也；未嘗有意於周禮者。豈其體大而難行乎？其果不可行乎？夫立法垂制，將以遺後也；使難行，而萬世莫能行；與不可行等爾。然則，反秦制之不若也。脫有行者，亦莫能興，或因以取亂，王莽、後周是也。則其不可用決矣。此又可疑也。……」又蘇軾毁周禮之言，見於東坡續集卷九策「天子六軍之制」篇。其文曰：「周禮之言田賦夫家車徒之數，聖王之制也；其言五等之君，封國之大小，非聖人之制也，戰國所增之文也。何以言之？按鄭氏說：武王之時，周地狹小，故諸侯之封及百里而止。周公征伐不服，廓大中國，故大封諸侯，而諸公之地至五百里。不知武王之時，何國不服，而周公之所征伐者誰也。東征之役，見於詩、書，豈其廓地千里而史不載邪？

此甚可疑也。周之初，諸侯八百；春秋之世，存者無數十。鄭子產有言：古者大國百里；今晉、楚千乘，若無侵小，何以至此？子產之博物，其言宜可信。先儒以周禮爲戰國陰謀之書，亦有以也。……」又蘇轍毀周禮之言，見於欒城後集卷七歷代論一「周公」篇。其文曰：「言周公之所以治周者，莫詳於周禮；然以吾觀之，秦、漢諸儒以意損益之者衆矣，非周公之完書也。……」其下歷舉周禮之三不信，與歐陽修、蘇軾所言大略相似而加詳，文繁不錄。篇末結語曰：「三者既不可信，則凡周禮之詭異遠於人情者，皆不足信也。古之聖人，因事立法以便人者有矣，未有立法以强人者也。立法以强人，此迂儒之所以亂天下也。」

〔二〕李覯字泰伯，宋南城人。俊辨能文，舉茂才異等。親老，以教授自資，學者常數十百人。皇祐初，范仲淹薦爲試太學助教，上明堂定制圖。嘉祐中，歷太學說書，卒。學者稱盱江先生。著有盱江全集。傳見宋史卷四百三十二儒林傳二。覯撰常語三卷（見盱江集卷三十二），中多非孟子之言，余允文尊孟辨曾引載十七條；但明人所編之盱江集，妄加刪略，僅餘「仲尼之徒無道桓文之事」「伊尹廢太甲」及「周公封魯」三條。今舉其一以爲例。常語下云：「或曰：地方七百里，有諸？曰：信也。然則孟子何言乎儉於百里也？因閟宮頌，僖公復周公之宇，而曰：『公車千乘，朱英綠縢。』千乘之地方三百一十六里有畸，山陵、林麓、川澤、溝瀆、城郭、宮室、涂巷不與焉，其何儉於百里也？世俗疑周官五百里，以其大也，是亦不思耳矣。諸侯之於天子，非若敵國然也；大國貢半，次國三之一，小國四之一。諸侯有其地，天子食其稅，譬之一郡而已矣。魯七百里，開方之而四十九，殆半王畿也。今之大郡不有半京畿者乎。」又司馬光撰疑孟一卷，凡十一篇，見今司馬溫公文集卷七十四。茲錄其第二篇「陳仲子避兄離母」篇如下：疑曰：「仲子以兄之祿爲不義之祿，蓋謂不以其道事君而得之也；以兄之室爲不義之室，蓋謂不以其道取於人而成之也。仲子蓋嘗諫其兄矣，而兄不用也。仲子之志以爲吾旣知其不義矣，然且食而居之，是口非之而身享之也，故避之居於陵。於陵之室與粟，身織屨，妻辟纑，而得之也，非不義也，豈嘗更問其築與種之者誰邪。以所食之鵝，兄所受之饋也，故哇之，豈以母則不食，以妻則食之邪！君子之責人，當探其情；仲子之避兄離母，豈所願邪！若仲子者，誠非中行，亦狷者有所不爲也。孟子過之，何其甚與！」

〔三〕按蘇軾撰書傳二十卷（宋志作十三卷），以胤征爲羿篡位時事，康王之誥爲失禮，與諸儒說不同；所謂「譏書」，蓋卽指此。書傳卷六胤征篇書序「羲和湎淫，廢時亂日，胤往征之，作胤征」下云：「按史記及春秋傳晉魏絳、吳伍員言帝太康、帝仲康、帝相、帝少康四世事甚詳。蓋羿旣逐太康；太康崩，其弟仲康立，而羿爲政。仲康崩，其子相立。相爲羿所逐。羿爲家衆所殺，寒浞代之。浞因羿室，生澆及豷。使澆伐滅二斟，且殺相。相之后曰緡，方娠而逃於有仍，以生少康。少康復逃於有虞，虞思邑之於綸。少康布德，以收夏衆。夏之遺臣靡，收二斟之餘民，以滅浞而立少康，少康滅澆及豷，然後祀夏配天，不失舊物。以此考之，則太康失國之後，至少康祀夏之前，皆羿、浞專政僭位之年；如曹操之於漢，司馬仲達之於魏也。胤征之事，蓋出於羿，非仲康之所能專，明矣。羲和，湎淫之臣也，而貳於羿，蓋忠於夏也；如王淩、諸葛誕之叛晉，尉遲迥之叛隋。故羿假仲康之命，以命胤侯，而往征之。……然則，孔子何取於此篇而不刪去乎？曰：

書固有非聖人之所取而猶存者也。孟子曰：『盡信書，不如無書，吾於武成，取二三策而已。』紂之衆既已倒戈，然猶縱兵以殺，至於血流漂杵，聖人何取焉。予於書見聖人所不取而猶存者二：胤征之挾天子令諸侯，與康王之誥釋斬衰而衰冕也。……」又書傳卷十七康王之誥篇「羣公既皆聽命，相揖趨出。王釋冕，反喪服。」下云：「成王崩，未葬，君臣皆冕服，禮歟？曰：非禮也。謂之變禮，可乎？曰：不可。禮變於不得已，嫂非溺，終不援也。三年之喪既成服，釋之而即吉，無時而可者。……始死方殯，孝子釋服離次，出居路門之外，受干戈虎賁之逆，此何禮也？……使周公在，必不爲此。然則，孔子何取於此一書也？曰：至矣，其父子君臣之間，教戒深切著明者，猶足以爲後世法，孔子何爲不取哉？然其失禮，則不可以不論。」

〔一三〕晁說之字以道，宋清豐人。嘗慕司馬光之爲人，故自號景迂。元豐間進士，蘇軾以著述科推薦。元祐中，以黨籍逐斥。後終徽猷閣待制。說之博極羣書，畫善山水，工詩，通六經，尤精易傳。著有儒言、晁氏客語、景迂生集。宋史無傳。其黜詩序之言，見景迂生集卷十一詩序論四篇；茲舉一則以爲例證如下：「孟子：『凱風，親之過小者也。』而序詩者曰：『衞之淫風流行，雖有七子之母，猶不能安其室。』是七子之母者，於先君無妻道，於七子無母道，過孰大焉。孟子之言妄歟？孟子之言不妄，則序詩非也。」

孔子以易授商瞿，五傳而至田何，又三傳爲施讎、孟喜、梁丘賀，此易之正傳也。京房受易於焦延壽，託之孟氏，不相與同，多言卦氣占驗，此易之別傳也。鄭注言爻辰〔一〕，虞注言納甲〔二〕，不過各明一義，本旨不盡在此。鄭與荀爽皆費氏易；惟虞翻言家傳孟氏〔三〕，而注引參同契〔四〕，又言夢道士使呑三爻〔五〕，則間本於道家。王弼亦費氏易，而旨近老氏，則亦涉道家矣。然諸儒雖近道家，或用術數，猶未嘗駕其說於孔子之上也。宋道士陳摶〔六〕乃本太乙下行九宮之法〔七〕，作先天後天之圖〔八〕，託伏羲、文王之說而加之孔子之上〔九〕。三傳得邵子〔一〇〕，而其說益昌。邵子精數學，亦易之別傳，非必得於河、洛〔一一〕。程子不信邵子之數，其識甚卓。易傳言理，比王弼之近老氏者，爲最純正〔一二〕。朱子以程子不言數，乃取河、洛九圖冠於所作本義之首〔一三〕。於是宋、元、明言易者，開卷卽說先天後天。不知圖是點畫，書是文字；故漢人以河圖爲八卦、洛書爲九疇〔一四〕。宋人所傳河圖、洛書，皆黑白點子〔一五〕，是止可稱圖，不可稱書。而乾南坤北之位，是乾爲君，而北面朝其臣〔一六〕。此皆百喙不能解者。是以先天後天說易者，皆無足觀。

〔一〕鄭玄注易時言爻辰，已見頁一四六注〔二二〕。

〔二〕虞翻易注已亡；清惠棟作易漢學、周易述，始稍事掇拾；其後張惠言作虞氏義、虞氏消息、虞氏易禮、易事、易言、易候，李銳作虞氏略例，劉逢祿作虞氏五述，胡祥麟作易消息圖說，曾釗作虞氏義箋，於是虞易大明。納甲謂以十干分納於八卦，如乾納甲壬，坤納乙癸，震納庚，巽納辛，坎納戊，離納己，艮納丙，兌納丁。張惠言虞氏消息云：「五行之位，甲乾乙坤，相得合木，謂天地定位也；丙艮丁兌，相得合火，山澤通氣也；戊坎己離，相得合土，水火相逮也；庚震辛巽，相得合金，雷風相薄也；天壬地癸，相得合水，言陰陽相薄而戰於乾；故五位相得而各有合。」按虞翻已見頁三六注〔二三〕。

〔三〕虞翻易注成，上奏云：「臣高祖父故零陵太守光，少治孟氏易。曾祖父故平輿令成，纘述其業。至臣祖父鳳，爲之最密。臣先考故日南太守歆，受本於鳳，最有舊書，世傳其業。至臣，五世。」引語見三國志五十七虞翻傳注。按皮云翻自言家傳孟氏，卽本此。

〔四〕參同契相傳爲漢魏伯陽作，語見葛洪神仙傳。其書假借周易之爻象以論鍊丹之意，爲後之言爐火者所祖。詳可參考四庫全書總目提要子部道家類。按虞翻注易，時引用參同契語；如云「易字從日下月」，卽本參同契「日月爲易」之說。詳可參考張惠言周易虞氏義。

〔五〕虞翻上奏易注云：「臣郡吏陳桃夢臣與道士相遇，放髮，披鹿裘，布易六爻，撓其三以飲臣。臣乞盡吞之，道士言：『易道在天，三爻足矣。』豈臣受命應當知經！」引語見三國志虞翻傳注。

〔六〕陳摶已見頁二一八注〔八〕。

〔七〕「太乙下行九宮」，本出易緯乾鑿度。後漢書張衡傳注引易乾鑿度曰：「太一取其數，以行九宮。」鄭玄注云：「太一者，北辰神名也。下行八卦之宮，每四，乃還於中央。中央者，地神之所居。（顧炎武日知錄卷三十「太一」條云：地神疑作北辰。）故謂之九宮。天數以陽出，以陰入。陽起於子，陰起於午，是以太一下九宮，從坎宮始。自此而坤宮，又自此而震宮，既又自此而巽宮，所行者半矣，還息於中央之宮。既又自此而乾宮，自此而兌宮，自此而艮宮，自此而離宮，行則周矣。上遊息於太一之星，而反紫宮。」胡渭易圖明辨卷二依上文作圖如次：

巽四	離九	坤二
震三	中五	兌七
艮八	坎一	乾六

按右圖爲朱熹易本義圖說中之「洛書圖」所本。圖說云：「洛書蓋取龜象，故其數戴九履一，左三右七，二四爲肩，六八爲足。」「洛書圖」如次：

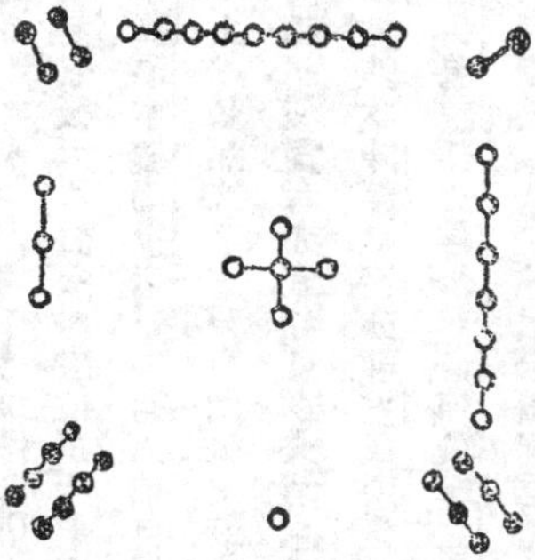

與太乙九宮圖正相似。按易本義圖說本承陳摶之說，故皮云「陳摶本太乙下行九宮之法」也。

〔八〕陳摶書今已不傳，朱熹易本義卷首所列九圖，蓋即本於陳說，而可總分爲先天後天二類。本義圖說云：「所謂天地自然之易，河圖、洛書也。伏羲之易，先天八卦及六十四卦次序方位也。文王之易，後天八卦次序方位及六十四卦之卦變也。」按各圖過繁不錄，詳可參考易本義。

〔九〕朱熹易本義圖說云：「有天地自然之易，有伏羲之易，有文王、周公之易，有孔子之易。自伏羲以上，皆無文字，只有圖畫，最宜深玩，可見作易本原精微之意。文王以下，方有文字，即今之周易。然讀者亦宜各就本文消息，不可便以孔子之說爲文王之說也。」按陳摶書今不傳，易本義圖說即本陳說，而亦即皮氏所譏爲「託伏羲、文王之說而加之孔子之上」也。

〔一〇〕陳摶易說傳於穆修，修傳於李之才，之才傳於邵雍，故云「三傳得邵子。」邵雍字堯夫，北宋范陽人。富弼、司馬光、呂公著退居洛中，相與從游。曾自號安樂先生。屢徵不起。元祐中，賜謚康節。著有觀物圖、漁樵問答、伊川擊壤集、先天圖、皇極經世等書。傳見宋史卷四百二十七道學傳。

〔一一〕上蔡語錄云：「堯夫易數甚精。自來推長曆者，至久必差；惟堯夫不然，指一二近事，當面可驗。」皮言邵精數學，蓋本此。又宋史邵雍傳「事之才，受河圖、洛書、宓羲八卦六十四卦圖象。之才之傳，遠有端緒；而雍探賾索隱，妙悟神契，洞澈蘊奧，汪洋浩博，多其所自得者。」按河、洛即指之才所授之河圖、洛書。皮言「非必得於河、洛，」蓋邵多所自得，不以之才所授爲限也。

〔一二〕邵子以數言易，程頤作易傳，不取其說，而一本於理。易傳序云：「吉凶消長之理，進退存亡之道，備於辭。推辭考卦，可以知變，象占在其中矣。」又程氏遺書答張閎中書云：「有理而後有象，有象而後有數。易因象以知數；得其義，則象數在其中矣。必欲窮象之隱微，盡數之毫忽，乃尋流逐末，術家所尚，非儒者之務也。」按此皆程子去數言理之證。

〔三〕周易本義十二卷，朱熹撰，今存。卷首附有河、洛九圖。所謂河、洛九圖：一、河圖，二、洛書；三、伏羲八卦次序；四、伏羲八卦方位；五、伏羲六十四卦次序；六、伏羲六十四卦方位；七、文王八卦次序；八、文王八卦方位；九、文王六十四卦卦變圖。圖繁不錄。

〔四〕按此係漢劉歆之說。漢書卷二十七五行志「劉歆以爲虙犧氏繼天而王，受河圖，則而畫之，八卦是也。禹治洪水，賜雒書，法而陳之，洪範是也。」尚書洪範「天乃錫禹洪範九疇，彝倫攸敍。初一曰五行，次二曰敬用五事，次三曰農用八政，次四曰協用五紀，次五曰建用皇極，次六曰乂用三德，次七曰明用稽疑，次八曰念用庶徵，次九曰嚮用五福，威用六極。」按疇，類也，九疇即九章也。劉歆以爲洪範中自「初一」以下六十五字皆洛書本文，亦見五行志。

〔五〕宋人所傳之洛書，已見注〔七〕。其河圖形如次：

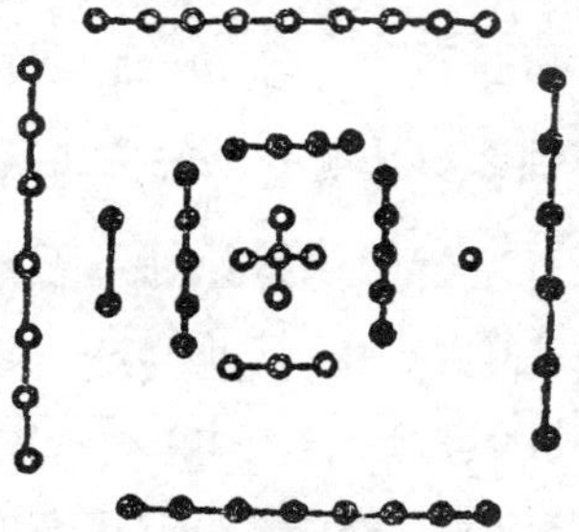

皆以白爲陽，黑爲陰，故皮云皆黑白點子。

〔一六〕按宋人洛書用太乙下行九宮之法，坤二居北，乾六居南，詳可參考本段注〔七〕。又乾，古以爲君象。易說卦云：「乾以君之。」又云：「乾爲君。」君南面朝天下，今洛書以乾居南而北面朝天下，於理不合，故皮氏云云。

尚書傳自伏生，今存大傳；而洪範五行傳專言祥異，則書之別傳也。太史公當武帝立歐陽尚書之時，所引尚書，必歐陽說，與伏傳多脗合〔一〕。大小夏侯出，始小異。古文說出，乃大不同。今考五經異義引古尚書說，五經疏引馬、鄭遺說，如六卿、六宗、廣地萬里、服十二章之類，多援周禮以解唐、虞〔二〕。夫周禮卽屬周公手定之書，亦不可強堯、舜下從成周之制，是古文說已不可信矣。僞孔傳出，王肅雜采今古，與馬、鄭互有得失〔三〕。諸儒去古未遠，雖間易其制度，未嘗變亂其事實也。至宋儒乃以義理懸斷數千年以前之事實，謂文王不稱王〔四〕；戡黎是武王〔五〕；武王但伐紂，不觀兵〔六〕；周公惟攝政，未代王〔七〕；無解於「王若曰孟侯朕其弟小子封」之文，乃以爲武王封康叔〔八〕；君奭是周公留召公〔九〕；王命周公後是留後治洛〔一〇〕；並與古說不合。考之詩、書，皆言文王受命〔一一〕。伏傳、史記皆言文王稱王，以戡黎爲文王事，非武王事〔一二〕。武王旣可伐紂，何以必不可觀兵。伏傳言周公居攝〔一三〕；史記言周公踐位〔一四〕。又言武王時，康叔幼，未得封〔一五〕；左氏傳祝鮀明言周公封康叔〔一六〕，鮀以衞人說衞事，豈猶有誤！史記言君奭作於周公居攝時，非留召公〔一七〕。又言周公老於豐，薨於豐，未嘗留後治洛〔一八〕。唐置節度留後〔一九〕，古無此官名。皆變亂事實之甚者。孔傳尚無此說，故孔傳雖僞，猶愈於蔡傳也〔二〇〕。疑孔傳始於宋吳棫〔二一〕。朱子繼之，謂「某嘗疑孔安國書是假，書序是魏、晉間人作。書凡易讀者皆古文，伏生所傳皆難讀，如何偏記其所難而易者全不能記。」〔二二〕朱子所疑，眞千古卓識。蔡傳不從師說〔二三〕，殆因其序以傳心爲說〔二四〕；傳心出虞廷十六字〔二五〕，不敢明著其僞乎！閻若璩作古文疏證，攻僞書、僞傳〔二六〕；毛奇齡爲古文作寃詞〔二七〕。人多是閻非毛，實亦未可概論。閻攻僞書、僞傳極精，而據蔡傳則誤〔二八〕。毛不信宋儒所造事實，而一從孔傳〔二九〕，此則毛是而閻非者，學者當分別觀之。

〔一〕司馬遷史記用今文尙書歐陽說，與伏生大傳多合，詳可參考崔適史記探原。今舉一例如下：史記卷一五帝本紀「堯使舜入山林川澤，暴風雷雨，舜行不迷。」崔云：「案尙書作納於大麓。伏生大傳曰：納之大麓之野。野卽山林川澤也。此今文說也。……王肅注尙書曰：麓，錄也。是古文家改山足曰麓之義爲大錄萬幾之政。……史記本自大傳，此豈古文說乎？」

〔二〕（一）六卿。尙書夏誓「乃召六卿。」僞孔傳「天子六軍，其將皆命卿。」孔穎達正義「天子六軍，其將皆命卿，周禮夏官序文也。鄭玄云：夏亦然。則三王同也。」按此乃援周禮以解夏制。（二）六宗。尙書堯典「禋於六宗」。許愼五經異義「今尙書歐陽、夏侯說：六宗者，上不及天，下不及地，旁不及四方，居中央，恍惚無有，神助陰陽變化，有益於人，故郊祀之。古尚書說：六宗，天地神之尊者，謂天宗三，地宗三。天宗：日、月、北辰。地宗：岱山、河、海。日月爲陰陽宗，北辰爲星宗，岱爲山宗，河爲水宗，海爲澤宗。」鄭玄駁五經異義「周禮大宗伯曰：以禋祀祀昊天上帝，以實柴祀日月星辰，以槱燎祀司中、司命、風師、雨師。凡此所祭，皆天神也。……星也，辰也，司中，司命，風師，雨師，此之謂六宗。」按此乃援周禮以解唐、虞之制。又六宗說頗紛紜，詳可參考陳壽祺五經異義疏證卷上六宗條。(三)廣地萬里。許愼五經異義「今尚書歐陽、夏侯說：中國方五千里。古尚書說：五服方五千里，相距萬里。」陸德明經典釋文尚書皋陶謨「至於五千」引馬融注云：「面五千里，爲方萬里。」又孔穎達禮記正義王制篇引鄭玄尚書皋陶謨注云：「四面相距，皆方萬里。」按古尚書說，與馬、鄭說，皆本周禮九畿之說。周禮夏官大司馬「乃以九畿之籍，施邦國之政職：方千里曰國畿，其外方五百里曰侯畿，又其外方五百里曰甸畿，又其外方五百里曰男畿，又其外方五百里曰采畿，又其外方五百里曰衞畿，又其外方五百里曰蠻畿，又其外方五百里曰夷畿，又其外方五百里曰鎭畿，又其外方五百里曰蕃畿。」(四)服十二章。尚書益稷「予欲觀古人之象，日、月、星辰、山、龍、華蟲作會，宗彝、藻、火、粉米、黼、黻絺繡。」孔穎達尚書正義引鄭玄注云：「會讀爲繪。宗彝謂宗廟之鬱鬯等也。故虞、夏以上，蓋取虎彝、蜼彝而已。粉米，白米也。絺讀爲黹；黹，紩也。自日月至黼黻，凡十二章，天子以飾祭服。凡畫者爲繪，刺者爲繡。此繡與繪各有六；衣用繪，裳用繡。至周而變之，以三辰爲旂旗，龍爲袞，宗彝爲毳。或損益上下，更其等差。」又孔穎達左傳昭二十五年疏引鄭玄尚書注云：「周禮有袞冕、驚冕、毳冕。袞、驚、毳者，各是其服章首所畫；舉其首章以名服耳。袞是袞龍也；袞冕九章，以龍爲首。驚是華蟲也；驚冕七章，以華蟲爲首。毳是虎蜼也；毳冕五章，以虎蜼爲首。虎毛淺，蜼毛深，故以毳言之。毳，亂毛也。」按此亦是援周禮以解唐、虞之服制。

〔三〕王肅雜采今古之說，已見第四章。

〔四〕王應麟困學紀聞卷十一史記正誤云：「詩人道西伯蓋受命之年稱王而斷虞、芮之訟，歐陽公以爲妄說。五峯胡氏曰：『詩人言文王受命，指其至誠動天，得天人之助耳。』李子思曰：「以虞、芮質成之年爲文王興王業之初則可，而謂文王於是自稱王則不可。』……」按舊說以爲文王受命稱王，宋歐陽修作泰誓論，胡宏作皇王大紀，李舜臣作羣經義，皆斥以爲非，謂文王未嘗稱王。按此說實非始於宋儒，唐梁肅作受命稱王議已倡之。梁云：「太史公道西伯以受命之年稱王而斷虞、芮之訟，十年而崩。或謂大雅序『文王受命作周，』泰誓序『十有一年，武王伐殷，』妄徵二經，以實其說。予謂反經非聖，不可爲訓。仲尼美文王之德曰：『三分天下有其二，以服事殷。』又曰：『內文明而外柔順，以蒙大難，文王以之。』未有南面稱王而謂之服事，易姓創制而謂之柔順。仲尼稱武王之烈曰：『湯、武革命。』又曰：『武王末受命。』未有父受命而子復革命；父爲天子，子云末受。當武王會孟津也，告諸侯曰：『汝未知天命，未可以誓師也。』曰：『惟我文考，大統未集，予小子其承厥志。』孰有王者出征，復俟天命；大統既改，而復云未集。禮大傳稱牧之野旣事而退柴於上帝，追王太王、王季、文王，改正朔，書徽號。若虞、芮之歲稱王，則不應復云追王；王制既行，則不應復云改物。是皆反經者也。殷道未絕，紂惡未極，而遂稱王以令天下，則不可謂至德也。此其非聖者也。』

〔五〕蔡沈書經集傳卷三西伯戡黎注云：「或曰：西伯，武王也。史記嘗載『紂使膠鬲觀兵，膠鬲問之，曰：西伯曷爲而來？』則武王亦繼文王爲西伯矣。」按西伯戡黎，舊說皆以西伯爲文王；蔡傳據薛季宣之說，以爲武王。薛季宣書古文訓云：「西伯，武王也，舊說以爲文王。說苑，膠鬲謂武王爲西伯，武王亦嘗爲商伯也。書序，『殷始咎周，周人乘黎。』蓋商人咎周之不伐紂，故武王有乘黎之舉。泰誓觀政之語，謂乘黎也。詩稱『密人不共，敢拒大邦，侵阮徂共。』故文王侵自阮疆，繼以伐崇之事，而無戡黎之說。書次微子於戡黎之後，戡黎之序有咎周之語，紂旣可伐，則非文王時矣。」

〔六〕王應麟困學紀聞卷十一史記正誤云：「武王祭於畢，觀兵盟津。歐陽公曰：『伯夷傳又載父死不葬之說，皆不可爲信。』程子曰：『觀兵必無此理。今日天命絕，則紂是獨夫，豈容更待三年。』林氏曰：『漢儒以觀政轉爲觀兵，而爲周師再舉之說。』」按武王觀兵盟津之說，宋歐陽修泰誓論、程頤遺書卷十九及林之奇尚書全解皆斥以爲不可信，文繁不錄。

〔七〕蔡沈書經集傳卷四大誥注云：「武王克殷，以殷餘民封受子武庚，命三叔監殷。武王崩，成王立，周公相之。三叔流言，公將不利於孺子。周公避位居東。後成王悟，迎周公歸。三叔懼，遂與武庚叛。成王命周公東征以討之，大誥天下。」按蔡傳以爲周公惟相成王，未代爲王，故大誥文中「王若曰」之王，乃周公稱成王命，非其自稱。皮著書經通論「論宋儒體會語氣，勝於前人；而變亂事實，不可爲訓」節云：「大誥『王若曰』，鄭注：『王謂攝也。周公居攝，命大事，則權代王也。』伏傳、史記皆云周公居位踐阼，則鄭說有據。蔡傳從孔傳，以爲周公稱成王命以誥，其失二也。」可與此文參看。

〔八〕蔡沈書經集傳卷四康誥注云：「康叔，文王之子，武王之弟，武王誥命爲衞侯。……按書序以康誥爲成王之書。今詳本篇，康叔於成王爲叔父，成王不應以弟稱之。說者謂周公以成王命誥，故曰弟。然旣謂之王若曰，則爲成王之言，周公何遽自以弟稱之也？」又康誥「王若曰：孟侯，朕其弟，小子封」注云：「王，武王也。孟，長也，言爲諸侯之長也。封，康叔名。舊說周公以成王命誥康叔者，非是。」按舊說以爲周公踐位稱王，封康叔於衞，故曰「朕其弟。」蔡傳以爲周公未代王，又無解「朕其弟」之文，故移爲武王。

〔九〕蔡沈書經集傳卷五君奭注云：「召公告老而去，周公留之，史氏錄其告語爲篇。……此篇之作，史記謂召公疑周公當國踐阼；唐孔氏謂召公以周公嘗攝王政，今復在臣位；葛氏謂召公未免常人之情，以爵位先後介意，故周公作是篇以諭之。陋哉斯言！要皆爲序文所誤。獨蘇氏謂召公之意欲周公告老而歸，爲近之。然詳本篇旨意，迺召公自以盛滿難居，欲避權位，退老厥邑，周公反覆告諭以留之爾。」按蔡傳以君奭爲周公留召公，與舊說不同。

〔一〇〕蔡沈書經集傳卷五洛誥「王曰：公，予小子其退卽辟於周，命公後。」云：「此下成王留周公治洛也。成王言我退卽居於周，命公留後治洛。……謂之後者，先成王之辭，猶後世留守、留後之義。先儒謂封伯禽以爲魯後者，非是。考之費誓，東郊不開，乃在周公東征之時，則伯禽就國蓋已久矣。下文惟告周公其後，其字之義，益可見其爲周公不爲伯禽也。」按蔡傳以「命公後」爲命周公留後治洛，與舊說不同。

〔一〕詩言文王受命頗多，如大雅中文王、大明、皇矣、靈臺諸篇皆是。茲錄文王首章如下：「文王在上，於昭于天。周雖舊邦，其命維新。有周不顯，帝命不時。文王陟降，在帝左右。」書言文王受命，如無逸篇云：「文王受命惟中身，厥享國五十年。」

〔二〕伏生尚書大傳西伯戡黎篇云：「文王一年質虞、芮，二年伐于，三年伐密須，四年伐畎夷，紂乃囚之。五年之初，得散宜生等獻寶而釋文王。文王出則克耆。六年伐崇則稱王。」史記卷四周本紀云：「明年，敗耆國。」又云：「詩人道西伯蓋受命之年稱王而斷虞、芮之訟，後七年而崩。」張守節史記正義云：「耆卽黎也。鄒誕生云：本或作黎。」按伏傳及史記皆以文王稱王伐黎。

〔三〕伏生尚書大傳洛誥篇云：「周公攝政，一年救亂，二年克殷，三年踐奄，四年建侯衞，五年營成周，六年制禮作樂，七年致政成王。」又金縢篇云：「武王死，成王幼，周公盛養成王，使召公奭爲傅。周公身居位，聽天下爲政。」

〔四〕史記卷三十三魯世家「周公恐天下聞武王崩而畔，周公乃踐阼，代成王攝行政當國。」又卷四周本紀「成王少，周初定天下，周公恐諸侯畔，周公乃攝行政當國。」

〔五〕史記卷三十七衞世家「衞康叔名封，周武王同母少弟也。………周公旦………封康叔爲衞君，居河、淇間故商墟。周公旦懼康叔齒少，乃申告康叔。」據此，則康叔在武王時實以齒少未封。

〔一六〕左傳定公四年「子魚曰『……周公相王室，以尹天下。……分康叔以大路、少帛、綪茷、旃旌、大呂，殷民七族：陶氏、施氏、繁氏、錡氏、樊氏、饑氏、終葵氏。封畛土略，自武父以南，及圃田之北竟。取於有閻之土，以供王職；取於相土之東都，以會王之東蒐。聃季授土，陶叔授民，命以康誥，而封於殷虛。……』」按子魚即祝佗之字，衞靈公大夫。

〔一七〕史記卷三十四燕世家「成王既幼，周公攝政，當國踐阼，召公疑之，作君奭。」據此則君奭實作於周公居攝時。

〔一八〕史記卷三十三魯世家「周公在豐，病，將沒，曰：『必葬我成周，以明吾不敢離成王。』」據此，則周公實終老於豐，未嘗留後治洛也。

〔一九〕留後，官名，義同留守。唐中葉以來，節度觀察如有事故，則其繼嗣或部下用留後之名以統轄其衆。有時朝廷即命爲眞節度觀察。至宋代，遂以爲官名。徽宗時，改爲承宣使，留後之名始廢。

〔二〇〕蔡傳卽蔡沈書經集傳。沈字仲默，宋建陽人。元定之子，朱熹之弟子。隱居九峯，學者稱九峯先生。明代追謚文正。傳附見宋史卷四百三十四儒學傳元定傳。書經集傳六卷，今存。本附小序一卷，通行本每刪去不刊。又問答一卷，久佚。詳可參考四庫全書總目提要經部書類一。

〔二一〕吳棫已見頁一六五注〔六〕。著有書裨傳、詩補音、論語指掌、考異續解、楚辭釋音、韻補諸書。其掊擊孔傳，見於書裨傳。書凡十三卷，首卷舉要，曰總說，曰書序，曰君辨，曰臣辨，曰考異，曰詁訓，曰差互，曰孔傳，凡八篇。書今佚，詳可參考陳振孫直齋書錄解題。

〔二二〕語見朱子語類。

〔二三〕按蔡沈書經集傳不分今古文，蓋不全從其師朱子之說。四庫全書總目提要經部書類一吳澄書纂言下云：「考定今古文，自陳振孫尚書說始；其分編今古文，自趙孟頫書古今文集注始；其專釋今文，則自澄此書始。」

〔二四〕蔡沈書經集傳序「二帝三王之治本於道，二帝三王之道本於心；得其心，則道與治固可得而言矣。何者？精一執中，堯、舜、禹相授之心法也；建中建極，商湯、周武相傳之心法也。曰德，曰仁，曰敬，曰誠，言雖殊而理則一，無非所以明此心之妙也。」

〔二五〕虞廷十六字卽指僞大禹謨「人心惟危，道心惟微，惟精惟一，允執厥中」四句。按四語蓋竊自荀子及論語。惠棟古文尚書考卷下云：「荀子解蔽篇，故道經曰：人心之危，道心之微；危微之幾，惟明君子而後能知之。閻若璩曰：荀子此篇前又有精於道、壹於道之語，遂隱括爲四字，續以論語允執厥中，以成十六字。」

〔二六〕閻若璩已見頁一六五注〔六〕。璩撰古文尚書疏證八卷，計百二十八條，引經據古，一一陳其矛盾之故，而古文尚書十六篇及孔安國傳之僞始大明。詳可參考四庫全書總目提要經部書類二。書今存，續清經解亦曾收錄，見卷二十九至三十六。

〔二七〕毛奇齡一名甡，字大可，號秋晴，一曰初晴，又以郡望稱西河，清蕭山人。康熙間，召試博學鴻詞，授檢討。其學淹貫羣書，好爲駁辨以求勝。所著分經集、文集；經集凡五十種，文集合詩賦雜著凡二百四十三卷。傳見阮元國史文苑傳卷上。奇齡撰古文尚書寃詞八卷，力反閻若璩之說，以古文尚書爲眞；實則辭多遁飾，不足憑信。詳可參考四庫全書總目提要經部書類二。

〔二八〕皮著尚書通論「論僞孔經傳，前人辨之已明；閻若璩、毛奇齡兩家之書互有得失，當分別觀之」節云：閻證古文之僞甚確；特當明末，宋學方盛，未免沾染其說。夫據古義以斥孔傳，可也；據宋人以斥孔傳，則不可。閻引金履祥說，以高宗肜日典祀無豐於昵爲祖庚繹於高宗之廟，其誤一也。引邵子書，以定或十年等年數，其誤二也。引程子說，謂武王無觀兵事，其誤三也。駁武成篇，並以文王受命改元爲妄，其誤四也。駁孔傳，以居東爲避居，不爲東征，其誤五也。信金履祥，以爲武王封康叔，其誤六也。信金履祥，以多方爲在多士前，其誤七也。知九江在尋陽，又引水經，云九江在長沙下雋西北，未免騎牆之見，其誤八也。解三江，亦以爲有二，與九江同，其誤九也。信蔡氏說，以康誥屬武王，其誤十也。移易康誥、大誥、洛誥，以就其說，其誤十一也。謂伏生時未得小序，其誤十二也。以金履祥更定洪範，爲文從字順、章妥句適，其誤十三也。閻氏此等處皆據宋人以駁古義，有僞孔本不誤而閻誤者。」按此段可與本書參看。又皮撰古文尚書疏證辨正一卷，可參考。

〔二九〕皮著尚書通論「論僞孔經傳，前人辨之已明；閻若璩、毛奇齡兩家之書互有得失，當分別觀之」節又云：「毛（奇齡）不信宋人，篤守孔書之義。以爲尚書可焚，尚書之事實不可焚。今溥天之下，老老大大皆有一武王戡黎、封康叔、周公留後治洛典故在其胸中，此千古大冤大枉事。是則毛是而閻非者，學者當分別觀之。」按此段可與本書參看。又皮撰古文尚書冤詞平議二卷，可參考。

詩，魯、齊、韓三家，藝文志以爲魯最近之〔一〕。齊詩五際六情〔二〕，獨傳異義，則詩之別傳也。韓詩，唐時尙存，惜無傳人而亡。毛傳孤行，鄭箋間采魯、韓。自漢以後，說詩皆宗毛、鄭。宋歐陽修本義始辨毛、鄭之失，而斷以己意〔三〕。蘇轍詩傳始以毛序不可盡信，止存其首句，而刪去其餘〔四〕。南宋鄭樵詩傳辨妄始專攻毛、鄭，而極詆小序〔五〕。當時周孚已反攻鄭樵〔六〕。朱子早年說詩，亦主毛、鄭；呂祖謙讀詩記引朱氏曰，卽朱子早年之說也〔七〕。後見鄭樵之書，乃將大小序別爲一編而辨之，名詩序辨說〔八〕。其集傳亦不主毛、鄭，以鄭、衞爲淫詩，且爲淫人自言〔九〕。同時陳傅良已疑之，謂：以城闕爲偸期之所，彤管爲淫奔之具，竊所未安〔一〇〕。馬端臨文獻通考辨之尤詳，謂：夫子嘗刪詩，取關雎樂而不淫；今以文公詩傳考之，其爲男女淫泆而自作者，凡二十有四〔一一〕，何夫子猶存之不刪！又引鄭六卿餞韓宣子所賦詩，皆文公所斥以爲淫奔之人所作〔一二〕，而不聞被譏。乃知當如序者之說，不當如文公之說也〔一三〕。是朱子詩集傳，宋人已疑之。而朱子作白鹿洞賦，引靑衿傷學校語，門人疑之而問，朱子答以序亦不可廢〔一四〕。是朱子作集傳，不過自成一家之言，非欲後人盡廢古說而從之也。王柏乃用其說而刪詩〔一五〕，豈朱子之意哉！

〔一〕漢書藝文志「六藝略」云：「魯申公爲詩故訓；而齊轅固生、燕韓生皆爲之傳，或取春秋，采雜說，咸非其本義。與不得已，魯最爲近之。」王先謙漢書補注云：「魯最爲近者，言齊、韓訓故亦各有取，惟魯最優。」

〔二〕春秋緯演孔圖云：「詩含五際六情。」五際已見頁一〇七注〔四〕。六情見漢書卷七十五翼奉傳。奉傳云：「知下之術在於六情十二律而已。北方之情，好也；好行貪狼，申子主之。東方之情，怒也；怒行陰賊，亥卯主之。……南方之情，惡也；惡行廉貞，寅午主之。西方之情，喜也；喜行寬大，巳酉主之。……上方之情，樂也；樂行姦邪，辰未主之。下方之情，哀也；哀行公正，戌丑主之。」按齊詩五際六情之說頗奇誕，詳可參考迮鶴壽齊詩翼氏學及陳喬樅齊詩遺說考、齊詩翼氏學疏證等書。

〔三〕歐陽修撰毛詩本義十六卷，凡爲說百十四篇，統解十篇，時世、本末二論，豳、魯、序三問，而補亡鄭譜及詩圖總序附於卷末。其書今存，詳可參考四庫全書總目提要經部詩類一。按自唐以來，說詩者莫敢議毛、鄭；至修，始辨其失，而斷以己意。茲舉一例如下：詩周頌思文篇「貽我來牟」。毛公傳「牟，麥也。」鄭玄箋「武王渡孟津，白魚躍入於舟。出涘以燎，後五日，火流爲烏，五至，以穀俱來。此謂貽我來牟。」歐陽修詩本義卷十二辨之，云：「古今諸儒謂來牟爲麥者，更無他書所見，直用二頌毛、鄭之說。來牟爲麥，始出於毛、鄭；而二家所據，乃臆度僞大誓不可知之言，其可信哉？爾雅釋草載詩所有諸穀之名甚多，而獨無來謂之來牟，是毛公之前說詩者不以來牟爲麥可知矣。」

〔四〕蘇轍撰詩集傳二十卷，今存，詳可參考四庫全書總目提要經部詩類一。其說以詩之小序反復繁重，類非一人之詞，疑爲毛公之學衞宏之所集錄；因惟存其發端一言，而以下餘文悉從刪汰。按小序惟取首句，唐成伯璵毛詩指說已先言之；其後程大昌詩論亦祖轍說。

〔五〕鄭樵字漁仲，宋莆田人。居夾漈山，學者稱夾漈先生。自號溪西逸民。紹興中，以薦召對。旋上其所著通志，入爲樞密院編修。樵博學强記，搜奇訪古；其所著通志之二十略，爲一生學術精華之所寄。樵當時著述頗富，今存者，通志外，僅有爾雅注、夾漈遺稿二書，至六經奥論，乃後人之託爲樵作者。傳見宋史卷四百三十六儒林傳。詩傳辨妄六卷，今佚；近人顧頡剛曾有輯佚本，未付印。馬端臨文獻通考載樵自序，云：「毛詩自鄭氏既箋之後，學者篤信康成；故此書專行，三家遂廢。今學者只憑毛氏，且以序爲子夏所作，更不敢疑議。蓋事無兩造之辭，則獄有偏聽之惑；今作詩辨妄六卷，可以見其得失。」

〔六〕周孚字信道，濟南人，寓居丹徒。宋乾道進士，官眞州教授。正史無傳。以詩名，得陳師道、黃庭堅之遺規。著有蠹齋鉛刀錄三十二卷；末二卷爲非詩辨妄，初本別本單行，後附刊入。是書今存，槩四十二事，以反辨樵說。詳可參考四庫全書總目提要集部別集類十二。

〔七〕呂祖謙字伯恭，宋壽州人。學者稱東萊先生。隆興進士。官至直祕閣著作郎，國史院編修。與朱熹、張栻齊名，當時稱東南三賢。卒謚成，後改謚忠亮。著有古周易、春秋左氏傳說、東萊左氏博議、大事紀、歷代制度詳說、少儀外傳、呂氏家塾讀詩記、東萊集等書。傳見宋史卷四百三十四儒林傳。讀詩記凡三十二卷，今存。四庫全書總目提要經部詩類一本書下云：「朱子與祖謙交最契，其初論詩亦最合。此書中所謂朱氏曰者，即所採朱子說也。後朱子改從鄭樵之論，自變前說，而祖謙仍堅守毛、鄭。故祖謙沒後，朱子作是書序，稱：『少時淺陋之說，伯恭父誤有取焉。

既久，自知其說有所未安，或不免有所更定，伯恭父反不能不置疑於其間。熹竊惑之，方將相與反覆其說，以求眞是之歸，而伯恭父已下世』云云。」按皮說蓋本此。

〔八〕朱子語類卷八十云：「詩序實不足信。向見鄭漁仲有詩辨妄，力詆詩序，其間言語太甚，以爲皆是村野妄人所作。始亦疑之，後來子細看一兩篇，因質之史記、國語，然後知詩序之果不足信。」據此，則朱子之不信詩序，實受鄭樵學說之影響。詩序辨說一卷，今存。舊附載朱子詩集傳後，今本皆削去。

〔九〕詩集傳，宋史藝文志作二十卷，今本併爲八卷，詳可參考四庫全書總目提要經部詩類一。詩集傳卷二「衞國十篇……」下云：「衞國地濱大河，其地土薄，故其人氣輕浮；其地平下，故其人質柔弱；其地肥饒，不費耕耨，故其人心怠惰。其人情性如此，則其聲音亦淫靡，故聞其樂，使人懈慢而有邪僻之心也。鄭詩放此。」又氓下云：「此淫婦爲人所棄而自敍其事，以道其悔恨之意也。」木瓜下云：「疑亦男女相贈答之辭。」卷三「鄭國二十一篇……」下云：「鄭、衞之樂，皆爲淫聲。然以詩考之，……衞猶爲男悅女之辭，而鄭皆爲女惑男之語；衞人猶多刺譏懲創之意，而鄭人幾於蕩然無復羞愧悔悟之萌。是則鄭聲之淫有甚於衞矣。」又將仲子下云：「莆田鄭氏曰：此淫奔者之辭。」叔于田下云：「或疑此亦民間男女相悅之辭也。」遵大路下云：「亦男女相悅之辭也。」有女同車下云：「此疑亦淫奔之詩。」山有扶蘇下云：「淫女戲其所私。」蘀兮下云：「此淫女之辭。」狡童下云：「此亦淫女見絕而戲其人之詞。」褰裳下云：「淫女語其所私。」子衿下云：「此亦淫奔之詩。」揚之水下云：「淫者相謂。」溱洧下云：「此詩，淫奔者自敍之辭。」其餘羊、東門之墠、風雨等篇，朱子亦皆指為淫詩。

〔一〇〕陳傅良字君舉，號止齋，宋瑞安人。乾道中登進士甲科，官至寶謨閣待制。卒謚文節。師事鄭伯熊、薛季宣，為永嘉學派之健者。著有詩解詁、周禮說、春秋後傳、左氏章指、歷代兵制、止齋文集等書。傳見宋史卷四百三十四。葉紹翁四朝見聞錄云：「考亭先生（朱熹）晚註毛詩，盡去序文，以彤管為淫奔之具，以城闕為偷期之所。止齋陳氏得其說而病之，謂以千七百年女史之彤管與三代之學校，以為淫奔之具、偷期之所，竊有所未安。獨藏其說，不與考亭先生辯。考亭微知其然，嘗移書求其詩說。止齋答以公近與陸子靜互辨無極，又與陳同甫爭論王霸矣。且某未嘗注詩，所以說詩者，不過與門人為舉子講義，今皆毀棄之矣。蓋不欲滋朱子之辨也。」按鄭風子衿「挑兮達兮，在城闕兮。」詩序云：「子衿刺學廢也。世亂則學校不修焉。」毛傳「挑達，往來貌，乘城而見闕。」鄭箋「國亂，人廢學業，但好登高，見於城闕，以候望為樂。」朱熹集傳反其說，云：「此亦淫奔之詩。……挑，輕儇跳躍之貌；達，放恣也。」又邶風靜女「靜女其孌，貽我彤管。」毛傳「古者后夫人必有女史。彤管之法，史不記過，其罪殺之。后妃羣妾以禮御於君所，女史書其日月，授之以環，以進退之。生子月辰，則以金環退之。當御者以銀環進之，著於左手；既御，著於右手。事無大小，記以成法。」鄭箋「彤管，筆赤管也。」朱子集傳反其說，云：「此淫奔期會之詩也。彤管，未詳何物，蓋相贈以結殷勤之意耳。」

〔一一〕朱熹詩集傳以為男女淫佚之詩計二十四，即：（一）邶風靜女，（二）鄘風桑中，（三）衛風木瓜，（四）王風采葛，（五）丘中有麻，（六）鄭風將仲子，（七）遵大路，（八）有女同車，

（九）山有扶蘇，（十）蘀兮，（十一）狡童，（十二）褰裳，（十三）東門之墠，（十四）丰，（十五）風雨，（十六）子衿，（十七）揚之水，（十八）出其東門，（十九）野有蔓草，（二十）溱洧，（廿一）陳風東方之日，（廿二）東門之池，（廿三）東門之楊，（廿四）月出。

〔二二〕左傳昭公十六年「夏四月，鄭六卿餞宣子於郊。宣子曰：『二三君子請皆賦，起亦以知鄭志。』子齹賦野有蔓草，……子產賦鄭之羔裘，……子太叔賦褰裳，……子游賦風雨，……子期賦有女同車，子柳賦蘀兮。」按鄭六卿所賦詩，除子產所賦之羔裘外，其餘五詩，詩集傳皆以爲淫奔之詩。

〔二三〕馬端臨文獻通考卷百七十八經籍考五云：「夫子嘗刪詩矣，其所取於關雎者，謂其樂而不淫耳；則夫詩之可刪，孰有大於淫者。今以文公詩傳考之，其指以爲男女淫佚奔誘，而自作詩以敘其事者，凡二十有四。……夫以淫昏不檢之人，發而爲放蕩無恥之辭，而其詩篇之繁多如此，夫子猶存之，則不知所刪何等一篇也。……鄭伯如晉，子展賦將仲子；鄭伯享趙孟子，太叔賦野有蔓草；鄭六卿餞韓宣子，子齹賦野有蔓草，子太叔賦褰裳，子游賦風雨，子期賦有女同車，子柳賦蘀兮。此六詩，皆文公所斥以爲淫奔之人所作也，然所賦皆見善於叔向、趙武、韓起，不聞被譏。乃知鄭、衞之詩，未嘗不施之於燕享；而此六詩之旨意訓詁，當如序者之說，不當如文公之說也。」按馬駁語頗詳，今僅錄與皮所引有關之原文，以資參考。

〔二四〕晦庵文集白鹿洞賦云：「廣青衿之疑問，樂菁莪之長育。」按鄭風子衿，詩序云：「子衿刺學廢也。世亂則學校不修焉。」朱子詩集傳以爲「淫奔之詩」，說不同。但賦文仍用詩序傷學校之說，故云「序亦不可廢」。

〔五〕王柏撰詩疑，删所謂淫詩三十二篇，已見頁二一九注〔二一〕。

春秋公羊、穀梁，漢後已成絕學。左氏傳事不傳義，後人專習左氏，於春秋一經，多不得其解。王安石以春秋爲斷爛朝報〔一〕而廢之，後世以此詬病安石。安石答韓求仁問春秋曰：「此經比他經尤難，蓋三傳不足信也。」〔二〕尹和靖云：「介甫不解春秋，以其難之也，廢春秋非其意。」〔三〕據尹氏說，安石本不欲廢春秋者，然不信三傳，則春秋已廢矣。若以春秋爲斷爛朝報，則非特安石有是言，專執左氏爲春秋者皆不免有此意。信左氏家經承舊史、史承赴告之說，是春秋如朝報矣；不信公、穀家日月褒貶之例，而概以爲闕文，是春秋如朝報之斷爛者矣。宋人治春秋者多，而不治顓門，皆沿唐人啖、趙、陸一派〔四〕。如孫復、孫覺、劉敞、崔子方、葉夢得、呂本中、胡安國、高閌、呂祖謙、程公說、張洽、呂大圭、家鉉翁〔五〕，皆其著者，以劉敞爲最優，胡安國爲最顯。元、明用胡傳取士，推之太高；近人又詆之太過，而胡傳卒廢〔六〕。平心而論，胡氏春秋大義本孟子，一字褒貶本公、穀，皆不得謂其非。而求之過深，務出公、穀兩家之外；鍛鍊太刻，多存託諷時事之心。其書奏御經筵，原可藉以納約。但尊王攘夷，雖春秋大義；而王非唯諾趨伏之可尊，夷非一身兩臂之可攘。胡傳首戒權臣〔七〕，習藝祖懲艾黃袍之非〔八〕，啓高宗猜疑諸將之意〔九〕。王夫之〔一〇〕謂岳侯之死，其說先中於庸主之心〔一一〕。此其立言之大失，由解經之不明也。崔子方春秋本例，以日月爲本，在宋儒中，獨能推明公、穀；而所作經解，並糾三傳，未能專主一家〔一二〕。朱子云：「春秋義例……不能自信於心，故未嘗敢措一辭。」〔一三〕此朱子矜慎之處，亦由未能專信公、穀，故義例無所依據也。

〔一〕王安石以春秋爲「斷爛朝報」，已見二一九頁注〔五〕。

〔二〕王安石臨川集答韓求仁書云：「至於春秋，三傳既不足信，故於諸經尤爲難知。辱問皆不果答，亦冀有以亮之。」按皮所引語，蓋據王應麟困學紀聞卷六，非安石本文。又韓求仁，傳略無可考。

〔三〕尹和靖，尹焞之號。焞字彥明，宋洛陽人。師事程頤。靖康初，用种師道薦，召至，懇辭還山，賜號和靖處士。紹興初，召爲崇政殿說書兼侍講。旋致仕。著有論語解、門人問答、和靖集。傳見宋史卷四百二十八道學傳。引語見王應麟困學紀聞卷六。

〔四〕啖，啖助；趙，趙匡；已見頁二一五注〔一〕。陸，陸淳；已見頁九九注〔三六〕。啖、趙、陸春秋之學見陸淳所撰春秋集傳纂例、春秋微旨、春秋集傳辨疑三書。

〔五〕孫復字明復，宋晉州平陽人。舉進士不第，退居泰山。學春秋，著春秋尊王發微十二卷。以范仲淹、富弼薦，累官至殿中丞。傳見宋史卷四百三十二儒林傳。按孫書今存，詳可參考四庫全書總目提要經部春秋類一。又孫覺字莘老，宋高郵人。師事胡瑗。登進士第，累官至龍圖閣學士。初與王安石善，後以條奏青苗法病民，被謫。著有文集、奏議、易傳、春秋經解。傳見宋史卷三百四十四。按春秋經解凡十三卷，今存，詳可參考四庫全書總目提要經部春秋類一。又劉敞已見頁二二二注〔一〇〕。敞撰春秋傳十五卷，春秋權衡十七卷，春秋意林二卷，均存；春秋傳說例一卷，淸儒由永樂大典輯存；詳可參考四庫全書總目提要經部春秋類一。又春秋文權二卷，已佚。又崔子方字彥直，號西疇居士，宋涪陵人。紹聖間，三上疏乞置春秋博士，不報；乃隱居六合，杜門著書，凡三十餘年。宋史無傳。撰春秋經解十二卷，春秋本例、春秋例要二十卷。本例曾收入通志堂經解。經解、例要本佚，淸儒由永樂大典中裒輯成篇，而分例要爲一卷，詳可參考四庫全書總目提要經部春秋類二。又葉夢得字少蘊，號石林，宋吳縣人。紹聖間進士；南渡後，官至崇信軍節度使。性嗜學，尤工於詞。著有石林居士建康集、石林詞、避暑錄話、石林燕語、石林詩話等書。傳見宋史卷四百四十五文苑傳。其關於春秋之著作有春秋傳二十卷，今存；春秋考三十卷，春秋讞三十卷，本佚，淸儒由永樂大典輯爲考十六卷，讞二十二卷，尙可考見其大槪；春秋指要總例二卷，石林春秋八卷，僅見其名於宋史藝文志，今已佚亡。詳均可參考四庫全書總目提要經部春秋類二。又呂本中原名大中，字居仁，好問之子，宋壽州人。以蔭補承務郎，累遷中書舍人兼直學士院。卒諡文清，學者稱東萊先生。長於詩，亦邃於經術。著有春秋集解、童蒙訓、師友淵源錄、東萊詩集、紫微詩話等書。傳見宋史卷三百七十六。按春秋集解凡三十卷，今存，詳可參考四庫全書總目提要經部春秋類二。又胡安國字康侯，宋崇安人。紹聖間進士，累遷中書舍人，兼侍講。卒謚文定。潛心專講春秋，著有春秋傳、通鑑舉要補遺、謝上蔡語錄等書。傳見宋史卷四百三十五儒林傳。按春秋傳凡三十卷，今存，詳可參考四庫全書總目提要經部春秋類二。又高閌字抑崇，宋鄞縣人。紹興初，以上舍選賜進士第；累官禮部侍郎。謚憲敏，學者稱息齋先生。著有春秋集注。傳見宋史卷四百三十三儒林傳。按春秋集注十四卷，本已佚亡；清儒由永樂大典中輯爲十四卷，今存，詳可參考四庫全書總目提要經部春秋類二。又呂祖謙已見頁二四六注〔七〕。其關於春秋之著作，一，左傳類編，已佚；二，春秋左氏傳說，二十卷，今存；三，春秋左氏傳續說十二卷，本佚，清儒由永樂大典中輯存；四，東萊左氏博議二十五卷，今存；詳均可參考四庫全書總目提要經部春秋類二。又程公說字伯剛，號克齋，宋丹稜人，居於宣化。年二十五，登第，官邛州教授。吳曦之亂，棄官攜所著春秋諸書匿安固山中修之，甫成而卒，年僅三十七。宋史無傳。其所著春秋分紀九十卷，今存，詳可參考四庫全書總目提要經部春秋類二；其餘左氏始終三十六卷，通例二十卷，比事十卷，皆已佚亡。又張洽字元德，宋清江人。師事朱熹。嘉定中進士；端平初，除直祕閣。卒謚文憲。著有春秋集傳、集注、續通鑑長編事略、歷代地理沿革表及文集。傳見宋史卷四百三十道學傳。按春秋集傳，今佚。集注十一卷，附綱領一卷，今存。此書，明洪武中會與胡安國春秋傳同立於學官，自五經大全出，始廢。詳可參考四庫全書總目提要經部春秋類二。又呂大圭字圭叔，號樸卿，宋南安人。淳祐間進士，累官國子編修實錄檢討官。德祐初，知漳州軍，未行而元兵至。降將蒲壽庚令署降表，抗節遇害。著有易經集解、學易管見、春秋集傳、春秋或問、春秋五論等書。宋史無傳。按集傳久佚。或問二十卷，五論一卷，今存，詳可參考四庫全書總目提要經部春秋類二。又家鉉翁字則堂，宋眉山人。以蔭賜進士，累官端明殿學士，簽事樞密院事。元兵次近郊，丞相檄告守令以城降，不署。奉命使元，被留。元成宗即位，放還，賜號處士。學該博，尤邃於春秋。著有春秋詳說、則堂集。傳見宋史卷四百二十一。按春秋詳說三十卷，今存，詳可參考四庫全書總目提要經部春秋類二。

〔六〕四庫全書總目提要經部春秋類二胡安國春秋傳下云：「明初定科舉之制，大略承元舊式，宗法程、朱。而程子春秋傳僅成二卷，闕略太甚；朱子亦無成書。以安國之學出程氏，張洽之學出朱氏，故春秋定用二家。蓋重其淵源，不必定以其書也。後洽傳漸不行用，遂獨用安國。漸乃棄經不讀，惟以安國之傳爲主。當時所謂經義者，實安國之傳義而已。」按此文述元、明尊用胡傳之故頗明晰，可供參考。至清，漢學重興，宋學式微，故胡傳漸廢。康熙間，敕撰春秋傳說彙纂，於胡說多所駁正。其餘如王夫之春秋家說、徐庭垣春秋管窺、焦袁熹春秋闕如編、劉蔭樞春秋蓄疑等，皆辨正胡說。

〔七〕胡安國春秋傳戒權臣之語，如隱公三年「尹氏卒」下云：「功臣世其祿，不世其官。祿以報功，官以尊賢。不擇人而世其官，政教不修，威福忝恣，主孤立而世衰陵，國不亡，幸爾。」又如隱公四年「秋，翬帥師……」下云：「凡師，君主之，卿帥之，可也；臣專之，君不得主之，不可也。」均是。

〔八〕藝祖即宋太祖。姓趙，名匡胤，涿州人。本仕周，爲殿前都點檢、歸德節度使。將軍至陳橋驛，將士大噪，以黃袍加其身，擁之南還，因受周禪，即帝位，國號宋。在位十七年。紀元三，曰：建隆、乾德、開寶。廟號太祖，又稱藝祖。傳見宋史卷一至卷三本紀。

〔九〕宋高宗，徽宗之第九子。名構，封康王。及徽、欽二帝爲金人所虜，乃卽位於建康。時李綱爲相，宗澤守汴，力圖恢復。然性素怯懦，猜疑諸將；復爲黃潛善、汪伯彥所惑，南遷避敵，定都臨安。相秦檜，殺岳飛，乞和於金，稱臣納幣，遂成偏安之局，是爲南宋。在位三十六年，無子，傳位於孝宗，稱太上皇帝。淳熙十四年崩，年八十一。紀元二，曰：建炎、紹興。傳見宋史卷二十四至三十二本紀。

〔一〇〕王夫之字而農，號薑齋。明末湖南衡陽人。崇禎舉人。明亡，隱居衡陽之石船山，學者稱船山先生。其論學，以漢儒爲門戶，宋五子爲堂奧。著有船山全集三百二十四卷。與顧炎武、黃宗羲齊名，爲清初三大儒之一。傳見阮元國史儒林傳卷上。

〔一一〕王夫之船山遺書宋論卷十云：「嘗讀胡氏春秋傳而有憾焉。……胡氏之說經也，於公子翬之伐鄭，公子慶父之伐於餘邱，兩發兵權不可假人之說。不幸，而翬與慶父終於弒逆，其說伸焉。而考古驗今，人君馭將之道，夫豈然哉！……惟胡氏之言如此，故與秦檜賢姦迥異而以志合相獎；非知人之明不至也，其所執以爲道者非也。……嗚呼！夫豈知疑在岳、韓而信在滔天之秦檜，其子弟欲爲之蓋愆，徒觸怒以竄死，而終莫能挽哉！」按皮所云蓋本此。又岳侯卽岳飛。飛字鵬舉，宋湯陰人。宣和中，以敢戰士應募，隸留守宗澤。紹興初，討李成，江、淮平。累授武安軍承宣使、少保、河南北路招討使。討平羣寇，屢破金兵。既敗金將兀朮於郾城，進兵朱仙鎭，欲指日渡河。時秦檜力主和議，欲盡棄淮北地以與金，一日下十二金牌召飛還。既至，諷万俟卨等劾飛，下之獄。檜復手書小紙付獄，遂報飛死。年三十九。孝宗時，詔復其官，諡武穆，後改諡忠武。有岳武穆集。傳見宋史卷三百六十五。

〔二二〕崔子方已見注〔五〕。其所著春秋本例十二卷，四庫全書總目提要云：「是書大旨以爲聖人之書，編年以爲體，舉時以爲名，著日月以爲例；而日月之例又其本，故曰本例。凡一十六門，皆以日月時推之，而分著例、變例二則。州分部居，自成條理。考公羊、穀梁二傳，專以日月爲例，固有穿鑿破碎之病；然……必有所受。但予奪筆削，寓義宏深，日月特其中之一例，故二家所說時亦有合；而推之以概全經，則支離轇轕而不盡通，至於必不可通；於是委曲遷就，變例生焉。此非日月爲例之過，而全以日月之例之過也。……子方此書，陳振孫書錄解題稱其學辨正三傳之是非，而專以日月爲例，則正蹈其失而不悟。所論甚允。」按以日月例談春秋，本原公、穀；清代中葉之漢學家，偏重左氏，故於子方本例有微辭；皮氏則爲純粹之今文學家，故又因其追述公、穀而加以美評。又子方所作春秋經解十二卷，四庫全書總目提要云：「大抵推本經義，於三傳多所糾正。……雖其中過泥日月之例，持論不無偏駁；而條其長義，實足自成一家。」按皮專主今文，故於子方之糾正三傳，不專主公、穀，加以譏議；其立論與清中葉之漢學家不同。

〔二三〕朱熹朱晦庵集書臨漳所刊四經後云：「春秋義例，時亦窺其一二大者，而終不能自信於心，故未嘗敢措一辭。」按此語，王應麟困學紀聞卷六曾引之，蓋即皮引所本。

三禮本是實學，非可空言；故南北學分，而三禮皆從鄭注；皇、熊說異〔一〕，而皆在鄭注範圍之中。宋時三禮之學，講習亦盛。王安石以周禮取士〔二〕。後有王昭禹、易祓、葉時，皆可觀〔三〕。儀禮有李如圭集釋、釋宮〔四〕，張淳識誤〔五〕，並實事求是之學。禮記，衞湜集說一百六十卷，采摭宏富，可比李鼎祚之集周易〔六〕。而陳祥道之禮書一百五十卷，貫通經傳，晁公武、陳振孫服其精博〔七〕。竊謂祥道之書，博則有之，精則未也。宋人治經，務反漢人之說。以禮而論，如謂郊禘是一，有五人帝，無五天帝，魏王肅之說也〔八〕。禘是以祖配祖，非以祖配天，唐趙匡之說也〔九〕。此等處，前人已有疑義，宋人遂據以詆漢儒。三代之禮久亡，漢人去古未遠，其說必有所受。古時宮室制度，至漢當有存者。如周之靈臺，漢時猶在〔一○〕，非後人臆說所能奪也。若古禮之不宜於今者：郊禘一歲屢行，天子難於親出；宗廟四代迭毀，人情必疑不安。後世天則每歲一郊，祖則同堂異室，此皆不必強摹古禮，亦不必以古禮爲非。宋人盡反先儒，一切武斷；改古人之事實，以就我之義理；變三代之典禮，以合今之制度；是皆未敢附和以爲必然者也。朱子儀禮經傳通解，以十七篇爲主，取大、小戴及他書傳所載繫於禮者附之，僅成家、鄉、邦國、王朝禮，喪、祭二禮未就而朱子歿，黃榦續成之〔一一〕。其書甚便學者，爲江永禮經綱目〔一二〕、秦蕙田五禮通考〔一三〕所自出。

〔一〕皇，皇侃；熊，熊安生；已見頁一七七注〔五〕及頁一七八注〔七〕。按皇爲南學，熊爲北學；皇撰禮記義疏，熊撰周禮及禮記義疏，雖同出鄭學，而立說各異。

〔二〕顧炎武日知錄卷十六「經義論策」條云：「今之經義，始於宋熙寧中王安石所立之法令，呂惠卿、王雱等爲之。」原注云：「宋史神宗熙寧四年二月丁巳朔，罷詩賦及明經諸科，以經義論策試進士，命中書撰大義式頒行。」四庫全書總目提要經部禮類一周官新義下云：「晁公武讀書志曰：『熙寧中，置經義局，撰三經義，皆本王安石經說。』三經：書、詩、周禮也。」按王安石曾手撰周禮新義二十二卷以試士，故皮云云。

〔三〕王昭禹，傳略未詳，曾撰周禮詳解四十卷。陳振孫直齋書錄解題云：「昭禹，未詳何人，近世爲舉子業者多用之。其學皆宗王氏新說。王與之作周禮訂義類編，姓氏世次列於龜山楊時之後，曰字光遠，亦不詳其爵里，當爲徽、欽時人。」四庫全書總目提要云：「其附會穿鑿，皆遵王氏字說。蓋當時三經新義列在學官，功令所懸，故昭禹因之不改。然其發明義旨，則有不盡同於王氏之學者。……至其闡發經義，有足訂注疏之誤。……故宋人釋周禮者，如王與之訂義、林之奇講義多引其說，固不得以遵用新說而盡廢之也。」按周禮詳解今存。又易祓字彥章，宋潭州寧鄉人。慶元間，除著作郎，旋知江州。曾諂事蘇師旦，由司業躐擢左司諫，後貶死。宋史無傳，略見南宋館閣續錄及周密齊東野語。祓曾撰周官總義三十卷。其書本佚，清儒由永樂大典中輯存。四庫全書總目提要云：「其書研索經文斷以己意，與先儒頗有異同。……雖持論互有短長，要皆以經釋經，非鑿空杜撰。……而於職方氏之地理山川，尤爲詳悉。蓋祓雖人品卑汚，而於經義則頗有考據。」又葉時字秀發，自號竹埜愚叟，宋錢塘人。淳熙間進士，累官至寶文閣學士。謚文康。著有禮經會元、竹埜詩集。宋史無傳。按禮經會元，凡四卷，今存。四庫全書總目提要謂：「其大旨醇正，多能闡發體國經野之深意，故數百年來講禮者猶有取焉。」

〔四〕李如圭字寶之，宋廬陵人。紹熙進士，官至福建路撫幹。著有儀禮集釋、儀禮釋宮、儀禮綱目三書。文獻通考引宋中興藝文志云：「儀禮旣廢，學者不復誦習。……淳熙中，李如圭爲集釋，出入經傳；又爲綱目，以別章句之旨；爲釋宮，以論宮室之制。朱熹嘗與之校定禮書，蓋習於禮者。」四庫全書總目提要集釋下云：「如圭乃全錄鄭康成注，而旁徵博引，以爲之釋，多發賈公彥疏所未備。又撰綱目、釋宮各一篇。」按儀禮集釋三十卷，儀禮釋宮一卷，本佚，清儒由永樂大典中輯存，詳均可參考四庫全書總目提要經部禮類二。又儀禮綱目一卷，已佚。

〔五〕張淳字忠甫，宋永嘉人，撰儀禮識誤三卷。宋史無傳。四庫全書總目提要云：「是書乃乾道八年兩浙轉運判官直祕閣曾逮刊儀禮鄭氏注十七卷、陸氏釋文一卷，淳爲之校定，因舉所改字句，彙爲一編。其所引據，有周廣順三年及顯德六年刊行之監本，有汴京之巾箱本，有杭之細字本，嚴之重刊巾箱本，參以陸氏釋文、賈氏疏，覈訂異同，最爲詳審。」按是書本佚，清儒由永樂大典中輯存。

〔六〕衞湜字正叔，宋吳郡人，學者稱櫟齋先生。官至朝散大夫，直寶謨閣，知袁州。撰禮記集說一百六十卷。宋史無傳。四庫全書總目提要云：「其書始作於開禧、嘉定間，……首尾閱三十餘載，故採摭羣言，最爲該博，去取亦最爲精審。自鄭注而下，所取凡一百四十四家；其他書之涉於禮記者，所採錄不在此數焉。今自鄭注、孔疏而外，原書無一存者；朱彝尊經義考採摭最爲繁富，而不知其書與不知其人者，凡四十九家，皆賴此書以傳，亦可云禮家之淵海矣。」按此書今存。

又李鼎祚周易集解已見頁一五三注〔七〕。

〔七〕陳祥道字用之，宋福州人。治平間進士；元祐中，爲太常博士；終祕書省正字。撰有禮書及論語全解。傳見宋史卷四百三十二。按禮書百五十卷，今存。四庫全書總目提要經部禮類四云：「其中多掊擊鄭學，……蓋一時風氣所趨，無庸深詰。然綜其大致，則貫通經傳，縷析條分；前說後圖，考訂詳悉。陳振孫稱其論辨精博，……（晁）公武則稱其書甚精博，……則是書固爲當時所重。」按晁公武郡齋讀書志卷二禮類太常禮書下云：「右皇朝陳祥道用之撰，……解禮之名物，且繪其象，甚精博。」又陳振孫直齋書錄解題卷二禮類禮圖下云：「太常博士長樂陳祥道用之撰。論辯詳博，間以繪畫。」

〔八〕禮記祭法「有虞氏禘黃帝而郊嚳，祖顓頊而宗堯。」鄭玄注「禘、郊、祖、宗，謂祭祀以配食也。此禘謂祭昊天於圜丘也。祭上帝於南郊曰郊。祭五帝五神於明堂曰祖宗；祖宗通言爾，下有禘郊祖宗。孝經曰：『宗祀文王於明堂，以配上帝。』明堂月令『春日，其帝大昊，其神句芒；夏日，其帝炎帝，其神祝融；中央日，其帝黃帝，其神后土；秋日，其帝少昊，其神蓐收；冬日，其帝顓頊，其神玄冥。』……郊祭一帝，而明堂祭五帝；小德配寡，大德配衆，亦禮之殺也。」孔穎達正義「有虞氏禘黃帝者，謂虞氏冬至祭昊天上帝於圜丘大禘之時，以黃帝配祭。而郊嚳者，謂夏正建寅之月，祭感生帝於南郊，以嚳配也。祖顓頊而宗堯者，謂祭五天帝五人帝及五人神於明堂，以顓頊及堯配之。」按鄭玄之說，以爲禘與郊爲二，即祭昊天於圜丘曰禘，祭上帝於南郊曰郊。又以爲五人帝之外，復有五天帝。（五人帝卽太昊、炎帝、黃帝、少昊、顓頊。五天帝卽感生帝，所謂東方蒼帝靈威仰，南方赤帝赤熛怒，中央黃帝含樞紐，西方白帝白招拒，北方黑帝叶光紀，見河圖。）王肅聖證論反對鄭說，以爲禘郊爲一，又以爲唯有五人帝，無所謂五天帝。孔穎達禮記祭法正義引王肅聖證論云：「郊則圜丘，圜丘則郊，猶王城之內，與京師，異名而同處。」孝經正義引王肅說亦云：「祭在郊則謂爲圜丘；言於郊爲壇，以象圜天。圜丘卽郊也，郊卽圜丘也。」是王肅主郊禘爲一之說也。又禮記祭法正義引聖證論云：「案易『帝出於震。』震，東方生萬物之初，故王者制之；初謂木德王天下，非謂木精之所生。五帝皆黃帝之子孫，各改號代變，而以五行爲次焉，何大微之精所生乎？又郊祭，鄭玄云祭感生之帝，唯祭一帝耳，郊特牲何得云郊之祭大報天而主日？又天唯一而已，何得有六？又家語云：『季康子問五帝。孔子曰：天有五行，木、火、金、水及土。四分時化育，以成萬物。其神謂之五帝。』是五帝之佐也；猶三公輔王，三公可得稱王輔，不得稱天王；五帝可得稱天佐，不得稱上帝。而鄭云以五帝爲靈威仰之屬，非也。」是王肅主五人帝不主五天帝之說也。

〔九〕陸淳春秋纂例卷二「辨禘義」引趙匡之言云：「趙子曰：禮記大傳云：『禮，不王不禘。王者，禘其祖之所自出，以其祖配之。諸侯及其太廟。大夫有大事，省於其君，干祫及其高祖。』予據此事，體勢相連，皆說宗廟之祀，不得謂之祭天。禮記喪服小記曰：『王者，禘其祖之所自出。』又下云：『禮，不王不禘。』正與大傳同。……」「趙子曰：予以爲禘、郊、祖、宗，並敍永世追祀而不廢絕者也。禘者，帝王立始祖之廟，猶謂未盡其追遠尊先之義，故又推尊始祖所出之帝而追祀之。以其祖配之者，謂於始祖廟祭之，而便以始祖配祭也。此祭不兼羣廟之主，爲其疏遠不敢褻狎故也。其年數或每年，或數年，未可知也。鄭玄注祭法云：『禘謂配祭昊天上帝於圜丘也。』蓋見祭法所說，文在郊上，謂爲郊之最大者，故爲此說耳。祭法所論禘、郊、祖、宗者，謂六廟之外，永世不絕者，有四種爾，非關配祭也。禘之所及最遠，故先言之爾，何關圜丘哉！若實圜丘，五經之中，何謂無一字說處？又云：『祖之所自出，謂感生帝靈威仰也。』此何妖妄之甚！此又出自讖緯，始於漢哀、平間僞書也。桓譚、賈逵、蔡邕、王肅之徒，疾之如讎，而鄭玄通之於五經，其爲誣蠹甚矣。」按鄭玄以爲禘爲祭昊天於圜丘，而配以祖，卽所謂以祖配天；趙匡反對其說，以爲禘非圜丘之祭，實以祖配祖之祭。陳祥道禮書卷七十一「禘祫禮」卽採用趙匡說，唯文字小異。

〔一〇〕班固兩都賦末附靈臺詩云：「乃經靈臺，靈臺旣崇，帝勤時登，爰考休徵。」李善注引東觀漢記云：「永平二年，詔曰：登靈臺，正儀度。」按永平爲後漢明帝年號，則靈臺之制，後漢時猶存也。

〔一一〕儀禮經傳通解，宋朱熹撰。初名儀禮集傳集注，朱子乞修三禮劄子所云：「以儀禮爲經，而取禮記及諸經史雜書所載有及於禮者，皆以附於本經之下，具列注疏諸儒之說，略有端緒，」卽是書也。晚年修葺，乃更定今名。凡家禮五卷，鄉禮三卷，學禮十一卷，邦國禮四卷，共二十三卷，爲四十二篇。其第二十四卷至三十七卷，凡十八篇，仍用舊稱，是爲王朝禮。其中每多闕略，蓋未成之稾也。至喪、祭二禮，則成於其門人黃榦。楊復原序述榦之言曰：「始余創二禮粗就，奉而質之先師，喜謂余曰：君所立喪祭禮規模甚善，他日取吾所編家、鄉、邦國、王朝禮，其悉用此更定」云云，蓋朱子以創稾屬之也。然榦亦僅修喪禮十五卷，其祭禮則尚未訂定而沒。其後楊復重修祭禮，以續成其書，凡十四卷。今自續卷十六至卷二十九，皆復所重修也。今本儀禮經傳通解三十七卷，續二十九卷，凡六十六卷，書存，詳可參考四庫全書總目提要經部禮類四。又按黃榦字直卿，宋閩縣人。師事朱熹，著述頗富。餘干饒魯、寧德李鑑皆師事之。官至直學士。著有五經講義、四書紀聞等書。傳見宋史卷四百三十道學傳。

〔二二〕江永字愼修，清婺源人。康熙時諸生。博通古今，深於三禮。讀書好深思，長於比勘，而於步算鐘律聲韻尤精。休寧戴震之學，得力於永爲多。爲清代漢學家之著名者。乾隆中卒。著有周禮疑義舉要、禮記訓義擇言、深衣考誤、禮書綱目、律呂闡微、春秋地理考實、讀書隨筆、古韻標準、四聲切韻考、音學辨微、推步法解、七政衍、金水二星發微、冬至權度恆氣注、曆辨、歲實消長辨、曆學補論、中西合法擬草等。傳見阮元國史儒林傳卷下及江藩國朝漢學師承記卷五。所撰禮書綱目，凡八十五卷。其書雖仿朱子儀禮經傳通解之例，而參考羣經，洞悉條理，非徒立異同，實多補其所未及。蓋通解本朱子未成之書，不免小有出入；其間分合移易之處，亦尙未一一考證，使之融會貫通。永引據諸書，釐正發明，實足終朱子未竟之緒也。書今存，詳可參考四庫全書總目提要經部禮類四。

〔二三〕秦蕙田字樹峯，號味經，清無錫人。乾隆間進士。官至刑部尙書，加太子太保。卒諡文恭。傳可參考李元度國朝先正事略卷十七。蕙田會撰五禮通考二百六十二卷。因徐乾學讀禮通考惟詳喪祭一門，而周官大宗伯所列五禮之目，古經散亡，鮮能尋端竟委，乃因徐氏體例，網羅衆說，以成一書。凡爲類七十有五。其中雖間屬旁涉，非五禮所應該，不免有炫博之意；然考證經史，具有經緯，非剽竊餖飣，挂一漏萬者可比。書今存，詳可參考四庫全書總目提要經部禮類四。

宋人不信注疏，馴至疑經；疑經不已，遂至改經、刪經、移易經文以就己說，此不可爲訓者也。世譏鄭康成好改字；不知鄭箋改毛，多本魯、韓之說〔一〕；尋其依據，猶可徵驗。注禮記用盧、馬之本，當如盧植所云「發起紕繆」；注云「某當爲某」，亦必確有憑依〔二〕。周禮故書，不同儀禮；今古文異，一從一改，卽以齊、古考魯論之意〔三〕。儀禮之喪服傳，禮記之玉藻、樂記，雖明知爲錯簡，但存其說於注，而不易其正文〔四〕。先儒之說經，如此其愼，豈有擅改經字者乎！唐魏徵作類禮，改易禮記次序，張說駁之，不行〔五〕，猶得謹嚴之意。乃至宋而風氣大變。朱子注論語，不刪重出之章；「與其進也」三句，不鉤轉其文，但存其說於注〔六〕。注詩「爰其適歸」，云家語作奚，而不改爲奚〔七〕；據古本「上帝甚蹈」，云國語作神，而不改爲神〔八〕；體例猶未失也。獨於大學，移其文，又補其傳〔九〕；孝經分經傳，又刪經文〔一〇〕；未免宋人習氣。而移大學先有二程子〔一一〕，刪孝經云本胡侍郎、汪端明〔一二〕，則未可盡爲朱子咎。若王柏作書疑，將尙書任意增刪；詩疑刪鄭、衞，風雅頌亦任意改易〔一三〕；可謂無忌憚矣。四庫提要〔一四〕斥之曰：「柏何人斯，敢奮筆以進退孔子哉！」〔一五〕經學至斯，可云一阨。他如俞廷椿復古編，割裂五官，以補冬官〔一六〕；吳澄禮記纂言，將四十九篇顚倒割裂，私竄古籍，使無完膚〔一七〕。宋、元、明人說經之書，若此者多，而實宋人爲之俑始〔一八〕。

〔一〕陳奐鄭氏箋考徵云：「鄭康成習韓詩，兼通齊、魯，最後治毛詩。箋詩乃在注禮之後；以禮注詩，非墨守一家。箋中有用三家申毛者，有用三家改毛者，例不外此二端。」又陳喬樅毛詩鄭箋改字說云：「陳風衡門首章『可以樂飢。』傳『樂飢可以樂道忘飢。』箋云：『飢者不足於食也，泌水之流洋洋然，飢者見之，可飲以𤻲飢。』喬樅謹案：列女傳賢明云：『可以療飢。』劉向所用，皆魯詩也。韓詩外傳亦云『可以療飢』。療卽𤻲之或字，據說文可證。然則，魯、韓詩本皆作𤻲，故鄭用其說箋毛。釋文載沈重云：『逸詩本有作疒下樂，以形聲言之，殊非其義。療字當從疒下尞。』其說失之。𤻲之爲言治也，愈也。从疒樂者，人有疾則苦，治愈則樂；猶之有飢則苦，飢愈則樂；故云𤻲飢。其作療者，乃後人所改耳。毛詩校勘記曰：『箋不云樂讀爲𤻲者，以樂爲𤻲之假借，而於訓詁中改其字以顯之也。』文選王元長永明十一年策秀才文：『豈非療飢，不期於鼎食。』李注：『毛詩曰：可以𤻲飢。𤻲音義與療同。』毛本作樂，李引之作𤻲者，蓋用鄭箋所改字也。唐石經作『可以𤻲飢』，亦然。」按鄭改樂爲𤻲，實本魯詩、韓詩以改毛詩之一顯例。餘可參考陳喬樅毛詩鄭箋改字說，見續清經解卷一一六七至一一七〇。

〔二〕孔穎達禮記正義「曲禮上第一」下云：「鄭亦附盧、馬之本而爲之注。」盧，盧植；馬，馬融也。鄭玄初與盧植同事馬融，後又從盧植學。其注禮記，卽用盧、馬之本。又盧植曾撰禮記注二十卷，見隋書經籍志及唐書藝文志，今佚。「發起紕繆」，係盧植上書中語，見後漢書卷九十四盧植本傳。惟後漢書原文「紕」作「粃」，章懷注云：「粃，粟不成，喻義之乖僻也。」按皮引作紕，蓋偶誤。又鄭玄禮記注時改字以訓，如曲禮「拾級聚足，連步以上。」鄭注云：「拾當爲涉，聲之誤也。」卽皮所云「某當爲某」之一例。

〔三〕阮元周禮注疏校勘記序云：「有杜子春之周禮，有二鄭之周禮，有後鄭之周禮。周禮出山巖屋壁間，劉歆始知爲周公之書而讀之。其徒杜子春，乃能略識其字。建武以後，大中大夫鄭興，大司農鄭衆，皆以周禮解詁著。而大司農鄭康成乃集諸儒之成，爲周禮注。蓋經文古字不可讀，故四家之學皆主於正字。其云『故書』者，謂初獻於祕府所藏之本也；其民間傳寫不同者，則爲今書。有云『讀如』者，比擬其音也；有云『讀爲』者，就其音以易其字也；有云『當爲』者，定其字之誤也。三例既定，而大義乃可言矣。」按此文敍述鄭玄周禮注之淵源及其今古文字改從之例甚簡明。所謂「讀如」，如「天官大宰」「六曰主以利得民」，鄭注云：「利讀如上思利民之利」是也；所謂「讀爲」，如「天官大宰」「八曰匪頒之式」，鄭注云：「鄭司農云：……頒讀爲班布之班，謂班賜也」是也；所謂「當爲」，如「天官小宰」「掌建邦之宮刑」，鄭注云：「杜子春云：宮皆當爲官」是也。又隋書經籍志「論語」：「……漢初有魯、齊之說。……張禹本授魯論，晚講齊論，後則合而考之，……從魯論二十篇爲定，號張侯論。……又有古論語，與古文尚書同出。……漢末鄭玄以張侯論爲本，參考齊論、古論而爲之注。」按皮謂鄭注周禮，對於故書，或從或改。改者，如「天官大宰」「二曰嬪貢」，鄭注云：「嬪，故書作賓。」是以今書之「嬪」改古書之「賓」也。從者，如「天官酒正」「五曰沈齊」，鄭注云：「杜子春讀齊皆爲粢，玄謂齊者每有祭祀以度量節作之。」是鄭不從杜之易字而仍從故書也。其改從之處，與其注論語以齊、古考魯論之意相同。又按，關於鄭注周禮今古文字異同改從之例，可參考段玉裁周禮漢讀考一書，見清經解卷六三四至六三九。

〔四〕儀禮喪服傳「大夫之妾爲君之庶子。」鄭玄注云：「下傳曰：『何以大功也，妾爲君之黨服，得與女君同。』指爲此也。」下文「女子子嫁者、未嫁者爲世父母、叔父母、姑姊妹。傳曰：嫁者，其嫁於大夫者也；未嫁者，成人而未嫁者也。何以大功也？妾爲君之黨服，得與女君同。下言爲世父母、叔父母、姑姊妹者，謂妾自服其私親也。」鄭玄注云：「傳所云：『何以大功也，妾爲君之黨服，得與女君同，』文爛在下爾。」賈公彥疏云：「云『傳所云何以大功也，妾爲君之黨服，得與女君同，文爛在下爾』者，此傳爲『大夫之妾爲君之庶子』而發，應在『女子子』之上，『君之庶子』之下，以簡札韋編爛斷，後人錯置於下，是以舊讀將爲本在於此，是以遂誤也。」按賈疏甚明；鄭以喪服傳有錯簡，但爲愼重故，仍不改易正文，而僅存其說於注，故皮云爾。又禮記玉藻「而素帶終辟；大夫素帶辟垂。士練帶率下辟；居士錦帶；弟子縞帶；并紐約，用組。韠：君朱，大夫素，士爵韋。圜，殺，直：天子直，公侯前後方，大夫前方後挫角，士前後正。韠，下廣二尺，上廣一尺，長三尺；其頸五寸，肩革帶博二寸。大夫大帶四寸。雜帶：君朱綠；大夫玄華；士緇辟二寸，再繚四寸。凡帶有率無箴功。一命縕韍幽衡，再命赤韍幽衡，三命赤韍葱衡。天子素帶，朱裏終辟。王后褘衣；夫人揄狄。三寸，長齊於帶。紳長制，士三尺，有司二尺有五寸。子游曰：參分帶下，紳居二焉。紳，韠，結三齊。君命屈狄，再命褘衣，一命襢衣，士褖衣。唯世婦命於奠繭，其他則皆從男子。……肆束及帶，勤者有事則收之，走則擁之。」按此段本言帶、韠及后夫人之服制，簡札錯亂殊甚。鄭玄於「並紐約用組」下注云：「此自『而素帶』，亂脫在是耳，宜承『朱裏終辟』。」於「大夫大帶四寸……無箴功」下注云：「此又亂脫在是，宜承『紳，韠，結三齊。』」於「三寸長齊於帶……紳韠結三齊」下注云：「此又亂脫在是，宜承『約用組』。」於「君命屈狄……皆從男子」下注云：「自『君命屈狄』至此，亦亂脫在是，宜承『夫人揄狄』。」於「肆束……攤之」下注云：「此亦亂脫在是，宜承『無箴功』。」按鄭於經文錯簡，僅加注說，而不改易，故皮云爾。元陳澔禮記集說，卽依鄭說加以倒置，可參看。又禮記樂記「愛者宜歌商；溫良而能斷者，宜歌齊。夫歌者，直己而陳德也；動己而天地應焉，四時和焉，星辰理焉，萬物育焉。故商者，五帝之遺聲也。寬而靜，柔而正者，宜歌頌；廣大而靜，疏達而信者，宜歌大雅；恭儉而好禮者，宜歌小雅；正直而靜，廉而謙者，宜歌風；肆直而慈愛，商之遺聲也，商人識之，故謂之商。齊者，三代之遺聲也，齊人識之，故謂之齊。」按此文亦多錯簡，鄭玄於「肆直而慈愛」下注云：「此文換簡，失其次。『寬而靜』宜在上，『愛者宜歌商』宜承此下行，讀云『肆直而慈愛者宜歌商』。」於「故謂之齊」下注云：「云『商之遺聲也』，衍字也。又誤上所云『故商者五帝之遺聲也』當居此衍字處也。」鄭於經文錯簡，亦僅加注說，而不改易。元陳澔禮記集說卽依鄭說加以倒置，可參看。

〔五〕魏徵字玄成，唐曲城人。隋末，詭爲道士。高祖時，爲祕書丞。太宗時，拜諫議大夫、檢校侍中。令狐德棻、孔穎達等撰周、隋各史，徵受詔總加撰定，多所損益。書成，進左光祿大夫。後封鄭國公，拜太子太師，以疾卒官，諡文貞。傳見唐書卷九十七及舊唐書卷七十一。張說字道濟，又字說之，唐洛陽人。永昌中，策賢良方正第一，授校書郎。累官中書令，封燕國公。朝廷大述作，多出其手，與蘇頲齊名。卒謚文貞。有張燕公集。傳見唐書卷百二十五及舊唐書卷九十七。王應麟困學紀聞卷五「禮記」云：「魏徵傳曰：『以小戴禮綜彙不倫，更作類禮二十篇，數年而成。太宗美其書，錄賓內府。』藝文志云『次禮記二十卷。』舊史謂採先儒訓注，擇善從之。諫錄載詔曰：『以類相從，別爲篇第，并更注解，文義粲然。』會要云：『爲五十篇，合二十卷。』元行冲傳『開元中，魏光乘請用類禮列於經，命行冲與諸儒集義作疏，將立之學，乃采獲刊綴爲五十篇。張說言：戴聖所錄，向已千載，與經並立，不可罷。魏孫炎始因舊書，摘類相比，有如鈔掇，諸儒共非之。至徵，更加整次，乃爲訓注，恐不可用。帝然之，書留中不出。』……」按徵作類禮二十卷，改易禮記次第，故唐書藝文志又稱爲「魏徵次禮記」。其書因張說之反對，漸至亡佚。

〔六〕朱熹論語集注不删重出之章，如：「子曰：君子博學於文，約之以禮，亦可以弗畔矣夫！」見於雍也篇第六，又見於顏淵篇第十二，惟無「君子」二字，但朱於顏淵篇僅注云「重出」，而不加以删節。又如「子曰：不在其位，不謀其政。」見於泰伯篇第八，又見於憲問篇第十四；但朱於憲問篇亦僅注云「重出」，不加删節。又述而篇「互鄉難與言，童子見，門人惑。子曰：與其進也，不與其退也，唯何甚。人潔己以進，與其潔也，不保其往也。」朱注云：「疑此章有錯簡。『人潔』之『往也』十四字，當在『與其進也』之前。潔，脩治也。與，許也。往，前日也。言人潔己而來，但許其能自潔耳，固不能保其前日所爲之善惡也；但許其進而來見耳，非許其既退而爲不善也。蓋不追其既往，不逆其將來；以是心至，斯受之耳。『唯』字上下，疑又有闕文，大抵亦不爲已甚之意。」按朱以此文有錯簡闕文，但亦僅存其說於注，不加臆改。

〔七〕詩小雅四月「爰其適歸」，今本朱熹詩集傳作「奚其適歸」，注云：「奚，何；適，之也。」陳啓源毛詩稽古編卷二十九「集傳疑誤」云：「爰其適歸，爰誤作奚。」皮云「家語作奚，而不改爲奚」，蓋據古本。

〔八〕詩小雅菀柳「上帝甚蹈」，朱熹詩集傳不改字，但注云：「蹈當作神」。陳啓源毛詩稽古編卷十六「菀柳」云：「朱子據戰國策『上天甚神無自瘵也』之語，欲改菀柳詩『甚蹈』爲『甚神』，恐非闕疑之道。」皮云「國語作神」，今本詩集傳無此語。

〔九〕朱熹大學章句移易舊文甚多，幷分爲經傳，玆詳錄如下：「大學之道，在明明德，……其所厚者薄，而其所薄者厚，未之有也。」朱注云：「右經一章，蓋孔子之言，而曾子述之。其傳十章，則曾子之意，而門人記之也。舊本頗有錯簡，今因程子所定，而更考經文，別爲序次如左。」接下文「康誥曰：克明德……皆自明也。」朱注云：「右傳之首章，釋明明德。此通下三章，至『止於信』，舊本誤在『沒世不忘』之下。」接下文「湯之盤銘曰：……是故君子無所不用其極。」朱注云：「右傳之二章，釋新民。」接下文「詩云：邦畿千里，惟民所止。……與國人交止於信。詩云：瞻彼淇澳，菉竹猗猗。……此以沒世不忘也。」朱注云「右傳之三章，釋止於至善。此章內自引淇澳詩以下，舊本誤在誠意章下。」接下文「子曰：聽訟，吾猶人也，……此謂知本。」朱注云：「右傳之四章，釋本末。此章舊本誤在『止於信』下。」接下文「此謂知本。此謂知之至也。」朱注云：「此謂知本，程子曰：衍文也。此謂知之至也，此句之上，別有闕文，此特其結語耳。右傳之五章，蓋釋格物致知之義，而今亡矣。此章舊本通下章誤在經文之下。」接下文「所謂誠其意者……故君子必誠其意。」朱注云：「右傳之六章，釋誠意。」按下文「所謂修身……此謂修身在正其心。」朱注云：「右傳之七章，釋正心修身。……自此以下，並以舊文爲正。」按以下八、九、十三章，一依舊文，從略。

〔10〕朱熹撰孝經刊誤一卷，取古文孝經，分爲經一章，傳十四章，刪舊文二百二十三字，後附跋記。自「仲尼閒居……自天子以下，至於庶人，孝無終始，而患不及者，未之有也。」朱注云：「此一節夫子、曾子問答之言，而曾子門人之所記也。疑所謂孝經者，其本文止如此；其下則或者雜引傳記以釋經文，乃孝經之傳也。……今定此六七章者合爲一章，而刪去『子曰』者二，引書者一，引詩者四，凡六十一字，以復經文之舊。……」接下文「曾子曰：甚哉孝之大也！……詩云：赫赫師尹，民具爾瞻。」朱注云：「此以下皆傳文。……今定『先王見教』以下凡六十九字，並刪去。」又下文「子曰：父子之道……詩云：淑人君子，其儀不忒」一段，朱注云：「今刪去凡九十字。」

〔11〕朱熹大學章句序「河南程氏兩夫子出，而有以接乎孟氏之傳，實始尊信此篇，而表章之。既又爲之次其簡編，發其歸趣；然後古者大學教人之法，聖經賢傳之指，粲然復明於世。雖以熹之不敏，亦幸私淑而與有聞焉。顧其爲書，猶頗放失，是以忘其固陋，采而輯之，間亦竊附己意，補其闕略，以俟後之君子。」按此，則朱子之移易大學舊文，實本於二程子，所謂「次其簡編」也。

〔12〕朱熹孝經刊誤後記云：「熹舊見衡山胡侍郎論語說，疑孝經引詩，非經本文。初甚駭焉，徐而察之，始悟胡公之言爲信，而孝經之可疑者不但此也。因以書質之沙隨程可久丈。程答書曰：頃見玉

山汪端明，亦以為此書多出後人傅會。於是乃知前輩讀書精審，其論固已及此。又竊自幸，有所因述，而得免於鑿空妄言之罪也。……」按此，則朱子之刪改孝經舊文，實本胡宏及汪應辰。又按胡侍郎卽胡宏。宏，字仁仲，宋崇安人。幼事楊時、侯仲良，傳其父安國之學。居衡山下二十餘年；高宗時，曾為禮部侍郎；故朱子云「衡山胡侍郎」。學者稱五峯先生。著有知言、皇王大紀、五峯詩文集等書；又著有論語指南，卽朱子所謂「論語說」，已佚。傳附見宋史卷四百三十五儒林傳父安國傳。又汪端明卽汪應辰。應辰字聖錫，初名洋，宋玉山人。紹興進士第一。初為祕書省正字，以忤秦檜，出為建州通判。檜死，還朝。累官吏部尚書。孝宗時，為端明殿學士，故朱子稱「汪端明」。旋出知平江府，連貶秩，遂致仕。應辰少從呂居仁、胡安國遊，精於義理。卒諡文定。學者稱玉山先生。著有文定集。傳見宋史卷三百八十七。

〔一三〕王柏著書疑及詩疑，刪改詩、書舊文，均已見頁二一九注〔一〕。

〔一四〕四庫提要卽四庫全書總目提要之簡文。清高宗乾隆三十七年，開四庫全書館，實施焚禁政策，徵求國內書籍，十餘年而成，統計十六萬八千餘冊，分鈔七份，建七閣以貯之。又命館臣撰總目二百卷，以經史子集為綱，更分類屬，又分著錄、存目二項。每書撮其大凡，撰為提要，條舉得失，尚便於學者。

〔一五〕語見四庫全書總目提要卷十七經部詩類存目一王柏詩疑下。惟「以」原文作「而」，皮引偶誤。

〔一六〕俞廷椿，「廷」字誤，當作「庭」。庭椿字壽翁，宋臨川人。乾道進士，主安南簿，歷古田令，充金國禮物官，終新淦令。師事陸九淵。著有周禮復古編及北轅錄。宋史無傳。其復古編，宋志作三卷，今本合爲一卷；以爲周禮五官所屬皆六十，不得有羨；其羨者皆取以補多官。又謂天官世婦與春官世婦、夏官環人與秋官環人爲一官複出，當省併之。其說實鑿空臆斷不足辯。詳可參考四庫全書總目提要經部禮類一。

〔七〕吳澄字幼清，元崇仁人。至大初，爲國子監司業，遷翰林學士。泰定初，爲經筵講官。會修英宗實錄，書成，致仕。四方從學者千數百人。著有易、書、春秋、禮記等纂言，又著有學基、學統二篇。所居草屋，程鉅夫題曰草廬，故學者稱草廬先生。卒謚文正。傳見元史百七十一。其禮記纂言，凡三十六卷，蓋晚年手定之本。大旨以禮記經文龐雜，疑多錯簡，故每篇中，其文皆以類相從，俾上下意義聯屬貫通，而識其章句於左。其三十六篇次第，亦移易舊文，以類相從；凡通禮九篇，喪禮十一篇，祭禮四篇，通論十一篇，各爲標目。如通禮，首曲禮，而以少儀、玉藻等篇附之。他如大學、中庸，依據程、朱，別爲一書；投壺、奔喪，歸於儀禮；冠義等六篇，別輯爲儀禮傳。其始終先後，皆非小戴之舊。詳可參考四庫全書總目提要經部禮類三。

〔八〕孟子梁惠王上「仲尼曰：始作俑者，其無後乎！」俑本殉葬之木偶，後人引申以倡端不善爲「作俑」，爲「俑始」。

九　經學積衰時代

唐、宋明經取士，猶是漢人之遺；而唐不及漢，宋又不及唐者，何也？漢以經術造士，上自公卿，下逮掾吏，莫不通經。其進用，或由孝廉茂才，或由賢良對策。若射策中科，止補文學掌故、博士弟子員，非高選也。唐之帖經，猶漢之射策；其學旣淺，而視之又不重。所重視者，詩賦之辭，時務之策，皆非經術。援經義對策者，僅一劉蕡引春秋正始之文，發宦侍無君之隱〔一〕。以直言論，固屬朝陽之鳳〔二〕；以經義論，亦同獨角之麟〔三〕；而唐不能用。此其所以不及漢也。宋仁宗始復明經科〔四〕，神宗變帖經爲墨義〔五〕。帖經之記誦屬實，非數年不爲功；墨義之文字蹈空，卽一時可猝辦。唐時帖括全寫注疏，議者病其不能通經。權德輿謂注疏猶可以質驗；不者，儻有司率情，上下其手，旣失其末，又不得其本，則蕩然矣〔六〕。宋用墨義，正如權德輿所料。又專用王氏新學，不遵古義。蘇軾以爲黃茅白葦〔七〕，徐禧言竊襲人語不求心通者相半〔八〕，此其所以並不及唐也。且宋以後，非獨科舉文字蹈空而已，說經之書，亦多空衍義理，橫發議論，與漢、唐注疏全異。朱子答人問胡安定云：「尋常亦不滿於胡說，解經不使道理明白，卻說其中多使故事，大與做時文答策相似。」〔九〕夫以胡安國春秋傳，後世頒之學官，用以取士者，猶不免與時文答策相似；皆由科舉之習深入人心，不可滌除。故論經學，宋以後爲積衰時代。

〔一〕劉蕡字去華，唐昌平人。明春秋，有救世意。擢進士第。時宦官專橫，蕡常痛疾。太和初，舉賢良方正、能直言極諫，引諸儒百人於庭，策之。考官見蕡對嗟服，以爲過古晁、董，而畏中官不敢取。士人讀其詞，至感激流涕。諫官御史交章論其直。令狐楚、牛僧孺皆表蕡幕府，授祕書郎，以師禮禮之。但宦官深疾蕡，誣以罪，貶柳州司戶參軍卒。傳見唐書卷百七十八及舊唐書卷百九十下文苑傳。蕡對策云：「臣謹按春秋，人君之道，在體元以居正。……夫繼故必書卽位，所以正其始也；終必書所終之地，所以正其終也。故爲君者，所發必正言，所履必正道，所居必正位，所近必正人。春秋閽弒吳子餘祭，書其名，譏疏遠賢士，昵刑人，有不君之道。伏惟陛下思祖宗開國之勤，念春秋繼故之誡；明法度之端，則發正言，履正道；杜篡弒之漸，則居正位，近正人。遠刀鋸之殘，親骨鯁之直。輔相得以顓其任，庶僚得以守其官。奈何以褻近五六人總天下大政，外專陛下之命，內竊陛下之權，……臣恐曹節、侯覽復生於今日，此宮闈將變也。」按皮所云「引春秋正始之文，發宦者無君之隱」，卽指此。蕡策甚長，詳見新、舊唐書本傳。

〔二〕詩大雅卷阿「鳳凰鳴矣，于彼高岡。梧桐生矣，于彼朝陽。」毛傳「山東曰朝陽。」鄭箋「鳳凰之性，非梧桐不棲。」後人因以「鳳鳴朝陽」爲辭。按此文蓋舉以喩劉蕡對策之直言。

〔三〕詩周南麟趾序，經典釋文引詩草木疏云：「麟，麕身；牛尾；馬足；黃色；員蹄；一角，角端有肉；音中鐘呂，行中規矩；王者至仁則出。」按麟一角，故云獨角之麟；此文蓋舉以喩劉蕡經義之優越。

〔四〕宋葉夢得避暑錄話卷上云：「唐制取士，用進士、明經二科。本朝初，惟用進士。其罷明經，不知自何時。仁宗慶曆後，稍修取士法，患進士詩賦浮淺，不本經術，嘉祐三年，始復明經科。」按顧炎武日知錄卷十六「明經」條原注亦引此文，云：「當時（指唐）以詩賦取者，謂之進士；以經義取者，謂之明經。今罷詩賦而用經義，則今之進士乃唐之明經也。」

〔五〕唐制，進士、明經皆有帖經之試。法以所習之經，掩其兩端，中間惟開一行，裁紙爲帖。凡帖三字，隨時增損，可否不一，或得四，或得五，或得六爲通。詳可參考唐杜佑通典卷十五「選舉三」。又墨義對口義而言，即以經義試士，令其筆答也。顧炎武日知錄卷十六「經義論策」條云：「今之經義，始於宋熙寧中王安石所立之法令，呂惠卿、王雱等爲之。」原注云：「宋史，神宗熙寧四年二月丁巳朔，罷詩賦及明經諸科，以經義論策試進士，命中書撰大義式頒行。」

〔六〕權德輿字載之，唐略陽人。未冠，以文章稱諸儒間。德宗聞其材，召爲左補闕。憲宗時，累拜禮部尚書，徙刑部，出爲山南西道節度使。卒諡文。德輿善辨論，文雅正贍縟，有權文公集。傳見唐書卷百六十五及舊唐書卷百四十八。引語即出權集答柳福州書。顧炎武日知錄卷十六「明經」條曾引載，皮或據此。

〔七〕蘇軾東坡全集答張文潛書云：「文字之衰，未有如今日者也；其源實出於王氏（安石）。王氏之文未必不善也，而患在於好使人同己。自孔子不能使人同；顏淵之仁，子路之勇，不能以相移；而王氏欲以其學同天下。地之美者，同於生物，不同於所生；惟荒瘠斥鹵之地，彌望皆黃茅白葦。此則王氏之同也。」按此係譏王安石語。

〔八〕徐禧字德占，宋分寧人。新法行，以布衣獻策，爲神宗器賞，驟被任用，與王安石、呂惠卿相左右。元豐初，詔禧城永樂，猝與虜遇，城陷，死之，謚忠愍。傳見宋史卷三百三十四。引語見宋史本傳，云：「神宗見其所上策，曰：禧言朝廷用經術變士，十已八九；然竊襲人之語，不求心通者相半。此言是也。」

〔九〕見朱子語類，原文「解經」上有「且如」二字；又「說」字，係「就」字之誤，當改正。

科舉取士之文而用經義，則必務求新異，以歆動試官；用科舉經義之法而成說經之書，則必創爲新奇，以煽惑後學。經學宜述古而不宜標新；以經學文字取人，人必標新以別異於古。一代之風氣成於一時之好尚，故立法不可不慎也。元、明之經義，本於宋熙寧〔一〕中王安石所立墨義之法，命呂惠卿、王雱等爲之，而安石自撰周禮義，使雱撰詩、書義，名爲三經新義，頒行天下。夫既名爲新義，則明教人棄古說，以從其新說。陳後山談叢言：荆公新義行，舉子專誦王氏章句而不解義。荆公悔之曰：「本欲變學究爲秀才，不謂變秀才爲學究。」〔二〕是安石立法不善，當時已自悔其失；而其書至南宋始廢。趙鼎謂安石「設虛無之學，敗壞人才」〔三〕；陳公輔謂安石使學者習其所爲三經新義，皆穿鑿破碎無用之空言也〔四〕。南宋雖廢新義，而仍用其墨義之法。朱子謂經義甚害事，分明是侮聖人之言，詩賦卻無害〔五〕。朱子豈不知經義取士優於詩賦，而其言如是，則當時經義爲經之蠹可知。元人因之，而制爲四書五經疑。明初用四書疑，後乃改四書五經義。其破承原起之法，本於元王充耘書義矜式〔六〕，又本於呂惠卿、王雱之墨義。名爲明經取士，實爲荒經蔑古之最。明時所謂經學，不過蒙存淺達之流；卽自成一書者，亦如顧炎武云：明人之書，無非盜竊。弘治以後，經解皆隱沒古人名字，將爲己說而已〔七〕。其見於四庫存目者〔八〕，新奇謬戾，不可究詰。五經掃地，至此而極。

〔一〕熙寧，宋神宗之第一年號，計十年，當公元一〇六八年至一〇七七年。

〔二〕陳後山，陳師道之別號。師道字履常，一字無己，宋彭城人。熙寧中，王氏新經義盛行，師道心非其說，遂絕意進取。元祐初，因蘇軾輩推薦，起爲徐州教授；又因梁燾薦，爲太學博士，改潁州教授。旋爲祕書省正字。師道高介有節，安貧樂道，後竟得寒疾死。爲文師曾鞏，論詩推黃庭堅，爲江西詩派之健者。著有後山集、後山談叢及後山詩話等書。傳見宋史卷四百四十四文苑傳。後山談叢，凡四卷，今存，詳可參考四庫全書總目提要子部小說家類一。引語見談叢卷一。原文云：「王荊公改科擧，暮年乃覺其失，曰：『欲變學究爲秀才，不謂變秀才爲學究也。』蓋擧子專誦王氏章句而不解義。……」

〔三〕趙鼎字元鎭，號得全居士，宋聞喜人。崇寧進士。隨高宗南渡，與張浚並相，協心以圖興復。後與秦檜論和議不合，罷謫嶺南，移吉陽軍，不食而死。孝宗卽位，追諡忠簡。有忠正德文集。傳見宋史卷三百六十。引語見宋史本傳。又見顧炎武日知錄卷十六「經義論策」條引。

〔四〕陳公輔字國佐，宋臨海人。政和中，上舍及第，累官祕書郎。高宗時，歷禮部侍郎，以徽猷閣待制提舉太平觀卒。公輔論事剴切；晚居田里，著書自娛。有文集及奏議。傳見宋史卷三百七十九。宋史本傳載公輔疏言云：「臣謂安石學術之不善，尤甚於政事。政事害人才，學術害人心。三經義說，詆誣聖人，破碎大道，非一端也。」又顧炎武日知錄卷十六「經義論策」條云：「陳公輔亦謂安石使學者不治春秋，不讀史、漢，而習其所謂三經新義，皆穿鑿破碎無用之空言也。」按皮書蓋據顧說。

〔五〕引語見黎靖德朱子語類大全卷百零九，原文云：「今時文賦卻無害理；經義大不便，分明是侮聖人之言。」

〔六〕王充耘字耕野，黃虞稷千頃堂書目作與耕，蓋誤。元吉水人。元統甲戌進士，授承務郎，同知永新州事。後棄官養母，著書授徒。著有讀書管見、四書經疑貫通及書義矜式等書。書義矜式六卷，於書經篇摘數題，各為程文，以示標準，實經義程式之書。詳可參考四庫全書總目提要經部書類二。

〔七〕顧炎武日知錄卷十八「竊書」條云：「若有明一代之人，其所著書，無非竊盜而已。」又云：「吾讀有明弘治以後經解之書，皆隱沒古人名字，將為己說而已。」按皮文蓋約引。又弘治，明孝宗年號，計十八年，當公元一四八八年至一五〇五年。

〔八〕四庫存目，即清四庫全書存目之簡文。按四庫全書總目提要分兩部分，其第二部分曰「存目」，以著錄尋常著述之書目。四庫全書總目提要卷首凡例第三云：「前代藏書，率無簡擇；蕭蘭並擷，珉玉雜陳，未協別裁之義。今詔求古籍，特創新規，一一辨厥妍媸，嚴為去取。其上者，悉登編錄，罔致遺珠。其次者，亦長短臚見，瑕瑜之不掩。其有言非立訓，義或違經，則附載其名，兼匡厥謬。至於尋常著述，未越羣流；雖咎譽之咸無，要流傳之已久；準諸家著錄之例，亦併存其目，以備考核。等差有辨，旌別兼施，自有典籍以來，無如斯之博且精矣。」

宋人說經之書傳於今者，比唐不止多出十倍，乃不以爲盛而以爲衰者，唐人猶守古義而宋人多矜新義也。唐人經說傳世絕少，此亦有故。考唐書經籍志〔一〕，唐人自爲之書二萬八千餘卷，五經義說著於錄者凡數十種，則亦未爲尠矣。而今所傳不及什一，由於其時刊本未出，傳鈔不易，一遇兵燹，蕩爲煨燼。世傳古籍，唐以前什一二，宋以後什八九。此非特唐人所著之書爲然，亦非特唐人所著經說爲然也。又自宋末元、明，專用宋儒之書取士，注疏且束高閣，何論注疏之外！於是唐以前古籍之不亡於兵燹者，盡亡於宋以後。所以唐人經說傳世寥寥。宋則刊刻已行，流傳甚易，宜其存多佚少。今所傳宋人文集說部皆十倍於唐人，非止經說。是未可以經說之多寡判唐、宋之優劣也。五代極亂之時，忽開文明之象；如鋟木一事，實爲藝林之珍。五代會要〔二〕，後唐長興三年〔三〕始依石經文字刻九經印板〔四〕。經書之有木板，實始於此。逮兩宋而刻本多。此宋以後之書所以多傳於今日也。

〔一〕唐書，普通指歐陽修等修撰之新唐書，但此係指劉昫等修撰之舊唐書，蓋舊唐書有經籍志，而新唐書則改稱藝文志也。舊唐書計二百卷，五代晉劉昫等奉敕撰，今存，詳可參考四庫全書總目提要史部正史類二。經籍志見舊唐書卷四十六至四十七。

〔二〕五代會要，凡三十卷，宋王溥撰。其書成於建隆二年，與唐會要同時呈進，詔藏史館。內容典核，多足以補正歐陽修五代史之疏漏，實爲治五代史者之要籍。今存，詳可參考四庫全書總目提要史部政書類一。

〔三〕長興，後唐明宗（李嗣源）之第二年號，計四年，當公元九三〇年至九三三年。長興三年當公元九三二年。

〔四〕五代會要卷八「經籍」類云：「後唐長興三年二月，中書門人奏請依石經文字刻九經印板，敕令國子監集博士儒徒，將西京石經本，各以所業本經句度抄寫注出，子細看讀，然後僱召能雕字匠人，各部隨帙刻印版，廣頒天下。如諸色人要寫經書，並須依所印敕本，不得更使交錯。」

漢學至鄭君而集大成，於是鄭學行數百年；宋學至朱子而集大成，於是朱學行數百年。懿彼兩賢，師法百祀〔一〕。其巍然爲一代大宗者，非特以學術之閎通，實由制行之高卓也。以經學論，鄭學、朱學皆可謂小統一時代。鄭學統一，惟北學爲然；所謂寧道孔、孟誤，諱言鄭、服非；若南學，則兼用僞孔、王、杜，而不盡宗鄭、服；是猶未得爲統一也。朱學統一，惟南方最早。金、元時，程學盛於南，蘇學盛於北〔二〕。北人雖知有朱夫子，未能盡見其書。元兵下江、漢，得趙復，朱子之書始傳於北〔三〕。姚樞、許衡、竇默、劉因輩翕然從之〔四〕。於是元仁宗延祐〔五〕定科舉法，易用朱子本義，書用蔡沈集傳，詩用朱子集傳，春秋用胡安國傳，惟禮記猶用鄭注，是則可謂小統一矣。尤可異者，隋平陳而南并於北，經學乃北反并於南；元平宋而南并於北，經學亦北反并於南。論兵力之強，北常勝南；論學力之盛，南乃勝北。隋、元前後遙遙一轍，是豈優勝劣敗之理然歟？抑報復循環之道如是歟？

〔一〕禩同祀。說文「祀，或從異。」

〔二〕蘇學蓋指宋時蜀學蘇洵、蘇軾、蘇轍父子之學也。

〔三〕趙復字仁甫，德安人。元師伐宋，屠德安。姚樞在軍前，凡儒、道、釋、醫、卜占一藝者，活之以歸，復在其中。姚樞與之言，奇之。而復不欲生，月夜赴水自沉。樞覺而追之，於積尸間挽之出。至燕，以所學教授學子，從者百餘人。當時南北不通，程、朱之書不及於北，自復而發之。樞與楊惟中建太極書院，立周子祠，以二程、張、楊、游、朱六君子配食，選取遺書八千餘卷，請復教授其中，於是北方始知程、朱之學。復性耿介，不仕元，常有江漢之思，學者稱爲江漢先生。傳見元史卷百八十九。

〔四〕姚樞字公茂，元柳城人。太宗時，爲燕京行臺郎中，棄去。從世祖征大理，陳宋太祖遣曹彬取南唐不殺一人事。及破大理，民得完。凡元初內修外攘之政，樞皆與焉。累官至翰林學士承旨。諡文獻。傳見元史卷百五十八。又許衡字仲平，元河內人。從姚樞得程、朱書，始大有得。尋居蘇門，與樞及竇默相講習。凡經傳、子史、禮樂、名物、星曆、兵刑、食貨、水利之類，無所不講，慨然以道爲己任。世祖時，召爲國子祭酒，議事中書省，拜中書左丞。以劾阿哈馬特不報，謝病退居。卒諡文正。衡善教，隨其才昏明大小，使皆有所得。學者稱爲魯齋先生。著有讀易私言、魯齋心法、魯齋遺書。傳見元史卷百五十八。又竇默字子聲；初名傑，字漢卿；元肥城人。金末，轉徙兵亂中，業醫自給。走德安，孝感令謝憲子授以伊、洛性理之書。北還大名，與姚樞、許衡講明道學。尋還鄉，以經術教授，由是知名。世祖即位，以爲翰林侍講學士，加昭文館大學士。卒諡文正。傳見元史卷百五十八。又劉因字夢吉，號靜修；初名駰，字夢驥；元容城人。至元中，不忽木以學行薦之，擢右贊善大夫。後以母疾辭歸。卒諡文靖。著有靜修集、四書集義精要，傳見元史卷百七十一。

〔五〕元仁宗，武宗之弟。在位九年。紀元二：曰皇慶、延祐。當公元一三一二年至一三二〇年。延祐凡七年，當公元一三一四年至一三二〇年。

論宋、元、明三朝之經學，元不及宋，明又不及元。宋劉敞、王安石諸儒，其先皆嘗潛心注疏，故能辨其得失。朱子論疏，稱周禮而下易、書〔一〕，非於諸疏功力甚深，何能斷得如此確鑿。宋儒學有根柢，故雖撥棄古義，猶能自成一家。若元人則株守宋儒之書，而於注疏所得甚淺。如熊朋來五經說〔二〕，於古義古音多所抵牾，是元不及宋也。明人又株守元人之書，於宋儒亦少研究。如季本、郝敬多憑臆說〔三〕，楊愼作僞欺人〔四〕，豐坊造子貢詩傳、申培詩說以行世而世莫能辨〔五〕，是明又不及元也。顧炎武論書傳會選〔六〕云：「其傳中用古人姓名、古書名目，必具出處，兼亦考證典故。蓋宋、元以來諸儒之規模猶在。而其爲此書者，皆自幼爲務本之學，非由八股出身之人，故所著之書雖不及先儒，而尚有功於後學。……自八股行而古學棄，大全出而經說亡。」〔七〕其論明之不及宋、元，可謂深切。元、明人之經說，惟元趙汸春秋屬詞〔八〕，義例頗明。孔廣森治公羊，其源出於趙汸〔九〕。明梅鷟尚書考異〔一〇〕，辨古文之僞，多中肯綮〔一一〕，開閻若璩、惠棟之先〔一二〕。皆鐵中錚錚、庸中佼佼〔一三〕者也。

〔一〕朱熹謂五經疏，周禮最好，詩、禮記次之，書、易爲下。語見朱子語類，又見王應麟困學紀聞卷八「經說」引。

〔二〕熊朋來字與可，元豫章人。宋咸淳末登第，隱處州里，以三禮教授，學者百數十人。後以薦連爲兩郡教授。學者稱天慵先生。著有小學標注、瑟譜、天慵文集、五經說等書。傳見元史卷百九十儒學傳。五經說，七卷，今存。其說多株守宋儒，故易亦言先天、後天、河圖、洛書，書亦言洪範錯簡，詩亦不主小序，春秋亦不主三傳。清惠棟九經古義詆其論大學「親民」一條，不知「親」「新」通用；又詆其論「言乃讙」一條，不考史記魯世家所引無逸及裴駰集解所引鄭注；又詆其論周禮樂師「皋」字與大祝「皋」字，不考「皋」「告」「皞」三字相同，乃謂鄭氏先後異讀，實爲妄下雌黃。皮云「於古義古音多所牴牾」，蓋即本惠說。詳可參考四庫全書總目提要經部五經總義類及惠棟九經古義。惠著見清經解卷三五九至卷三七四。

〔三〕季本字明德，號彭山，明會稽人。師事王守仁，能傳其學。正德進士。累遷長沙知府。平生考索經傳，著述頗富。著有易學四同、詩說解頤、讀禮疑圖、廟制考儀、樂律纂要、春秋私存、孔孟事蹟圖譜、說理會編等書。傳附見明史卷二百八十八文苑傳徐渭傳。按季著易學四同，從吳澄之說，割裂經文；詩說解頤，雖語率有徵，而每傷穿鑿；讀禮疑圖，以後世情形推論前代，亦多牽合；至春秋私考，則繆戾更不可勝舉。四庫全書總目提要評之曰：「孫復諸人之棄傳，特不從其褒貶義例而已；程端學諸人之疑傳，不過以所記爲不實而已；未有二千餘年之後，杜撰事蹟以改易舊文者。蓋講學家之恣橫，至明代而極矣。」可見其臆說之一斑。季書今存，略可參考四庫全書總目提要。又郝敬字仲輿，號楚望，明京山人。萬曆進士。累官戶部給事中。終江陰知縣。著有周易正解、易領、尚書辨解、毛詩原解、儀禮節解、周禮完解、禮記通解、春秋直解、孟子說解、談經、史記瑣瑣、時習新知、小山草等書。傳附見明史卷二百八十八文苑傳李維楨傳。按郝著多恃其聰明，臆爲剏說；如周易正解釋蠱卦爲武王之事，而以先甲後甲爲取象甲子昧爽；尚書辨解解周公居東爲就管叔以兄弟之義感之，多與先儒立異。四庫全書總目提要評之曰：「蓋敬之解經，無不以私意穿鑿，亦不但此書爲然也。」郝著今存，略可參考四庫全書總目提要。

〔四〕楊愼字用修，號升庵，明新都人。年二十四，登正德間廷試第一。世宗立，充經筵講官。大禮議起，愼與同列伏左順門力諫，削籍，遣戍雲南永昌衞。愼投荒多暇，於書無所不覽。明世記誦之博，著述之富，推爲第一；但學無根柢，不足以稱碩儒。其所著，詩文外，雜著至一百餘種，有升庵文集八十一卷。天啓中，追諡文憲。傳見明史卷百九十二。按近世所傳岣嶁碑，即禹碑，羣疑爲愼所僞造。

〔五〕豐坊字存禮；後更名道生，字人翁；別號南禺外史；明鄞人。第嘉靖進士，除吏部主事，以吏議謫通州同知免歸。坊博學工文，尤善書。性介僻，滑稽玩世。居吳中，以貧病死。著有古易世學、易辨、古書世學、魯詩世學、春秋世學、書訣等書，又僞造子貢詩傳、申培詩說二書。傳附見明史卷百九十一豐熙傳。按姚際恒古今僞書考云：「子貢詩傳、申培詩說，明豐坊僞撰。錢牧齋列朝詩集記豐坊曰：『子貢詩傳，卽其僞撰也。』錢未及詩說耳。從未聞有子貢詩傳，徒以孔子有『可與言詩』一語，遂附會爲此，其誕妄固不必言。若申培者，漢志有魯故、魯說。隋志云：『魯詩亡於西晉』，則亡佚久矣。坊之作此，名爲二書，實則相輔而行，彼此互證，若合一轍。中多暗襲朱氏集傳以與詩序異者，又襲詩序爲朱之所不辨者。其他自創，雖不無一二合理；然妄託古人以欺世，其罪大矣。嘉靖中，廬陵郭相奎家忽出此二書，以爲得之香山黃佐；佐所得爲晉虞喜於祕閣石本傳摹者，故其書有篆隸諸體。坊善書，其所優爲也。於是當時人幾於一鬨之市，張元平刻之成都，李本寧刻之白下；淩濛初爲傳詩適冢，鄒忠徹爲詩傳闡，姚允恭爲傳說合參；使得以盡售其欺，可歎也。夫坊又自爲魯詩世學，專宗詩說，而間及於傳，意以說之本於傳也。又多引黃泰泉說；泰泉卽佐，乃坊之師，有詩經通解行世。二書亦多與暗合，故謂出於佐家，以佐得見此二書，用其義爲解也。其狡獪如此。……」按姚說豐坊僞造二書以行世而世莫能辨之情況殊詳，故盡錄之。

〔六〕書傳會選，六卷，明翰林學士劉三吾等奉敕撰。按蔡沈書傳雖源出朱子，而自用己意者多。當其初行，已多異論。宋末元初，張葆舒作尚書蔡傳訂誤，黃景昌作尚書蔡氏傳正誤，程直方作蔡傳辨疑，余苞舒作讀蔡傳疑；其後陳櫟初作書傳折衷，頗論蔡氏之失；然書皆亡佚。明太祖考驗天象，知與蔡傳不合，乃於洪武二十七年四月丙戌詔徵儒臣，定爲此篇，令劉三吾等總其事。凡蔡傳之合者，存之，不預立意見以曲肆詆排；其不合者，則改之，亦不堅持門戶以巧爲回護。計所糾正凡六十六條。九月癸丑書成，賜名書傳會選，命禮部頒行天下。顧炎武謂：「今按此書，若堯典謂天左旋，日月五星違天而右轉；高宗肜日謂祖庚繹於高宗之廟；西伯戡黎謂是武王；洛誥惟周公誕保文武受命惟七年謂周公輔成王之七年；皆不易之論。每傳之下，繫以經文及傳音釋，於字音、字體、字義辨之甚詳。」按此書今存，詳可參考四庫全書總目提要經部書類二及顧炎武日知錄卷十八「書傳會選」條。

〔七〕引語見顧炎武日知錄卷十八「書傳會選」條。原文「姓名」作「姓字」，「出身」作「發身」，皮引蓋偶誤。

〔八〕趙汸字子常，元休寧人。師事黃澤，究心易、春秋之學。晚年隱居東山，學者稱東山先生。明洪武二年，召修元史。著有周易文詮、春秋集傳、春秋屬辭、春秋師說、春秋左氏傳補注、春秋金鎖匙、東山存稿等書。傳見明史卷二百八十二儒林傳。按春秋屬辭十五卷，今存。其書爲例凡八：一曰存策書之大體，二曰假筆削以行權，三曰變文以示義，四曰辨名實之際，五曰謹內外之辨，六曰特筆以正名，七曰因日月以明類，八曰辭從主人。其說以杜預釋例、陳傅良後傳爲本，而多所補正，不似元、明間解經者之臆說。故附會穿鑿，雖不能盡免；而宏綱大旨，則頗多可取。詳可參考四庫全書總目提要經部春秋類三。

〔九〕孔廣森已見頁一八七注〔三〕。廣森撰春秋公羊傳通義十一卷，亦言義例，略與趙汸相似。其自敍云：「……春秋之爲書也，上本天道，中明王法，而下理人情。不奉天道，王法不正；不合人情，王法不行。天道者，一曰時，二曰月，三曰日。王法者，一曰譏，二曰貶，三曰絕。人情者，一曰尊，二曰親，三曰賢。此三科九旨旣布，而壹裁以內外之異例，遠近之異辭，錯綜酌劑，相需成體。凡傳春秋者三家，粤唯公羊氏有是說焉。……」其書今存，見清經解卷六七九至卷六九一。

〔一〇〕梅鷟字致齋，明旌德人。正德舉人。官南京國子監助教，終鹽課司提舉。著尙書考異、尙書譜、古易考原、春秋指要、儀禮翼經、太玄圖注等書。明史無傳。尙書考異，明史藝文志不著錄，朱彝尊經義考作一卷，今本析爲五卷，存。其書承吳棫、朱熹、吳澄之說，力斥古文尙書之僞，指爲皇甫謐所造。謂孔安國序及增多之二十五篇，悉雜取傳記中語以成文，其指摘皆有依據，實爲閻若璩古文尙書疏證、惠棟古文尙書考之先導。詳可參考四庫全書總目提要經部書類二。

〔一一〕肯綮，莊子養生主「技經肯綮之未嘗。」釋文「肯，骨無肉也；綮，猶結處也。」又釋文引字林云：「肯，著骨肉也。」

〔一二〕閻若璩已見頁一六五注〔六〕。惠棟已見頁一一三注〔二五〕。閻若璩撰古文尙書疏證八卷，繼梅鷟之後，引經據古，力陳古文尙書矛盾之故，於是古文之僞乃大明。所列凡百二十八條。毛奇齡作古文尙書寃詞，百計相軋，終不能以强辭奪之。詳可參考四庫全書總目提要經部書類二。書今存，見續清經解卷二十八至三十六。又惠棟撰古文尙書考二卷，與閻說互相發明。錢大昕序云：「先是太原閻徵君百詩，著書數十萬言，其義多與先生闇合，而於太誓猶沿唐人正義之誤，未若先生之精而約也。」書今存，見清經解卷三五一至三五二。

〔一三〕「鐵中錚錚，庸中佼佼」，語出後漢書劉盆子傳，以喻出類拔萃也。後漢書注「錚錚，金也；佼佼，好貌也。」

明永樂十二年〔一〕，敕胡廣等修五經大全，頒行天下〔二〕。此一代之盛事，自唐修五經正義後，越八百餘年而再見者也。乃所修之書，大爲人姍笑。顧炎武謂：春秋大全全襲元人汪克寬胡傳纂疏，詩經大全全襲元人劉瑾詩傳通釋。其三經，後人皆不見舊書，亦未必不因前人也。取已成之書，鈔謄一過，上欺朝廷，下誑士子，唐、宋之時，有是事乎！經學之廢，實自此始〔三〕。四庫提要更加考定，謂周易大全割裂董楷、董眞卿、胡一桂、胡炳文四家之書〔四〕，餖飣〔五〕成編；書傳大全亦勦襲陳櫟尙書集傳纂疏、陳師凱書蔡傳旁通〔六〕；禮記大全采諸儒之說凡四十二家，而以陳澔集說爲主〔七〕，澔書之列於學官自此書始。案官修之書，多勦舊說，唐修正義，已不免此。惟唐所因者，六朝舊籍，故該洽猶可觀。明所因者，元人遺書，故譾陋爲尤甚。此五經正義至今不得不鑽研，五經大全入後遂盡遭唾棄也。元以宋儒之書取士，禮記猶存鄭注；明並此而去之，使學者全不覩古義，而代以陳澔之空疏固陋，經義考所目爲兎園册子者〔八〕。故經學至明爲極衰時代。而剝極生復〔九〕，貞下起元〔一〇〕，至國朝，經學昌明，乃再盛而駸駸復古。

〔一〕永樂，明成祖之年號，凡二十二年，當公元一四〇三年至一四二四年。永樂十二年當公元一四一四年。

〔二〕據明成祖實錄，永樂十二年十一月甲寅，命行在翰林院學士胡廣、侍講楊榮、金幼孜，修五經四書大全。十三年九月告成。成祖親製序，弁之卷首。命禮部刊賜天下，賜胡廣等鈔幣有差，仍賜宴於禮部。同時預纂修者，自廣、榮、幼孜外，尚有翰林編修葉時中等三十九人。計周易大全二十四卷，書傳大全十卷，詩經大全二十卷，禮記大全三十卷，春秋大全七十卷，稱爲五經大全；又四書大全三十六卷。書均存，詳可分考四庫全書總目各書提要。按胡廣字光大，明吉水人。建文時，擧進士第一，授翰林修撰，賜名靖。成祖卽位，廣迎降。累官至文淵閣大學士，兼左春坊大學士。以醇謹見幸，時人以方漢之胡廣。卒諡文穆。傳見明史百四十七。

〔三〕引語見顧炎武日知錄卷十八「四書五經大全」條。其原文云：「……春秋大全則全襲元人汪克寬胡傳纂疏，但改其中『愚按』二字爲『汪氏曰』，及添廬陵李氏等一二條而已。詩經大全則全襲元人劉瑾詩傳通釋，而改其中『愚按』二字爲『安成劉氏曰』。其三經，後人皆不見舊書，亦未必不因前人也。當日儒臣奉旨修四書五經大全，頒餐錢，給筆札；書成之日，賜金遷秩；所費於國家者，不知凡幾。將謂此書既成，可以章一代教學之功，啓百世儒林之緒；而僅取已成之書，抄謄一過，上欺朝廷，下誑士子，唐、宋之時，有是事乎！豈非骨鯁之臣已空於建文之代；而制義初行，一時人士盡棄宋、元以來所傳之實學，上下相蒙，以饕祿利，而莫之問也。嗚呼！經學之廢，實自此始。……」按汪克寬字德輔，元祁門人。泰定丙寅舉於鄉。元亡，不仕。明初，徵修元史，以老疾辭歸，卒於家。著有禮經補逸、春秋胡傳附錄纂疏、環谷集等書。傳見明史卷二百八十二儒林傳。胡傳纂疏卽春秋胡傳附錄纂疏之簡文，凡三十卷，今存，詳可參考四庫全書總目提要經部春秋類三。又劉瑾字公瑾，元安福人。博貫經史，隱居不仕。著有詩傳通釋、律呂成書。元史無傳。詩傳通釋凡二十卷，今存。其書大旨專在發明朱子詩經集傳，與輔廣詩童子問相同。詳可參考四庫全書總目提要經部詩類二。

〔四〕四庫全書總目提要卷五經部易類五周易大全下云：「朱彝尊經義考謂：廣（胡廣）等就前儒成編，雜爲鈔錄，而去其姓名。易則取諸天台、鄱陽二董氏，雙湖、雲峯二胡氏，於諸書外，未寓目者至多云云。天台董氏者，董楷之周易傳義附錄；鄱陽董氏者，董眞卿之周易會通；雙湖胡氏者，胡一桂之周易本義附錄纂疏；雲峯胡氏者，胡炳文之周易本義通釋也。今勘驗舊文，一一符合；彝尊所論，未可謂之苛求。」按董楷字正叔，宋台州臨海人。師事陳器之，傳朱熹之學。寶祐進士。官至吏部郎中。著有周易傳義附錄、程朱易解、克齋集等書。宋史無傳。其所著周易傳義附錄凡十四卷，以洛、閩爲宗，今存，詳可參考四庫全書總目提要經部易類三。又董眞卿字季眞，元鄱陽人。師事胡一桂。撰有周易會通。元史無傳。周易會通凡十四卷，本胡一桂之周易本義附錄纂疏，而廣及諸家，今存，詳可參考四庫全書總目提要經部易類四。又胡一桂字庭芳，號雙湖，元婺源人。景定領鄉薦，試禮部不第，教授鄉里以終。學者稱雙湖先生。著有周易本義附錄纂疏、啓蒙翼傳、朱子詩傳附錄纂疏、十七史纂等書。傳見元史卷百八十九儒學傳。其所著周易本義附錄纂疏，凡十五卷，以朱子易本義爲宗，取文集語錄之及於易者附之，謂之附錄；取諸儒易說之合於本義者纂之，謂之疏纂；其去取別裁，惟以朱子爲斷。書今存，詳可參考四庫全書總目提要經部易類四。又胡炳文字仲虎，元婺源人。傳家學，潛心程、朱之說。延祐中，以薦爲信州道一書院山長。調蘭溪學正，不赴。世稱雲峯先生。著有周易本義通釋、書集解、春秋集解、禮書纂述、四書通、大學指掌圖、五經會義、爾雅韻語等書。傳附見元史卷百八十九儒學傳胡一桂傳。其所著周易本義通釋，凡十二卷；據朱子本義，折衷是正；復採諸家易解，互相發明。書今存，詳可參考四庫全書總目提要經部易類四。

〔五〕餖飣亦作飣餖。韓愈詩「或如臨食案，肴核紛飣餖。」世因謂文詞之堆砌者，曰餖飣。

〔六〕四庫全書總目提要卷十二經部書類二書傳大全下云：「朱彝尊經義考引吳任臣之言曰：書傳舊爲六卷，大全分爲十卷；大旨本二陳氏。二陳氏者，一爲陳櫟尚書集傳纂疏，一爲陳師凱書蔡傳旁通。纂疏皆墨守蔡傳，旁通則於名物度數考證特詳。……故是書在五經大全中，尚爲差勝。」按陳櫟字壽翁，元休寧人。學宗朱子。宋亡，隱居著書。學者稱定宇先生。晚自號東阜老人。著有尚書集傳纂疏、歷朝通略、勤有堂隨錄、定宇集等書。傳見元史卷百八十九儒學傳。尚書集傳纂疏，凡六卷，以疏通蔡傳之意，故命曰疏；以纂輯諸家之說，故命曰纂。書今存，詳可參考四庫全書總目提要經部書類二。又陳師凱，其始末不可考，惟知爲元彭蠡人。撰有書蔡傳旁通六卷。其書於名物度數蔡傳所稱引而未詳者，一一博引繁稱，析其端委；而於蔡傳歧誤之處，則不復糾正。書今存，詳可參考四庫全書總目提要經部書類二。

〔七〕四庫全書總目提要卷二十一經部禮類三禮記大全下云：「以陳澔集說爲宗。所採掇諸儒之說，凡四十二家。朱彝尊經義考引陸元輔之言，謂：當日諸經大全，皆攘竊成書，以罔其上。此亦必元人之成書，非諸臣所排纂云云。」按陳澔字可大，號雲莊，又號北山，元都昌人。宋末，隱居不仕，教授鄉里。學者稱經師先生。著有禮記集說。元史無傳。禮記集說凡三十卷，今本併爲十卷。其書以空言說禮，略度數而推義理，疏於考證，舛誤相仍，納喇性德曾專作一書以攻詰之。惟因澔父大猷師饒魯，魯師黃榦，榦爲朱子之壻，遂緣晦庵之餘蔭，使是書得立於學官，用以取士。書今存，詳可參考四庫全書總目提要經部禮類三。

〔八〕經義考卷百四十三陳澔禮記集說下云：「按自漢以來，治小戴之記者，不爲不多矣；以公論揆之，自當用衞氏（湜）集說取士；而學者厭其文繁，全不寓目。若雲莊集說，直兔園册子耳，獨得頒於學官，三百餘年不改。其於度數品節，擇焉不精，語焉不詳；禮云禮云，如斯而已乎？」按兔園册子斥其爲應試俗書也。五代史劉岳傳「兔園策者，鄉校俚儒教田夫牧子之所誦也。」王應麟困學紀聞卷十四「考史」「兔園册府三十卷，唐蔣王惲令僚佐杜嗣先倣應科目策，自設問對，引經史爲訓注。惲，太宗子，故用梁王兔園名其書。馮道兔園册，謂此也。」按漢文帝子梁孝王，好宮室苑囿，曾築兔園；唐太宗子蔣王惲，自擬於梁孝王，故名其書曰兔園册府。後因兔園册府爲民間村塾教授學童之書，如今之幼學瓊林，故又引申爲一切應試俗書或陋書之稱。

〔九〕剝極生復，以喻衰極而盛也。剝、復本易經二卦名。坤下艮上爲剝（䷖），震下坤上爲復（䷗）。二卦皆僅一陽爻；至剝，陽氣將盡；至復，陽氣復生；故爲乘除消長之象。

〔一〇〕貞下起元，以喻終而復始也。易乾卦卦辭「乾，元亨利貞。」孔穎達周易正義云：「元，始也；亨，通也；利，和也；貞，正也。言此卦之德有純陽之性，自然能以陽氣始生萬物，而得元始亨通；能使物性和諧，各有其利；又能使物堅固，貞正得終。」按元本訓爲始，貞亦有終義，故以爲終始之代辭。

十　經學復盛時代

經學自兩漢後，越千餘年，至國朝而復盛。兩漢經學所以盛者，由其上能尊崇經學、稽古右文故也。國朝稽古右文，超軼前代。康熙五十四年〔一〕，御纂周易折中二十二卷〔二〕；乾隆二十年〔三〕，御纂周易述義十卷〔四〕；康熙六十年〔五〕，欽定書經傳說彙纂二十四卷〔六〕，欽定詩經傳說彙纂二十卷，序二卷〔七〕；乾隆二十年，御纂詩義折中二十卷〔八〕；乾隆十三年〔九〕，欽定周官義疏四十八卷〔一〇〕，欽定儀禮義疏四十八卷〔一一〕，欽定禮記義疏八十二卷〔一二〕；康熙三十八年〔一三〕，欽定春秋傳說彙纂三十八卷〔一四〕；乾隆二十三年〔一五〕，御纂春秋直解十六卷〔一六〕；乾隆四十七年〔一七〕，欽定四庫全書總目，以經部列首，分爲十類〔一八〕。夫漢帝稱制臨決〔一九〕，未及著爲成書；唐宗御注孝經〔二〇〕，不聞徧通六藝。今鴻篇鉅製，照耀寰區；頒行學官，開示蒙昧；發周、孔之蘊，持漢、宋之平。承晚明經學極衰之後，推崇實學，以矯空疏，宜乎漢學重興，唐、宋莫逮。乾隆五十八年〔二一〕，詔刊十三經於太學，依開成石經，參以善本，多所訂正〔二二〕。嘉慶八年〔二三〕，復命廷臣磨改，以期盡善，尤爲一代盛典，足以別黑白而定一尊〔二四〕。

〔一〕康熙，清聖祖玄燁之年號，計六十一年；當公元一六六二年至一七二二年。康熙五十四年，當公元一七一五年。

〔二〕周易折中二十二卷，淸聖祖康熙五十四年，詔大學士李光地，採摭羣言，定著是編。其書以程傳及本義爲主，而雜採諸家訓解之足發明經義者以輔之。又冠以圖說，殿以啓蒙，實未脫宋易之陋說。書今存，詳可參考四庫全書總目提要經部易類六。

〔三〕乾隆，淸高宗弘曆之年號，計六十年；當公元一七三六年至一七九五年。乾隆二十年，當公元一七五五年。

〔四〕周易述義十卷，乾隆二十年奉敕撰。凡卦爻四卷，彖傳一卷，象傳二卷，繫辭傳二卷，文言、說卦、序卦、雜卦各傳共一卷。以推闡周易折中之說，故曰述義。其書擷取羣言，不條列姓名，不駁辨得失，而僅隨文詮釋，簡括大旨，實不足觀。書今存，詳可參考四庫全書總目提要經部易類六。

〔五〕康熙六十年，當公元一七二一年。

〔六〕書經傳說彙纂二十四卷，康熙六十年敕撰，雍正八年告成。其書仍以蔡沈集傳爲主，而採錄衆說以爲輔，其義可兩通者，別爲附錄，以示不專主一家。蓋仍爲功令之助，不足言著作也。書今存，詳可參考四庫全書總目提要經部書類二。

〔七〕詩經傳說彙纂二十卷，序二卷，康熙六十年敕撰，雍正五年告成。其書仍以朱熹詩集傳爲綱，而於古義之可採者，一一附錄，以補闕遺。書今存，詳可參考四庫全書總目提要經部詩類二。「序二卷」，皮書「卷」誤作「傳」，今改正。

〔八〕詩義折中二十卷，乾隆二十年敕撰。其體例與周易述義同，於集傳之外，多附錄舊說。書今存，詳可參考四庫全書總目提要經部詩類二。

〔九〕乾隆十三年，當公元一七四八年。

〔一〇〕周官義疏四十八卷，乾隆十三年敕撰，爲三禮義疏之第一部。其書采掇羣言，分爲七例：一曰正義，二曰辨正，三曰通論，四曰餘論，五曰存疑，六曰存異，七曰總論。書今存，詳可參考四庫全書總目提要經部禮類一。

〔一一〕儀禮義疏四十八卷，乾隆十三年敕撰，爲三禮義疏之第二部。其詮釋七例，與周官義疏同。分經文爲四十卷；冠以綱領一卷，釋宮一卷，不入卷數；殿以禮器圖四卷，禮節圖四卷；共四十八卷。其大旨以元敖繼公儀禮集說爲本，而參核諸家，以補正舛漏。書今存，詳可參考四庫全書總目提要經部禮類二。

〔一二〕禮記義疏八十二卷，乾隆十三年敕撰，爲三禮義疏之第三部。經文分爲七十七卷，附載圖五卷，共八十二卷。其詮釋七例，亦與周官義疏同。其書廣摭羣言，混淆漢、宋；名爲不主一家，實則未爲專著也。書今存，詳可參考四庫全書總目提要經部禮類三。

〔一三〕康熙三十八年，當公元一六九九年。

〔一四〕春秋傳說彙纂三十八卷，康熙三十九年敕撰。其書仍以宋胡安國春秋傳附於三傳之末；但有乖經義者，則採錄先儒之說，加以駁正。書今存，詳可參考四庫全書總目提要經部春秋類四。

〔一五〕乾隆二十三年當公元一七五八年。

〔一六〕春秋直解十五卷，乾隆二十三年敕撰。皮云十六卷，蓋誤。其書以十二公爲十二卷，莊、僖、襄因篇頁稍繁，各析一子卷，實十五卷。其本旨自謂發明孔子大義，而剷除迂說，故名曰直解。書今存，詳可參考四庫全書總目提要經部春秋類四。

〔一七〕乾隆四十七年當公元一七八二年。

〔一八〕四庫全書之搜集，始於乾隆三十七年；至四庫全書總目之編纂，實成於乾隆四十七年。以經、史、子、集提綱列目，而以經部爲之冠。經部分爲十類，一曰易類，二曰書類，三曰詩類，四曰禮類，五曰春秋類，六曰孝經類，七曰五經總義類，八曰四書類，九曰樂類，十曰小學類。詳可參考四庫全書總目提要卷首詔諭、表文、凡例、門目等。

〔一九〕漢宣帝甘露三年，會諸儒於石渠閣，講論五經異同，帝稱制臨決。又漢章帝建初四年，仿石渠故事，會諸儒於白虎觀。已見本書第四章。

〔二〇〕今本十三經中之孝經注係唐玄宗撰。唐會要，「開元十年六月（公元七二二年），上注孝經，頒天下及國子學。天寶二年五月（公元七四三年），上重注，亦頒天下。」舊唐書經籍志「孝經一卷，玄宗注。」唐書藝文志「今上孝經制旨一卷」，注「玄宗」。按稱「制旨」者，猶梁武帝中庸義之稱制旨，實卽一書。詳可參考四庫全書總目提要經部孝經類。

〔二一〕乾隆五十八年當公元一七九三年。

〔二二〕馮登府石經補考卷十一國朝石經考異序云：「高宗純皇帝於乾隆五十八年，詔刊十三經於太學，卽長洲蔣衡所書，勘定立石，依開成石經，參以各善本，多所訂正。彭尙書元瑞會撰考文提要十三卷，以證校正所自。當時因急於告竣，未及盡改。迨我仁宗睿皇帝嘉慶八年，尙書奏復重修，於是復命廷臣磨改，以期盡善。故前後搨本不同。」按開成石經已見頁二一三注〔二〕。關於清石經，馮著之國朝石經考異可參考。

〔三〕嘉慶係清仁宗顒琰之年號，計二十五年，當公元一七九六至一八二〇年，嘉慶八年當公元一八〇三年。

〔四〕皮氏生於清末，君主之淫威尚存；此段記述清帝獎翼經學，雖屬史實；但贊頌之辭，近於阿諛，不足憑信也。

凡事有近因，有遠因。經學所以衰而復盛者，一則明用時文取士，至末年而流弊已甚。顧炎武謂八股之害，甚於焚書〔一〕。閻若璩謂不通古今，至明之作時文者而極〔二〕。一時才俊之士，痛矯時文之陋，薄今愛古，棄虛崇實，挽回風氣，幡然一變。王夫之、顧炎武、黃宗義〔三〕皆負絕人之姿，爲舉世不爲之學。於是毛奇齡、閻若璩〔四〕等接踵繼起，考訂校勘，愈推愈密。斯爲近因。一則朱子在宋儒中，學最篤實。元、明崇尚朱學，未盡得朱子之旨。朱子常教人看注疏，不可輕議漢儒〔五〕。又云：「漢、魏諸儒，正音讀，通訓詁，考制度，辨名物，其功博矣。」〔六〕後以宋孝宗崩，寧宗應承重，而無明據，未能折服異議；及讀儀禮疏，鄭答趙商問父有廢疾而爲其祖服制三年斬，乃大佩服。謂禮經之文誠有闕略，不無待於後人；向使無鄭康成，則此事誠未有斷決〔七〕。朱子晚年修儀禮經傳通解，蓋因乎此；惜書未成而破〔八〕。元、明乃專取其中年未定之說取士，士子樂其簡易。而元本不重儒，科舉不常行；明亦不尊經，科舉法甚陋。慕宗朱之名，而不究其實，非朱子之過也。朱子能遵古義，故從朱學者，如黃震、許謙、金履祥、王應麟諸儒〔九〕，皆有根柢。王應麟輯三家詩與鄭易注，開國朝輯古佚書之派〔一〇〕。王、顧、黃〔一一〕三大儒，皆嘗潛心朱學，而加以擴充，開國初漢、宋兼采之派。斯爲遠因。聖人之經，本如日月，光景常新，有此二因，而又恭逢右文之朝，宜其由衰而復盛矣。

〔一〕顧炎武日知錄卷十六「擬題」條云：「今日科場之病，莫甚乎擬題。且以經文言之，初場試所習本經義四道；而本經之中，場屋可出之題不過數十。富家巨族，延請名士，館於家塾，將此數十題各譔一篇，計篇酬價，令其子弟及僮奴之俊慧者記誦熟習。入場命題，十符八九；卽以所記之文抄謄上卷，較之風簷結搆，難易迥殊。四書亦然。發榜之後，此曹便爲貴人。年少貌美者多得館選，天下之士靡然從風，而本經亦可以不讀矣。予聞昔年五經之中，惟春秋止記題目，然亦須兼讀四傳。又聞嘉靖以前，學臣命禮記題，有出喪服以試士子之能記否者。百年以來，喪服等篇皆刪去不讀；今則并檀弓不讀矣。書則刪去五子之歌、湯誓、盤庚、西伯戡黎、微子、金縢、顧命、康王之誥、文侯之命等篇不讀，詩則刪去淫風、變雅不讀，易則刪去訟、否、剝、遯、明夷、睽、蹇、困、旅等卦不讀，止記其可以出題之篇及此數十題之文而已。讀論惟取一篇，披莊不過盈尺；因陋就寡，赴速邀時。昔人所須十年而成者，以一年畢之；昔人所待一年而習者，以一月畢之。

成於勦襲得於假倩，卒而問其所未讀之經，有茫然不知爲何書者。故愚以爲八股之害，等於焚書；而敗壞人材，有甚於咸陽之郊所坑者但四百六十餘人也。……」按皮云「甚於焚書」，「甚」字蓋「等」字之偶誤。

〔二〕閻著潛邱劄記卷一云：「三百年文章學問不能直追配唐、宋及元者，八股時文害之也。」又卷二云：「三百年文章學問不能遠追漢、唐及宋、元者，其故蓋有三焉。一壞於洪武十七年甲子定制，以八股時文取士，其失也陋。……」按皮引語或據此。

〔三〕王夫之已見頁二五五注〔一〇〕。又顧炎武已見頁一〇五注〔九〕。又黃宗羲字太沖，號黎洲，明末浙江餘姚人。父尊素，因魏忠賢誣害，死詔獄；宗羲具疏訟冤，袖長錐錐許顯純等。師事劉宗周，肆力於學，建續鈔堂於南雷。尋隨孫嘉績、熊汝霖諸軍於江上，謀恢復明室，魯王以爲左僉都御史。明亡，乃奉母返里，畢力著述。康熙中，舉博學鴻詞科，薦修明史，均力辭。詔取所著書宣付史館。私諡文孝。學者稱南雷先生。其學主先窮經，而求事實於史，爲清代浙東學派之祖，與顧炎武齊名。其著作之著者，有易學象數論、宋元學案、明儒學案、明夷待訪錄、南雷文定等書。近人會編印黃黎洲遺書，但殊未完善。傳見阮元國史儒林傳卷上及江藩國朝漢學師承記卷八。

〔四〕毛奇齡已見頁二四二注〔七〕。其所著書，分經集、文集二部：經集五十種，文集二百三十四卷。經集之著者，有仲氏易、春秋毛氏傳、春秋簡書刊誤、春秋屬辭比事記、春秋占筮書、續詩傳鳥名、白鷺洲主客說詩、郊社禘祫問、大小宗通繹、論語稽求篇、四書賸言、孝經問、經問等。閻若璩已見頁一六五注〔六〕。

〔五〕按朱子教人看注疏之語，如：論語訓蒙口義序云：「本之注疏，以通其訓詁。」論語要義目錄序云：「其文義名物之詳，當求之注疏，有不可略者。」答余正父書云：「今所編禮書內，有古經闕略處，須以注疏補之，不可專任古經，而直廢傳注。」又按朱子尊崇漢儒之語，如：學校貢舉私議云：「治經者，必因先儒已成之說而推之。借曰未必盡是，亦當究其所以得失之故，而後可以反求諸於心而正其謬。此漢之諸儒所以專門名家，各守師說，而不敢輕有變焉者也。」語類卷百二十一云：「漢儒各專一家，看得極子細。」皆是。詳可參考陳澧東塾讀書記卷十五「朱子書」。

〔六〕語見晦庵文集語孟集義序。

〔七〕宋孝宗淳熙十六年（公元一一八九年），禪位於其子光宗；光宗紹熙五年（公元一一九四年），又以疾禪位於其子寧宗。時孝宗崩，朝臣疑父在不當承重，未用三年斬衰之制。朱熹不以爲然，因上乞討論喪服劄子，言宜改承重之服。時門人有疑者，朱熹未有以折之；後讀儀禮喪服疏引鄭志鄭玄答趙商語，始大折服。宋史卷百二十二禮志第二十五云：「孝宗之喪，有司請於易月之外，用漆紗淺黃之制，蓋循紹興以前之舊。朱熹初至，不以爲然，奏言：今已往之失，不及追改；唯有將來啓攢發引禮當復用初喪之服。」晦庵文集乞討論喪服劄子云：「臣聞三年之喪，齊疏之服，饘粥之食，自天子達於庶人，無貴賤之殊。而禮經勅令，子爲父，適孫承重爲祖父，皆斬衰三年。蓋適子當爲父後，此承大宗之重，而不能襲位以執喪，則適孫繼統而代之執喪，義當然也。然自漢文短喪之後，歷世因之，天子遂無三年之喪。爲父且然，則嫡孫承重，從可知已。至尊壽聖皇帝（即孝宗），至性自天，孝誠內發，易月之外，猶執通喪，朝衣朝冠皆以大布，超越千古，甚盛德也。聞者遺詔初頒，太上皇帝（卽光宗）偶違康豫，不能躬就喪次。陛下（卽寧宗）實以世適之重，仰承大統；則所謂承重之服，著在禮律。所宜一遵壽皇已行之法，易月之外，且以布衣布冠視朝聽政，以代太上皇帝躬執三年之喪。而一時倉卒，未及詳議，遂用漆紗淺黃之服。不惟上違禮律，且使壽皇已行之禮舉而復墜，臣竊痛之。然既往之失，不及追改；惟有將來啓殯發引禮當復用初喪之服。……」又宋史禮志云：「方朱熹上議時，門人有疑者，未有以折之。後讀禮記正義喪服小記『爲祖後者』條，因自識於本議之末，其略云：準五服年月格，斬衰三年，適孫爲祖，法意甚明。而禮經無文，但傳云『父沒而爲祖後者服斬。』然而不見本經，未詳何據。但小記云：『祖父沒，而爲祖母後者，三年，』可以傍照。至『爲祖後者』條下疏中所引鄭志，乃有『諸侯父有廢疾，不任國政，不任喪事』之問，而鄭答以『天子諸侯之服皆斬』之文，方見父在而承國於祖服。向來上此奏（指乞討論喪服劄子）時，無文字可檢，又無朋友可問，故大約且以禮律言之。亦有疑父在不當承重者，時無明白證驗，但以禮律人情大意答之，心常不安。歸來稽考，始見此說，方得不疑。乃知學之不講，其害如此；而禮經之文誠有闕略，不無待於後人。向始無鄭康成，則此事終未有所斷決，不可直謂古經定制一字不可增損也。」按儀禮喪服「父卒然後爲祖後者服斬」疏引鄭志云：「趙商問：已爲諸侯，又有廢疾，不任國政，不任喪事，而爲其祖服，制度之宜，年月之斷，云何？答云：父卒爲祖後者，三年斬，何疑。商又問：爲祖後者三年，已聞命矣；所問者，父在，爲祖，如何？欲言三年，則父在；欲言期，復無主斬杖之宜；主喪之制，未知何定？答曰：天子諸侯之喪，皆斬衰無期。」又按此係出儀禮喪服疏，宋史謂係出禮記正義喪服小記，蓋誤。

〔八〕朱子修儀禮經傳通解，已見頁二六二注〔一〕。

〔九〕黃震字東發，宋慈谿人。寶祐進士，爲史館檢閱。以直言出判廣德軍，知撫州，改提點刑獄，皆有惠政。爲人清介自守，宗朱子學。卒，門人私謚文潔先生。著有古今紀要、黃氏日抄等書。傳見宋史卷四百三十八儒林傳。又許謙字益之，元金華人。受業於金履祥，盡傳其學。不出里閭者凡四十年，公卿累薦，終莫能致。晚年講學，宗朱氏，從遊者千餘人。自號白雲山人，世稱白雲先生。卒謚文懿。著有讀書叢說、詩集傳名物鈔、白雲集諸書。傳見元史卷百八十九儒林傳。又金履祥字吉甫，元蘭谿人。少有經世志；及壯，聞濂、洛之學，遂窮究義理。德祐初，以史館編修召，不及用而宋亡，遂隱居著書。晚年講學於麗澤書院。學者稱仁山先生。大德間，卒。至正中，賜謚文安。著有大學疏義、尙書表注、通鑑前編、論語集注考證、中庸標註、仁山文集等書。傳見元史卷百八十九儒林傳。又王應麟已見頁三三三注〔八〕。

〔一〇〕王應麟撰詩考一卷，以考齊、魯、韓三家之詩說。按隋書經籍志，齊詩，魏代已亡；魯詩亡於西晉；韓詩雖存，無傳之者。今三家詩，惟存韓詩外傳，所謂韓故、韓內傳、韓說，亦均亡佚。應麟檢諸書所引，集以成帙，以存三家逸文。又旁搜廣討，曰詩異字異義，曰逸詩，以附綴其後，每條各著其所出所引。卷末又別爲補遺，以掇拾所闕。韓詩較夥，齊、魯二家僅寥寥數條；蓋韓詩最後亡，唐以來注書之家引其說者多也。其蒐輯頗爲勤摯，然不無遺漏疏略處。清儒踵事增修，如范家相之三家詩拾遺，阮元之三家詩補遺，丁晏之三家詩補注，以及馬國翰玉函山房輯佚書中所輯齊詩傳、韓詩故、韓詩說、韓詩內傳等，皆受應麟之啓示與影響。詩考今存，詳可參考四庫全書總目提要經部詩類一。又王應麟輯周易鄭康成注一卷。按隋書經籍志，載鄭玄周易注九卷；又稱鄭玄、王弼二注，梁、陳列於國學；齊代惟傳鄭義；至隋，王注盛行，鄭學浸微。然唐書仍著錄十卷，李鼎祚集解多引之，則其書唐時尚存。宋崇文總目惟載一卷，僅存文言、序卦、說卦、雜卦四篇，餘皆散佚。至中興書目，始不著錄。蓋亡於南、北宋之間。應麟始旁摭諸書，裒爲此帙。經文異字，亦皆並存。其無經文可綴者，則總錄於末簡。又以康成多言互體，因幷取左傳、禮記、周禮正義中論互體者八條，以類附焉。然其書不著所出，又次序先後間與經文不應，亦有遺漏未載者，故清惠棟又重輯鄭氏周易三卷，而袁鈞亦輯鄭氏易注爲九卷。王書今存，詳可參考四庫全書總目提要經部易類一。

〔二〕王、顧、黃，即王夫之、顧炎武、黃宗羲，已見注〔三〕。

由衰復盛，非一朝可至；由近復古，非一蹴能幾。國初諸儒治經，取漢、唐注疏及宋、元、明人之說，擇善而從。由後人論之，爲漢、宋兼采一派；而在諸公當日，不過實事求是，非必欲自成一家也。江藩作漢學師承記〔一〕，以爲黎洲、亭林兩家之學，皆深入宋儒之室，但以漢學爲不可廢，多騎牆之見、依違之言，豈眞知灼見者，乃以黃、顧二公附於册後〔二〕。竊謂如江氏說，國初諸儒無一眞知灼見者矣，豈獨黃、顧二公！師承記首列閻若璩，江氏必以閻爲眞知灼見；案閻氏之功在考定古文之僞，而其疏證信蔡傳臆造之事實〔三〕，邵子意推之年代〔四〕；其說詩，以王柏詩疑爲然，謂鄭、衞爲可删〔五〕；乃誤沿宋學，顯背漢儒者。江刻於黃、顧而寬於閻，是並閻氏之書未之考也。當時如胡渭易圖明辨，能闢圖、書之謬，而洪範幷攻漢儒〔六〕。陳啓源毛詩稽古編能敺宋以申毛，而經說間談佛教〔七〕。萬斯大、方苞等兼通三禮，多信宋而疑漢〔八〕。其不染宋學者，惟毛奇齡〔九〕；而毛務與朱子立異。朱子疑僞孔古文，而毛以僞孔爲可信；朱子信儀禮，而毛以儀禮爲可疑；此則朱是而毛非者〔一〇〕。雖由門戶之見未融，實以途徑之開未久也。此等處宜分別觀之，諒其求實學之苦心，勿遽責以守顓門之絕業。

〔一〕江藩已見頁一七七注〔六〕。藩所著國朝漢學師承記，八卷，甄錄清代諸儒及其著述，義例嚴正，專以篤守漢儒家法者爲斷，爲清代學術史之重要著作。書今存，有單行本，又曾收刻於粤雅堂叢書及玲瓏山館叢書中。

〔二〕國朝漢學師承記卷八黃宗羲、顧炎武傳末云：「記成之後，客有問於予曰：『有明一代，囿於性理，汩於制義，無一人知讀古經注疏者。自黎洲起而振其頹波，亭林繼之，於是承學之士知習古經義矣。所以閻百詩、胡朏明諸君子皆推挹南雷、崑山；今子不爲之傳，豈非數典而忘其祖歟？』予曰：『黎洲乃蕺山之學，矯良知之弊，以實踐爲主。亭林乃文清之裔，辨陸、王之非，以朱子爲宗。故兩家之學，皆深入宋儒之室；但以漢學爲不可廢耳。多騎牆之見，依違之言，豈眞知灼見者哉！』客曰：『二君以瓌異之質，負經世之才；思見用於當世，垂勳名於來葉；讀書論道，重在大端，疏於末節，豈若抱殘守缺之俗儒、尋章摘句之世士也哉！然黃氏闢圖書之謬，知尚書古文之譌；顧氏審古韻之微，補左傳杜注之遺；能爲舉世不爲之時，謂非豪傑之士耶？國朝諸儒，究六經奧旨，與兩漢同風，二君實啓之。菜瓜祭飲食之人，芹藻釋瞽宗之奠，乃木本水源之意也。……』……予曰：『噫！吾過矣！』退而輯二君事實，爲書一卷，附於册後。」按江以顧、黃不臣清室，不宜列於清代諸儒之列；然兩漢家法，興於二君，又不無木本水源之感；故卷末故爲問答，以明附錄顧、黃之意。其文表抑而裏揚，皮氏截其上下，加以抨擊，似於江氏苦衷尚未諒解也。

〔三〕閻若璩尚書古文疏證卷五第八十云：「如武王命康叔爲衛侯，作康誥，直云：『王若曰：孟侯，朕其弟，小子封。』……」按舊說皆以爲周公攝政稱王，封康叔於衛，作康誥，不以爲武王事。至蔡沈書集傳，提倡所謂君臣之義，以爲周公不宜稱王，因移康誥爲武王之書，故於卷四康誥下云：「康叔，文王之子，武王之弟；武王誥命爲衛侯。……按書序，以康誥爲成王之書，今詳本篇，康叔於成王爲叔父，成王不應以弟稱之。說者謂周公以成王命誥，故曰弟。然既謂之『王若曰』，則爲成王之言，周公何遽自以弟稱之也。……或又謂康叔在武王時尚幼，故不得封。然康叔，武王同母弟；武王分封之時，年已九十；安有九十之兄，同母弟尚幼不可封乎！且康叔，文王之子；叔虞，成王之弟；周公東征，叔虞已封於唐；豈有康叔得封，反在叔虞之後，必無是理也。」又於「王若曰，孟侯，朕其弟，小子封」下云：「王，武王也。孟，長也，言爲諸侯之長也。封，康叔名。舊說周公以成王命誥康叔者，非是。」按閻說康誥為武王之書，實本蔡傳；然蔡傳與舊說不合，實臆造之事實，不足憑據也。

〔四〕閻若璩尚書古文疏證卷五第六十八云：「三統曆載周公攝政七年，作召誥、洛誥。此七年在武王崩之後，成王未立之先，故下載成王僅三十年。邵子皇極數始通以此七年繫於成王之下，成王為三十七年；邵子曆是也。」按邵雍亦提倡所謂君臣之義，以為周公不宜稱王紀年，故以攝政之七年合於成王；實則出於意推，與舊說如劉歆三統曆等不合，閻據以為說，非是。

〔五〕閻若璩尚書古文疏證卷五第八十下云：「又按金仁山述其師王文憲之言曰：『今之三百篇，非盡夫子之三百篇也。夫子刪繁蕪之三千，取雅正者三百；而三千之中，豈無播詠於世俗之口者。夫子之詩既燬於秦火矣；漢興，管絃之聲未衰，諸儒傳夫子之詩而不全，得見世俗之流傳，管絃之濫在者，概以為古詩，取以足夫子三百之數，而不辨其非也。不然，若孔子之誦詠，如素絢、唐棣；諸經書之所傳，如貍首、轡柔、先正、繁渠諸詩；何以皆不與於今之三百？而夫子已放之鄭聲，何為尚存而不刪耶？』宋史儒林傳亦載柏之言曰：『今詩三百五篇，豈盡定於夫子之手？所刪之詩，容或有存於閭巷浮薄之口，漢儒取以補亡。』乃定二南各十有一篇，兩兩相配；退何彼穠矣、甘棠，歸之王風；刪去野有死麕，黜鄭、衞淫奔之詩三十有一篇。說實先篁墩、陽明而發。蓋亦從史記『三百五篇，孔子皆絃歌之，以求合韶、武雅頌之音』悟來。」按文憲，王柏之諡。閻從王柏詩疑之說，以鄭風、衞風為可刪削。又同書同卷同條引詩疑原文，文繁不錄，詳可參考原文。

〔六〕胡渭字朏明，號東樵，初名渭生，清德清人。篤志精義，尤精輿地學。徐乾學奉詔修一統志，延渭分纂。著禹貢錐指二十卷，圖二十七篇，精覈典實，爲宋以來注禹貢者之冠。又撰易圖明辨、周易揆方、洪範正論、大學翼眞等書，一掃漢儒附會、宋儒變亂之習。傳見阮元國史儒林傳卷下及江藩國朝漢學師承記卷一。渭所撰易圖明辨凡十卷，專爲辨定圖、書而作。考易圖本出於北宋陳摶、邵雍，朱熹襲用其說，於是盛行。元陳應潤作爻變義蘊，始指先天諸圖爲道家假借易理以爲脩煉之術。吳澄、歸有光諸人，亦相繼排擊。至清，毛奇齡作圖書原舛編，黃宗羲作易學象數論，黃宗炎作圖書辨惑，爭之尤力；然尚未能窮溯本末，抉其所自。渭此書，卷一辨河圖、洛書，卷二辨五行九宮，卷三辨周易參同先天太極，卷四辨龍圖、易數鈎隱圖，卷五辨啓蒙圖書，卷六卷七辨先天古易，卷八辨後天之學，卷九辨卦變，卷十辨象數流弊，皆引據舊文，互相參證，以箝依託者之口，於是圖、書之謬始大著。書今存，曾收刻於續清經解，見卷三十七至四十六。詳可參考四庫全書總目提要經部易類六。又渭所撰洪範正論凡五卷。大旨以爲：洪範古聖所傳，如日月麗天；而間有晦盲否塞者，先儒曲說爲之害也。漢儒專取災祥，推衍五行，穿鑿附會，事同讖緯，其害一。洛書本文具在洪範，宋儒創爲白黑之點，方圓之體，九十之位，於是書易爲圖；且九數十數，劉牧、蔡元定紛紜更改，其害二。洪範原無錯簡，而宋儒王柏、胡一中等任意改竄，其害三。書今存，詳可參考四庫全書總目提要經部書類二。按皮言「洪範并攻漢儒」，即指此。但渭所論皆軌於理，漢儒附會、宋儒變亂之習，一廓而清，於經學上自有其特色，似不能加以疵議也。

〔七〕陳啓源字長發，清吳江人。康熙時諸生，研精經學。著有毛詩稽古編、尙書辨略、讀書偶筆、存耕堂稿等書。傳附見李元度國朝先正事略卷三十二朱鶴齡傳。毛詩稽古編，凡三十卷。卷末自記，謂閱十有四載，凡三易藁，始定。書中訓詁一準諸爾雅；篇義一準諸小序；詮釋經旨一準諸毛傳，而以鄭箋佐之；其名物則多以陸璣疏爲主。題曰「毛詩」，明其所宗；曰「稽古編」，明爲唐以前專門之學。其所辨正，以朱熹集傳爲多；歐陽修詩本義、呂祖謙讀詩記次之；嚴粲詩緝又次之；其所掊擊，以劉瑾詩集釋通釋爲甚，輔廣詩童子問次之。蓋一駁宋申毛之專著。前二十四卷，依次解經；次「總詁」五卷，分爲舉要、考異、正字、辨物、數典、稽疑六子目；末「附錄」一卷，統論風、雅、頌之旨。書今存，曾收刻於清經解，見卷六十至八十九。詳可參考四庫全書總目提要經部詩類二。毛詩稽古編卷三十「邶」「西方美人」條云：「夫子謂商大宰曰：『西方之人，有聖者焉，不治而不亂，不言而自信，不令而自行，蕩蕩乎民無能名焉。』以似指釋尊言也。簡兮詩『西方美人』，所指將毋同。蓋漢明以前，大法雖未被東土；然觀周昭、穆二王時，太史蘇由、扈多覩光氣而知祥；西極化人，說者以爲卽神足弟子；中天臺之建，實佛刹之濫觴。可見此時大法稍有，流傳一二，但未比戶誦習耳；故邶國詩人聞風思慕。晉語亦引西方之書，如姜氏所引書曰『懷與安實疚大事』；懷則不能解脫，安則不能精進，大事所謂一大事因緣也。姜引之，雖斷章，要皆微妙宗旨略見於周世者。合之夫子之言，似乎東土之有大法久矣。及秦火之後，已遭煨燼；然劉向敍列仙，著有佛名；傅毅承明帝問，便對以天竺之敎；非素有流傳，豈能知之乎？又夫子之答大宰，抑三王，卑五帝，藐三皇，獨歸聖於西方，非神孚冥契在語言文字之表，不能推尊至此，所謂惟聖知聖乎！」又同卷「周頌」「捕魚之器」條云：「詩言捕魚之器，凡十有二，旣詳之於潛頌矣。今觀唐皮（日休）陸（龜蒙）漁具詩，爲題有十五。又宋陸游入蜀記言：『吳江縣治有石鐫會文淸公（名幾，字吉甫，南宋人。）漁具詩，比松陵倡和集所載（卽皮、陸詩）又增十事。』俗敝民譌，機巧日滋，肆爲不仁之器，殘害水族，是可嘅也。夫此廣殺物命，恬不知怪，非大覺緣果之文，豈能救之哉！……」按皮言「經說閒談佛教」，蓋卽指此。四庫全書總目會評陳著云：「是則於經義之外，橫滋異學；非惟宋儒無此說，卽漢儒亦豈有是論哉？白璧之瑕，固不必爲之曲諱也。」

【八】萬斯大字充宗，淸鄞縣人。不事科擧業，湛思諸經，尤精於春秋、三禮。排纂說禮之言，爲書三百卷；其別出者，曰學禮質疑、周官辨非、儀禮商、禮記偶箋。又輯春秋二百四十卷，燬於火。晚年復輯，絕筆於昭公。晚號跛翁，學者稱褐夫先生。傳見阮元國史儒林傳卷下。萬氏治禮，不拘漢、宋，故時有「信宋疑漢」之言。茲擧一例如下。學禮質疑卷下「東周祖文宗武」條云：「祭法言周人祖文王而宗武王。鄭玄牽合孝經宗祀明堂之文，謂：祭五帝於堂上，以五人帝及文王配之；祭五神於庭中，以武王配之；祖宗通言耳。王肅排之，曰：古者祖有功而宗有德，祖宗自是不毀之名，非謂配食於明堂也。宗者，尊也；周人旣祖其廟，又尊其祀，孰謂祖於明堂乎？長孫無忌據魯語云：禘、郊、祖、宗、報五者，國之典祀也。旣言五者，知各是一事，非謂祖宗合祀明堂也。二說較鄭爲優；而祖宗二義究無明證。惟吳幼淸曰：祖者，始祖也；宗者，百世不遷之廟，與祖同。此解爲獨得。……」按此文，則萬氏不信漢儒鄭玄之言，而以繼承宋學之元儒吳澄之說爲獨得，實甚明顯。又方苞已見頁七四注〔一一〕。苞曾撰周官集注十二卷，周官析疑三十六卷，考工記析義四卷，周官辨一卷，儀禮析疑十七卷，禮記析疑四十六卷，均著錄於四庫全書總目。在淸儒間，亦爲兼通三禮者。其「信宋疑漢」之論，如：周官辨自序云：「周官晚出，羣儒多疑其僞。至宋程、張二子及朱子繼興，然後知是書非聖人不能作。蓋惟三子之心幾乎與公爲一，故能究知是書之精蘊，而得其運用天理之實也。……鄭氏（玄）以漢法及莽事詁周官，多失其本指。」又本書周官辨惑一云：「程、朱二子，於禮之節文，間有考之未詳、持之未當者；至於修身治世之本原，則與古昔聖人精神相憑依，而無一事一言之不合。康成於三禮之學勤矣；其間名目度數參互考證，亦可謂能竭其思慮者矣；而乃以亂世之事，誣先王之經，以遺毒於後世。」皆推尊程朱、貶抑鄭玄之言。

〔九〕毛奇齡已見頁二四二注〔二七〕。

〔一〇〕阮元國史文苑傳毛奇齡傳云：「奇齡淹貫羣書，所自負者在經學。然好爲駁辯，他人所已言者，必力反其詞。古文尚書，自宋吳棫後，多疑其僞。及閻若璩作疏證，奇齡力辯爲眞，遂作古文尚書寃詞；又刪舊所作尚書廣聽錄爲五卷，以求勝於若璩。而周禮、儀禮，奇齡又以爲戰國之書。」按朱子曾繼吳棫之說，以古文尚書爲可疑，已見本書第八章；而毛氏作古文尚書寃詞，强以僞孔爲可信。又朱子推尊儀禮以爲周禮；而毛氏經問卷二云：「禮記雜篇，皆戰國後儒所作；而儀禮、周禮則又在衰周之季、呂覽之前。故諸儒說經，皆無可據；而漢世注經者，必雜引三禮以爲言；此亦大不得已之事，原非謂此聖人之經、不刊之典也。」則以儀禮與周禮相同，皆在可疑之列矣。

雍、乾〔一〕以後，古書漸出，經義大明。惠、戴〔二〕諸儒，爲漢學大宗，已盡棄宋詮，獨標漢幟矣。惠周惕子士奇，孫棟，三世傳經〔三〕。棟所造尤邃，著周易述、古文尚書考、春秋補注、九經古義等書〔四〕。論者擬之漢儒，在何邵公、服子愼之間〔五〕。而惠氏紅豆山齋楹帖云：「六經宗孔、孟，百行法程、朱。」〔六〕是惠氏之學未嘗薄宋儒也。戴震著毛鄭詩考正、考工記圖、孟子字義疏證、儀禮正誤、爾雅文字考，兼通曆算聲韻，其學本出江永〔七〕，稱永學自漢經師康成後，罕其儔匹〔八〕。永嘗注朱子近思錄〔九〕；所著禮經綱目，亦本朱子儀禮經傳通解〔一〇〕。戴震作原善、孟子字義疏證〔一一〕，雖與朱子說經牴牾，亦只是爭辨一理字。毛鄭詩考正嘗采朱子說〔一二〕。段玉裁受學於震〔一三〕，議以震配享朱子祠〔一四〕。又跋朱子小學〔一五〕云：「或謂漢人言小學謂六書，非朱子所云，此言尤悖。夫言各有當；漢人之小學，一藝也；朱子之小學，蒙養之全功也。」〔一六〕段以極精小學之人，而不以漢人小學薄朱子小學。是江、戴、段之學未嘗薄宋儒也。宋儒之經說雖不合於古義，而宋儒之學行實不愧於古人。且其析理之精，多有獨得之處。故惠、江、戴、段爲漢學幟志〔一七〕，皆不敢將宋儒抹摋。學求心得，勿爭門戶；若分門戶，必起詬爭。江藩作國朝漢學師承記，焦循貽書諍之，謂當改國朝經學師承記，立名較爲渾融〔一八〕。江藩不從，方東樹遂作漢學商兌，以反攻漢學〔一九〕。平心而論，江氏不脫門戶之見，未免小疵；方氏純以私意肆其謾罵，詆及黃震與顧炎武〔二〇〕，名爲揚宋抑漢，實則歸心禪學，與其所著書林揚觶〔二〕，皆陽儒陰釋，不可爲訓。

〔一〕雍，雍正；乾，乾隆。乾隆已見頁二九六注〔三〕。雍正，淸世宗胤禛之年號，計十三年；當公元一七二三年至一七三五年。

〔二〕惠，惠棟；戴，戴震；均已見頁一一三注〔五〕。

〔三〕惠周惕，字元龍，淸吳縣人。少從徐枋、汪琬游。篤志羣經，爲文章有榘度。康熙進士，選庶吉士，授密雲知縣，卒於官。著有易傳、春秋三禮問、詩說、研溪詩文集等書。惠氏三世以經學著名，自周惕始。子士奇，字天牧，一字仲儒，晚號半農居士。康熙進士，選庶吉士，授編修，任廣東學政，累官侍讀，以病告歸。初兼治經史，晚遂於經學。著有易說、禮說、春秋說、交食舉隅、琴笛理數考、紅豆齋小草、詠史樂府、歸耕集、人海集諸書。學者稱紅豆先生。子七人，以棟爲最知名。棟已見頁一一三注〔五〕。傳均見阮元國史儒林傳卷下及江藩國朝漢學師承記卷二。

〔四〕周易述二十三卷，專言漢易，以荀爽、虞翻爲主，而參以鄭玄、宋咸、干寶諸家之說，融會其義，自爲注而自疏之。其目錄凡四十卷，自一卷至二十一卷，皆訓解經文；二十二卷、二十三卷，爲易微言，雜錄舊說，以備參考；二十四卷至四十卷，皆有錄無書；其注疏尙缺下經十四卷及序卦、雜卦二傳；蓋未完之書。書今存，曾收刻於淸經解，見卷三三〇至三五〇。詳可參考四庫全書總目提要經部易類六。又古文尙書考二卷，辨正古文尙書之僞，與閻若璩尙書古文疏證相合。沈彤序謂：「太原閻百詩，近儒之博且精者，著尙書古文疏證五卷，先得定宇之指。定宇書不謀而與之合，文詞未及其半，而辨證益明，條貫亦清益。」錢大昕序謂：「太原閻徵士百詩著書數十萬言，其義多與先生闇合；而於泰誓，猶沿唐人正義之誤，未若先生之精而約。」可見本書之價值。書今存，曾收刻於清經解，見卷三五一至三五二。又春秋左傳補注六卷，援引舊訓，以補杜預左傳集解之遺。本爲九經古義之一，以先出別行，故九經古義刊本虛立其目而無書。書今存，曾收刻於清經解，見卷三五三至三五八。詳可參考四庫全書總目提要經部春秋類四。又九經古義十六卷。九經者，易、書、詩、三禮、公、穀、論語也；古義者，漢儒專門訓詁之學之得考見於今者也。其書蒐採舊文，互相參證，使經傳疑難渙然冰釋。顧亦間有愛博嗜奇，曲徇古人，失之拘執處。書今存，曾收刻於清經解，見卷三五八至三七四。詳可參考四庫全書總目提要經部五經總義類。

〔五〕錢大昕潛揅堂詩文集卷三十九惠先生棟傳云：「惠氏世守古學，而先生所得尤深。擬諸漢儒，當在何邵公、服子愼之間，馬融、趙岐輩不能及也。」錢說先國史儒林傳及江藩國朝漢學師承記棟傳均曾引此語。又何邵公，何休字；服子愼，服虔字。

〔六〕國朝漢學師承記卷二惠士奇傳云：「初，研溪先生（周惕）由東渚郁遷居郡城東南香溪之北。郡城東禪寺有紅豆一株，相傳白鴿禪師所傳，老而枯矣，至是時復生新枝。研溪先生移一枝植階前，生意郁然。僧睿目存爲繪紅豆新居圖，自題五絕句；又賦紅豆詞十首，和者二百餘人。四方名士過吳門者，必停舟訪焉。因自號紅豆主人。所以鄉人稱研溪先生曰老紅豆先生，半農先生（士奇）曰紅豆先生，松崖先生（棟）曰小紅豆先生。」按此文述惠氏紅豆山齋小史殊詳。又紅豆山齋楹帖見江藩國朝宋學淵源記序。

〔七〕戴震著毛鄭詩考正四卷，曾收刻於清經解，見卷五五七至五六〇；考工記圖二卷，曾收刻於清經解，見卷五六三至五六四；孟子字義疏證三卷，儀禮正誤一卷，爾雅文字考十卷。其關於曆算聲韻者，有古曆考二卷，曆問二卷，續天文略二卷，句股割圜記三卷，策算一卷，九章補圖一卷，聲韻考四卷，聲類表十卷，目詳戴氏遺書。阮元國史儒林傳稿卷下戴震傳云：「婺源江永精禮經，及推步鍾律音聲文字之學，震師之，乃研精注疏及說文諸書，實事求是，不主一家。出所學質之永，永爲之駭歎。」又江永傳云：「休寧戴震之學，得於永爲多。」

〔八〕戴震江先生永事略狀「蓋先生之學，自漢經師康成後，罕其儔匹。」按江藩國朝漢學師承記卷五江永傳亦引此語，并謂「非溢美之辭。」

〔九〕江永撰朱子近思錄集注十四卷。近思錄經明周公恕之竄亂，幾不可讀；永以其貽誤後學，因仍原本次第，爲之集注。凡朱子文集、或問、語類中，其言有相發明者，悉行採入分注。或朱子說有未備，始取葉采及他家之說以補之，亦附以己意。引據頗爲詳洽。書今存，詳可參考四庫全書總目提要子部儒家類二。

〔一〇〕戴震江先生永事略狀云：「先生以朱子晚年治禮，爲儀禮經傳通解，書未就；雖黃氏、楊氏相繼纂續，猶多闕略，其書非完；乃爲之廣摭博討，一從周官經大宗伯吉、凶、軍、嘉、賓五禮舊次，使三代禮儀之盛，大綱細目井然可覩。於今題曰禮經綱目，凡數易稿而後定。」阮元國史儒林傳稿卷下江永傳及江藩國朝漢學師承記卷五江永傳均引此文，唯稍有異同。按書今存，凡八十五卷，已見頁二六三注〔一二〕。

〔一〕戴震於作孟子字義疏證之前，曾著有原善三卷，見戴氏遺書，又曾收刻於粵雅堂叢書。近人集原善、緒言、孟子字義疏證三書，稱曰戴氏三種，由樸社出版，可參考。按原善與孟子字義疏證爲戴氏哲學之著作。其內容，槪括言之，爲反抗宋學程、朱之「理性哲學」，而代以己所建立之「情感哲學」；換言之，卽排斥宋儒之「理欲二元論」，而建立戴氏之「理欲一元論」。近人梁啓超清代學術槪論頁六十三至七十。（單行本。按又見飲冰室合集專集第九册頁二十五至三十一。）論兩書內容頗詳，可參考。

〔二〕按戴震毛鄭詩考正無明言采朱子說；但其所著之詩經補注，則從朱子詩集傳之說頗多，茲舉一二以爲例。如卷一兔罝「『肅肅兔罝，椓之丁丁。赳赳武夫，公侯干城。』毛傳曰：「肅肅，敬也。兔罝，兔罟也。丁丁，椓杙聲也。赳赳，武貌。干，扞也。』集傳曰：『肅肅，整飭貌。』震按毛、鄭以肅肅兔罝爲其人之不忘恭敬，集傳以爲罝之整飭，集傳是也。」又如卷二草蟲「『喓喓草蟲，趯趯阜螽。未見君子，憂心忡忡。亦既見止，亦既覯止；我心則降。』……毛、鄭以首二言爲喻卿大夫之妻待禮而行，隨從君子；中二言爲在途時憂不當君子。集傳以爲大夫行役在外，其妻感時物之變而思之如此。集傳是也。」又如卷二殷其靁「『殷其靁，在南山之陽。何斯違斯，莫敢或遑。振振君子，歸哉歸哉！』……震按何斯違斯，毛、鄭以爲君子適居此，復轉行去此，指在外勤勞遠從事於王所命之方；集傳以上斯指君子，違斯言去此所而從役。末一言，毛、鄭謂勸以爲臣之義，未得歸；集傳謂冀其早畢事而還歸。集傳是也。……」

〔三〕段玉裁字若膺，一字懋堂，清金壇人。乾隆舉人。官巫山縣知縣。師事戴震，精小學。著有說文解字注、六書音韻表、周禮漢讀考、儀禮漢讀考、古文尙書撰異、經韻樓集。傳附見江藩國朝漢學師承記卷五戴震傳。震傳云：「親受業者，……段大令玉裁。」按段玉裁曾爲其師撰年譜一卷，附戴東原集之後，見經韻樓叢書。

〔四〕段玉裁經韻樓集卷七目錄有「戴東原先生配享朱子議」，文闕未刊。

〔五〕朱子小學凡六卷；內篇四：曰立敎，曰明倫，曰敬身，曰稽古；外篇二：曰嘉言，曰善行。明陳選曾爲之注。書存，詳可參考四庫全書總目提要子部儒家類二。按朱子所謂小學，係宋儒養正之方，與漢書藝文志專言訓詁文字之小學（卽近世所謂語言文字學）不同。

〔六〕引語見段玉裁經韻樓集卷八博陵尹師所賜朱子小學恭跋。原文，或下有「又」字，「漢人」下有「之」字，「六書」下有「耳」字，「云」下有「也」字，皮蓋爲行文便利故，加以删略。

〔七〕惠，惠棟；江，江永；戴，戴震；段，段玉裁。幟本爲旗旂之總稱，見漢書高帝紀注；此引申爲「領導」之意。「漢學幟志」，猶今言「漢學家之領導者」；又志與幟同，見漢書周昌傳注；幟或作識，或作志，見史記高帝紀索隱；或作織，見集韻。

〔八〕按江藩作國朝漢學師承記，貽書爭之者係龔自珍，非焦循，皮書蓋偶誤。龔自珍定盦文集補編卷三有與江子屛（藩）箋，謂稱曰國朝漢學師承記，名目有十不安，當改爲國朝經學師承記。云：「本朝自有學，非漢學。有漢學稍開門徑而近加邃密者，有漢人未開之門徑。……漢人與漢人不同，家各一經，經各一師。……若以漢與宋爲對峙，尤非大方之言。漢人何嘗不談性道，……宋人何嘗不談名物訓詁。……本朝別有絕特之士，涵詠白文，刱獲于經，非漢非宋，亦惟其是而已矣。」

文繁不全錄。

〔一九〕方東樹字植之，清桐城人。諸生。中歲研究理學，一宗朱子。著有漢學商兌、書林揚觶、大意尊聞、一得拳膺錄、儀衞堂文集。按東樹所撰漢學商兌，凡三卷，蓋爲反對江藩國朝漢學師承記而作。其序例云：「近世有爲漢學考證者，著書以闢宋儒、攻朱子爲本，首以言心、言性、言理爲厲禁。……漢學大盛，新編林立，聲氣扇和，專與宋儒爲水火。而其人類皆以鴻名博學爲士林所重，馳騁筆舌，貫穿百家，遂使數十年間承學之士，耳目心思爲之大障。歷觀諸家之書，所以標宗旨，峻門戶，上援通賢，下讋流俗，衆口一舌，不出於訓詁小學名物制度。棄本貴末，違戾詆誣，於聖人躬行求仁修齊治平之教，一切抹摋。名爲治經，實足亂經；名爲衞道，實則畔道。公孫祿所謂『顚倒五經使學士疑惑』者也。……」

〔二〇〕方東樹漢學商兌序例云：「若黃震、萬斯同、顧亭林輩，自是目擊時敝，意有所激，創爲救病之論；而析義未精，言之失當。」又卷中之上云：「黃氏（震）粗疏淺謬，滑意妄說，可謂無知而輕於立論矣。」「黃氏乃畏病而不識病源，轉欲去其藥，浸假而並欲去其軀體；輕於立論，眞妄庸也。」「黃震、顧亭林之用意太過，反致粗疏謬妄；而承學之士，因粃糠眯目矣。」「顧氏於考證自優，於義理甚魯莽滅裂。」「黃氏、顧氏，談道論學，其智乃不如漁者婦人邪？」按方書中此類語殊多，茲不過舉其二三爲例；皮所謂「純以私意肆其謾罵，詆及黃震與顧炎武」，蓋卽指此。

〔二一〕書林揚觶一卷，方東樹撰。內爲篇十六：一曰著書源流，二曰人當著書，三曰著書必有宗旨，四曰著書不可易，五曰著書不貴多，六曰著書無實用，七曰著書不足重，八曰著書傷物，九曰著書爭辨，十曰著書精博二派，十一曰著書說經，十二曰語錄著書，十三曰說部著書，十四曰著書凡例，十五曰附論文人，十六曰序纂。其中亦多排詆漢學、推尊程、朱之言。書今存，有衞儀軒原刻本及中國書店翻刻本。

國朝經師，能紹承漢學者，有二事。一曰傳家法，如惠氏祖孫父子，江、戴、段師弟，無論矣。惠棟弟子有余蕭客、江聲〔一〕。聲有孫沅〔二〕，弟子有顧廣圻、江藩〔三〕。藩又受學余蕭客。王鳴盛、錢大昕、王昶皆嘗執經於惠棟〔四〕。錢大昕有弟大昭，從子塘、坫、東垣、繹、侗〔五〕。段玉裁有壻龔麗正，外孫自珍〔六〕。金榜師江永〔七〕。王念孫師戴震，傳子引之〔八〕。孔廣森亦師戴震〔九〕。具見漢學師承記。他如陽湖莊氏公羊之學，傳於劉逢祿、龔自珍、宋翔鳳〔一〇〕；陳壽祺今文尚書、三家詩之學，傳子喬樅〔一一〕；皆淵源有自者。一曰守顓門。阮元云：「張惠言之虞氏易，孔廣森之公羊春秋，皆孤家專學也。」〔一二〕阮氏所舉二家之外，如王鳴盛尚書後案，專主鄭義〔一三〕；孫星衍尚書今古文注疏，兼明今古〔一四〕；陳喬樅今文尚書經說考，專考今文〔一五〕；胡承珙毛詩後箋，陳奐毛詩傳疏，專宗毛詩〔一六〕；迮鶴壽齊詩翼奉學，發明齊詩〔一七〕；陳喬樅三家詩遺說考，兼考魯、齊、韓詩〔一八〕；淩曙、孔廣森、劉逢祿皆宗公羊，陳立義疏尤備〔一九〕；柳興宗穀梁大義述，許桂林穀梁釋例，皆主穀梁，鍾文烝補注尤備〔二〇〕；周官有沈彤祿田考，王鳴盛軍賦說，戴震考工記圖〔二一〕；儀禮有胡匡衷釋官，胡培翬正義〔二二〕；論語有宋翔鳳說義，劉寶楠正義〔三三〕；孟子有焦循正義〔三四〕；爾雅有邵晉涵正義，郝懿行義疏〔三五〕；皆卓然成家者。家法顓門，後漢已絕，至國朝乃能尋墜緒而繼宗風。傳家法則有本原，守顓門則無淆雜。名家指不勝屈，今姑舉其犖犖大者。

〔一〕余蕭客已見頁一六九注〔三〕。江聲字叔澐，一字鱷濤，晚號艮庭，清吳縣人。師事惠棟。爲尚書之學，又精小學。性耿介，生平筆札皆用古篆。嘉慶間，舉孝廉方正。著有尚書集注音疏、六書說、恆星說等書。傳見江藩國朝漢學師承記卷二。

〔二〕江沅字子蘭，一字鐵君，聲孫，傳其學。優貢生。著有說文音均表、說文釋例。傳附見江藩國朝漢學師承記卷二江艮庭傳。

〔三〕顧廣圻字千里，號澗薲，清元和人。嘉慶諸生。師事江聲。穎敏博洽，通經學小學，長於校讎。孫星衍、黃丕烈輩先後延主刻書。每一書竟，綜其所正定者，爲考異或校勘記附於後。著有思適齋集。傳可參考繆荃孫續碑傳集卷七十七「文學二」，并附見江藩國朝漢學師承記卷二江艮庭傳。

又江藩已見頁一七七注〔六〕。

〔四〕王鳴盛已見頁一七四注〔七〕。錢大昕字曉徵，號辛楣，又號竹汀，清嘉定人。乾隆進士，累官少詹事。督學廣東，丁艱歸，不復出。歷主鍾山、婁東、紫陽書院。精研羣籍，於經史文辭、音韻訓詁、典章制度、氏族地理、金石篆隸，無不洞晰疑似。兼通中西曆算，盡得歷代測算之法。著有唐石經考異、經典文字考異、聲類、廿二史考異、唐書史臣表、唐五代學士年表、宋學士年表、元史氏族表、元史藝文志、三史拾遺、諸史拾遺、通鑑注辨正、三統術衍、四史朔閏表、吳興舊德錄、先德錄、疑年錄、恆言錄、十駕齋養新錄、竹汀日記鈔、金石文跋尾、元詩紀事、潛研堂詩文集及洪文惠、洪文敏、王伯厚、王弇州諸年譜。傳見阮元國史儒林傳卷下及江藩國朝漢學師承記卷三。又王昶字德甫，號述庵，又號蘭泉，清青浦人。乾隆進士。從征緬甸及兩金川，在軍九年。官至刑部右侍郎。深於經學，精於考證，達於政事韜略，時稱通儒。著有春融堂詩文集、金石萃編、青浦詩傳、湖海詩傳、湖海文傳、明詞綜、清詞綜等書。傳見江藩國朝漢學師承記卷四。漢學師承記卷二惠棟傳云：「如王光祿鳴盛、錢少詹大昕、戴編修震、王侍郎蘭泉先生，皆執經問難，以師禮事之（指惠棟）。」按皮說蓋本此。

〔五〕錢大昭字晦之，一字竹廬，大昕之弟。嘉慶初，舉孝廉方正。淹貫經史，著書滿家，刊行者惟後漢書補表八卷。又錢塘字學淵，一字禹美，號溉亭，大昕之從子。乾隆進士，官江寧府教授。肆力經史；於聲音、文字、律呂、推步，深有研究。著有律呂考文、史記三書釋疑、淮南天文訓補注、述古編等書。又錢坫字獻之，號十蘭，大昕之從子，塘之弟。乾隆中，居畢沅幕，與洪亮吉、孫星衍等究訓故輿地之學。累官知乾州。工小篆；晚年右體偏枯，以左手作篆，尤精絕。著有詩音考、車制考、論語後錄、十經文字通正書、史記補注、新斠注地理志等書。又錢東垣字既勤，號亦軒，大昭之子，大昕之從子。嘉慶舉人。歷知松陽、上虞縣，皆有政聲。著有勤有堂文集。又錢繹初名東墉，字以成，大昭之子，大昕之從子。少承家學，著有十三經斷句考、方言箋疏、訓詁類纂等書。又錢侗字趙堂，一字同人，錢繹之弟，大昕之從子。嘉慶舉人。議敘知縣，以憂歸。於說文用力頗深。能書，篆刻亦古雅。著有孟子正義、九經補韻考、說文音韻表、說文重文小箋、說文孳乳表、方言義證、釋聲、吳語詮等書。傳均附見江藩國朝漢學師承記卷三錢大昕傳。江傳云：「先生之弟大昭，從子塘、坫、東垣、繹、侗，子東壁、東塾，一門羣從皆治古學，能文章，可謂東南之望矣。」

〔六〕龔麗正字闇齋，清仁和人。嘉慶進士，官郎中。師段玉裁，玉裁以女妻之；能傳其師之學。著有國語韋昭注疏。傳附見江藩國朝漢學師承記卷五戴震傳。子自珍，已見頁四〇注〔九〕。

〔七〕金榜字輔之，一字蕊中，號檠齋，清歙人。乾隆進士，授修撰。性恬淡，以病辭。師事江永，宗鄭玄學。著有禮箋。傳見江藩國朝漢學師承記卷五。

〔八〕王念孫字懷祖，號石臞，清高郵人。乾隆進士，官至永定河道。師事戴震。通聲音文字訓詁之學。嘗分古韻爲二十一部，爲顧、段諸家之說所不及。撰廣雅疏證及讀書雜志，在清代著作中頗傑出。傳可參考繆荃蓀續碑傳集卷七十二「儒學二」。子引之，字伯申。嘉慶進士，累官工部尚書，卒謚文簡。盡傳其父之學，而能推廣之。著經義述聞及經傳釋詞，在經學、小學中，皆稱名著。傳可參考繆荃蓀續碑傳集卷十，又均附見江藩國朝漢學師承記卷五戴震傳。

〔九〕孔廣森已見頁一八七注〔三〕。江藩國朝漢學師承記卷六孔廣森傳云：「少受經於東原氏（戴震），爲三禮及公羊春秋之學。」

〔一〇〕莊存與字方耕，清陽湖人。乾隆進士，授編修，官至禮部左侍郎。性廉鯁。通六經，尤長於春秋，爲清代經今文學之開創者。著有春秋正辭。又著有毛詩說、周官說、尙書說、尙書既見、周官記、樂說、四書說、算法約言、味經齋文集等書。又劉逢祿字申受，武進人。嘉慶進士，官禮部主事。少從外祖莊存與、從舅莊述祖學，精於公羊春秋，以何氏解詁爲主，創通條例，貫串羣經，爲清代經今文學者之冠。旁通虞氏易及九章小學。著有公羊何氏釋例、公羊何氏解詁箋、箴膏肓論評、發墨守評、穀梁廢疾申何、左氏春秋考證、論語述何、劉禮部集諸書。傳可參考繆荃孫續碑傳集卷七十二「儒學二」。又龔自珍已見頁四〇注〔九〕。龔曾作六經正名、六經正名答問、五經大義終始答問、大誓答問、春秋決事比答問諸篇，皆採取經今文學說而推衍之。又宋翔鳳字于庭，清長洲人。嘉慶舉人。官知州。亦治西漢經今文學；然喜附會，不及劉逢祿之精。著有浮溪精舍叢書；其中著名者，如：四書釋地辨證、論語鄭注、論語說義等書。

〔一一〕陳壽祺字恭甫，號左海，清閩縣人。嘉慶進士，歷官翰林院編修。年四十，棄官歸，主講鼇峯書院，以崇廉恥、踐禮法、研經術爲教。晚自號隱屛山人。治經學，專輯西漢今文尚書及三家詩之遺說。詩文亦沈博絕麗，著有左海全集；其中關於經學者有五經異義疏證、左海經辨、尚書大傳定本、洪範五行傳輯本、三家詩遺說考等書。傳可參考錢儀吉碑傳集卷五十一。壽祺子喬樅，字樸園，一字樹滋。道光舉人。仕終撫州知府。傳其父西漢今文輯佚之學。著有魯詩遺說考、齊詩遺說考、韓詩遺說考、四家詩異文考、今文尚書遺說考、齊詩翼氏學疏證，詩緯集證等書；此外又有禮記鄭讀考、毛詩鄭箋改字考、禮堂經說等書；總稱小琅瑘館叢書，又名左海續集。傳可參考繆荃孫續碑傳集卷七十四「儒學四」。

〔一二〕阮元字伯元，號芸臺，清江蘇儀徵人。乾隆進士。累官體仁閣大學士，加太傅。卒諡文達。歷官中外，以提倡學術自任。在史館倡修儒林傳；在粵設學海堂，在浙設詁經精舍。又輯經籍纂詁，校刊十三經註疏，彙刻學海堂經解等書。著有揅經室全集。傳可參考繆荃孫續碑傳集卷三。引語見國史儒林傳序。原文作「近時，孔廣森之於公羊春秋，張惠言之於孟、虞易說，亦專家孤學也。」按孔廣森已見頁一八七注〔三〕。張惠言字皋文，清江蘇武進人。嘉慶中，以進士官編修卒。其學深於易、禮，禮主鄭玄，易主虞翻。又善文學，并工篆書。著有周易虞氏義、虞氏消息、虞氏易禮、易候、易事、易言、周易鄭荀義、易義別錄、易圖條例、儀禮圖、說文諧聲譜、茗柯詩文集等書。傳可參考錢儀吉碑傳集卷百三十五。

〔三〕王鳴盛撰尚書後案，凡三十一卷，發揮鄭氏玄一家之學。徧觀羣書，搜羅鄭注；其殘闕者，取馬融、王肅傳疏益之。又作案以釋鄭義；馬、王說與鄭異者，條晰其非，而折中於鄭氏。名曰後案者，以言最後所存之案也。至僞古文尚書二十五篇，則別爲後辨，以附其後。書歷三十餘年始成，自謂於鄭氏一家之學，足稱盡心。書今存，并曾收刻於清經解，見卷四〇四至卷四三四。

〔四〕孫星衍字淵如，清陽湖人。乾隆進士，授編修，改刑部主事，歷官山東督糧道，旋引疾歸，累主鍾山書院。深究經史文字音訓之學，旁及諸子百家金石碑版。工篆隸，尤精校勘，所刊平津館叢書、岱南閣叢書，世稱善本。文有漢、魏六朝之風，與洪亮吉齊名。著有尚書今古文注疏、周易集解、夏小正傳校正、魏三體石經殘字考、倉頡篇、孔子集語、史記天官書考證、寰宇訪碑錄、平津館金石萃編、續古文苑、問字堂、岱南閣、五松園、平津館文稿、芳茂山人詩錄等書。傳可參考錢儀吉碑傳集卷八十七。孫所撰尚書今古文注疏，凡四十八卷。採自漢、魏，迄於隋、唐。惟不取趙宋以來諸人之說，以其無師傳，恐滋臆說。又摭擇清代王鳴盛、江聲、段玉裁等書說，以其有古書證據也。書今存，并曾收刻於清經解。見卷七三五至卷七七三。

〔一五〕陳喬樅已見注〔一一〕。陳撰今文尚書經說考三十三卷，綴輯西漢今文尚書經說，殊有繼絕與廢之功。其自序云：「凡所采摭，經史傳注及諸子百家之說，實事以求是，必溯師承；沿流以討源，務隨家法。而參詳考校，則亦有取於馬、鄭之傳注，爲之旁證而引伸之。」書今存，并曾收刻於續清經解，見卷一〇七九至一一一六。

〔一六〕胡承珙字景孟，號墨莊，清涇人。嘉慶進士，累官臺灣兵備道。究心經術，於毛詩用力尤深。著有毛詩後箋、儀禮古今文疏義、小爾雅義疏、爾雅古義、求是堂詩文集等書。傳可參考繆荃孫續碑傳集卷七十二「儒學二」。胡所撰毛詩後箋三十卷，專宗毛義；凡鄭箋之失毛旨者，必求諸本經，博稽他籍，以還其舊。稿凡數易而後定。書今存，并曾收刻於續清經解，見卷四四八至卷四七七。又陳奐字碩甫，號師竹，晚號南園老人，清長洲人。少師段玉裁，治毛詩、說文。旋與王念孫父子遊，所學益邃。後主杭州汪遠孫家，潛心著述。咸豐初，舉孝廉方正。著有毛詩傳疏、毛詩說、釋毛詩音、毛詩傳義類、鄭氏箋考徵等書。傳可參考繆荃孫續碑傳集卷七十四「儒學四」。陳所撰毛詩傳疏三十卷，專宗毛義，置箋而疏傳，以矯毛、鄭兼習之弊。其自序云：「讀詩不讀序，無本之教也；讀詩與序而不讀傳，失守之學也。文簡而義贍，語正而道精，洵乎爲小學之津梁，羣書之鈐鍵。」可見其對於毛傳之尊崇。書今存，并曾收刻於續清經解，見卷七七八至卷八〇七。又皮原書毛詩傳疏誤作毛氏傳疏，今改正。

〔一七〕迮鶴壽字青崖，號蘭宮，清吳江人。道光進士，官池州府教授。長於考證。著有齊詩翼氏學、蛾術緝注、夏商周九州經界疏證、九州分土疏證、顓字急就篇等書。迮所撰齊詩翼氏學四卷，專明西漢翼奉之說。翼治齊詩，喜言災異，其說久亡。鶴壽采摭羣書，加以詮次；幷考證詩緯臆改之誤。書今存，幷曾收刻於續清經解，見卷八四八至卷八五一。

〔一八〕陳喬樅三家詩遺說考十六卷，爲魯詩遺說考六卷，齊詩遺說考四卷，韓詩遺說考六卷。緝三家詩之遺說，殊爲完備；幷敍各家之傳授，另爲敍錄，以冠於首，使學者於其源流興亡，了然可曉。書今存，幷曾收刻於續清經解，見卷一一一八至卷一一六六。

〔一九〕淩曙字曉樓，清江都人。幼傭於香作；年二十，爲童子師，攻苦力學。道光中，從阮元校書授讀以終。其學初治禮，主鄭氏；繼又治公羊何氏學。著有公羊禮疏十一卷，公羊禮說一卷，公羊答問二卷。此外又有春秋繁露注、禮說等書。傳可參考繆荃孫續碑傳集卷七十四「儒學四」。孔廣森已見頁一八七注〔三〕。撰有春秋公羊通義十三卷。劉逢祿已見注〔一〇〕。撰有公羊何氏釋例十卷，公羊何氏解詁箋一卷。陳立已見頁一一九注〔一〇〕。著有公羊義疏七十六卷，甚完備。書曾收刻於續清經解，見卷一一八九至卷一二六四。此外又撰有爾雅舊注、白虎通疏證、說文諧聲、孳生述、句溪雜著等書。傳可參考繆荃孫續碑傳集卷七十四「儒學四」。

〔二〇〕柳興宗一名興恩，字賓叔，清丹徒人。道光舉人。治毛詩，尤精穀梁。撰穀梁春秋大義述三十卷，阮元許爲扶翼孤經，遂爲之序。書曾收刻於續清經解，見卷九八九至卷一〇一八。此外又著有周易卦氣輔、虞氏逸象考、尙書篇目考、毛詩註疏糾補、續詩地考、羣經異義、宿壹齋詩文集等書。傳可參考繆荃孫續碑傳集卷七十四「儒學四」。又許桂林字月南，一字同叔，清海州人。嘉慶舉人。

精研諸經。著有穀梁釋例四卷，曾收刻於續清經解，見卷六五九至卷六六二。此外又著有許氏說晉、宣夜通、味無味齋集等書。傳可參考李桓國朝耆獻類徵卷四二二。又鍾文烝，字子勤，清嘉善人。道光舉人。學問博洽，初治鄭氏三禮，通小學；後專精春秋。著有穀梁補註二十四卷，曾收刻於續清經解，見卷一三二一至卷一三四四。

〔一二〕沈彤字冠雲，號果堂，清吳江人。諸生；乾隆初，召試博學鴻詞科，不遇。與修三禮及一統志，書成，授九品官，以親老辭歸。篤志羣經，尤精三禮。卒，門人私謚文孝。著有周官祿田考、儀禮小疏、春秋左氏傳小疏、尚書小疏、果堂集等書。傳見阮元國史儒林傳卷下及江藩國朝漢學師承記卷二。彤所撰周官祿田考三卷，詳究周制，以辯宋儒周禮官多祿田少且不給之說。分官爵數、公田數、祿田數三篇；凡田爵祿之數不見於經者，或求諸注；注之所無，則依經起例。其說精密淹通，雖較有疎略，然已足稱鄭、賈注疏以後特出之著作。詳可參考四庫全書總目提要經部禮類一。書今存，曾收刻於清經解，見卷三一六至卷三一八。又王鳴盛已見頁一七四注〔七〕。鳴盛撰周禮軍賦說四卷，先列經說，後加案語，有所折衷。其魯制、齊制、晉制三條，與周禮互相徵印，皆心得之學。論精核似不及沈彤之祿田考，然不失爲專門之作。書今存，曾收刻於清經解，見卷四三五至卷四三八。又戴震考工圖記已見頁三一六注〔七〕。

〔一三〕胡匡衷，清績谿人。歲貢生。以孝友爲鄉里所重。於經義多所發明。著有周易傳義疑參、三禮劄記、周禮井田圖考、井田出賦考、儀禮釋官、鄭氏儀禮目錄校正、樸齋文集。傳見阮元國史儒林傳卷下。匡衷所撰儀禮釋官九卷，以周禮、禮記、左傳、國語與儀禮相參證，論據精確，足補注疏所未及。書今存，曾收刻於清經解，見卷七七五至卷七八三。又胡培翬字載屏，一字竹村，匡衷之孫。嘉慶進士，官戶部主事。居鄉，創立東山書院。其學長於禮經，積四十餘年，成儀禮正義一書。又有燕寢考、研六室文鈔等書。傳可參考繆荃孫續碑傳集卷七十三「儒學三」。按儀禮正義四十卷，自謂其例凡四：曰補注，補鄭注之所未備；曰申注，申明鄭注之義；曰附注，附存近儒之經說；曰訂注，訂正鄭注之違失。書今存；幷曾收刻於續清經解，見卷六九八至卷七三七。

〔三〕宋翔鳳已見注〔一〇〕。翔鳳撰論語說義十卷，闡明論語中之微言大義。書今存，幷曾收刻於續清經解，見卷三八九至卷三九八。又劉寶楠字楚楨，台拱之從子，清寶應人。道光進士，歷文安、三河知縣，有政聲。其學受於台拱，而不堅持門戶。著有論語正義、釋穀、漢石例、寶應圖經、愈愚錄及詩文集。傳可參考繆荃孫續碑傳集卷七十三「儒學三」。按論語正義二十四卷，輯集漢儒舊說，益以清代諸家及宋人長義，深矯皇侃、邢昺疏之蕪陋。書今存，幷曾收刻於續清經解，見卷一〇五一至卷一〇七四。

〔四〕焦循已見頁一六八注〔一八〕。循撰孟子正義三十卷，用趙岐舊注，博採諸說，幷援證顧炎武以下百餘家之說而爲之疏。書今存，幷曾收刻於清經解，見卷一一一七至卷一一四六。

〔五〕邵晉涵字與桐，一字二雲，清餘姚人。乾隆進士。四庫館開，詔改庶吉士，充纂修官。累官至侍讀學士。博聞強識，尤長於史；於經，深三傳及爾雅。著有韓詩內傳考、穀梁古注、孟子述義、爾雅正義、方輿金石編目、南都事略、輶軒日記、南江詩文集等書。傳見阮元國史儒林傳卷上邵廷采傳及江藩國朝漢學師承記卷六。晉涵所撰爾雅正義二十卷；以郭璞注爲宗，兼采舍人、樊光、孫炎、李巡諸家之說；有未詳者，摭他書補之，一祛邢疏淺陋之弊。書今存，并曾收刻於清經解，見卷五〇四至卷五二三。又郝懿行字恂九，號蘭皋，淸棲霞人。嘉慶進士，官戶部主事。潛心著述，深於名物訓詁之學。著有易說、書說、鄭氏禮記箋、爾雅義疏、春秋說略、春秋比及其他竹書紀年校正、荀子補注等書。傳可參考繆荃孫續碑傳集卷七十二「儒學二」。按懿行所撰爾雅義疏，凡二十卷，與邵氏爾雅正義相類，而徵引之謹嚴則過之。書今存，并曾收刻於清經解，見卷一二五七至一二七六。

國朝經師有功於後學者有三事。一曰輯佚書。兩漢今文家說亡於魏、晉〔一〕；古文家，鄭之易，馬、鄭之書，賈、服之春秋，亡於唐、宋以後〔二〕。宋王應麟輯三家詩、鄭氏易注〔三〕，雖蒐采未備，古書之亡而復存者實爲首庸〔四〕。至國朝而此學極盛。惠棟教弟子，親授體例，分輯古書。余蕭客古經解鉤沉，采唐以前遺說略備〔五〕。王謨漢魏遺書鈔〔六〕，章宗源玉函山房叢書〔七〕，輯漢、魏、六朝經說尤多。孫星衍輯馬、鄭尚書注〔八〕，李貽德述左傳賈、服注〔九〕，陳壽祺、喬樅父子考今文尚書、三家詩〔一〇〕。其餘間見諸家叢書〔一一〕，抱闕守殘，得窺崖略，有功後學者，此其一。一曰精校勘。校勘之學，始於顏氏家訓、匡謬正俗等書〔一二〕。至宋，有三劉、宋祁之校史〔一三〕。宋、元說部，間存校訂，然未極精審，說經亦非顓門。國朝多以此名家，戴震、盧文弨、丁杰、顧廣圻尤精此學〔一四〕。阮元十三經校勘記〔一五〕，爲經學之淵海。餘亦間見諸家叢書〔一六〕，刊誤訂譌，具析疑滯，有功後學者，又其一。一曰通小學。古人之語言文字與今之語言文字異；漢儒去古未遠，且多齊、魯間人，其說經有長言、短言之分〔一七〕，讀爲、讀若之例〔一八〕。唐人已不甚講，宋以後更不辨。故其解經，如冥行擿埴〔一九〕，又如郢書燕說，雖可治國，而郢人之意不如是也〔二〇〕。小學兼聲音故訓。宋吳棫、明陳第講求古音，猶多疏失〔二一〕。顧炎武音學五書，始返於古〔二二〕。江、戴、段、孔，益加闡明。是爲音韻之學〔二三〕。段玉裁說文解字注，昌明許愼之書〔二四〕。同時有嚴可均、鈕樹玉、桂馥〔二五〕，後有王筠、苗夔諸人〔二六〕，益加闡明。是爲音韻兼文字之學。經師多通訓詁叚借，亦卽在音韻文字之中；而經學訓詁以高郵王氏念孫、引之父子爲最精〔二七〕，郝懿行次之〔二八〕。是爲訓詁之學。有功於後學者，又其一。

〔一〕隋書經籍志言西漢經今文家說之亡佚頗詳審；於易云：「梁丘、施氏……亡於西晉。孟氏、京氏，有書無師。」於書云：「永嘉之亂，歐陽、大小夏侯尚書並亡。」於詩云：「齊詩，魏代已亡。魯詩亡於西晉。韓詩雖存，無傳之者。」於禮云：「三家（指大小戴、慶氏）雖存並微。」於春秋云：「晉時，……公羊、穀梁，但試讀文，而不能通其義。……至隋，……公羊、穀梁浸微，今殆無師說。」據此，則皆亡於魏、晉間也。

〔二〕鄭玄易注九卷，見於隋書經籍志。隋志又云：「鄭玄、王弼二注，梁、陳列於國學，齊代惟傳鄭義。至隋，王注盛行，鄭學浸微。」然新唐書藝文志著錄爲十卷，唐李鼎祚集解亦多引之，則其書唐時尚存。宋崇文總目惟載一卷，僅文言、序卦、說卦、雜卦四篇，餘皆散佚。至中興書目，始不著錄。蓋亡於南、北宋之間。又馬融尚書注十一卷，見於隋書經籍志。新唐書藝文志作馬融傳十卷，雖卷帙稍有不同，然其書尚存。至宋史藝文志，始不著錄。蓋亡於唐之後、南、北宋之前。又鄭玄尚書注九卷，見於隋書經籍志。隋志又云：「梁、陳所講、有孔、鄭二家。齊代惟傳鄭義。至隋，孔、鄭並行，而鄭氏甚微。」然新唐書藝文志仍著錄「鄭玄古文尚書注九卷」，則其書尚存。至宋史藝文志，始不著錄。蓋亦亡於唐之後、南、北宋之前。又賈逵春秋左氏解詁三十卷，見於隋書經籍志。新唐書藝文志同。至宋史藝文志，始不著錄。蓋亦亡於唐之後、南、北宋之前。又服虔春秋左氏傳解誼三十一卷，見於隋書經籍志。隋志又云：「晉時，……左氏，服虔、杜預注俱立國學。……至隋，杜氏盛行；服義及公羊、穀梁浸微，今殆無師說。」則服之春秋，隋時已書存而學亡。新唐書藝文志及陸德明經典釋文著錄爲三十卷，卷帙微有不同。至宋史藝文志，始不著錄，蓋亦亡於唐之後、南、北宋之前也。

〔三〕已見頁三〇四注〔一〇〕。

〔四〕首庸猶首功也。庸，功也；見詩崧高「以作爾庸」鄭箋。

〔五〕余蕭客已見頁一六九注〔二二〕。蕭客撰古經解鉤沈三十卷。凡唐以前舊說，自諸家經解所引，旁及史傳類書，片語單詞，悉著其目。自序謂：創始於己卯，成稿於壬午，晝夜手鈔，幾於左目青盲，而後成帙。其用力實可謂勤。書今存，詳可參考四庫全書總目提要經部五經總義類。

〔六〕王謨字仁圃，一字汝上，清金谿人。乾隆進士，授建昌教授。在官肆力撰述，纂輯漢、魏遺書至四百餘種。書成，告歸。又著有江西考古錄、豫章十代文獻略、經說、雜著、詩文集等書。按王所輯漢、魏遺書本名漢魏遺書鈔，分經、史、子、集四類。因卷帙浩繁，先將經翼一門，計一百零八種，於嘉慶三年刊布，故又名經翼鈔。其餘史、子、集三翼，終未見版行。未幾，已梓者又復不戒於火，致此書傳世甚稀。本書書目詳見李之鼎增訂叢書舉要卷四經部四，可參考。

〔七〕章宗源字逢之，清山陰人。乾隆間舉人。好學，積十餘年，采獲經史羣籍傳注，輯錄唐、宋以前亡佚古書數笈。性好佛，以妖僧明心事牽連革斥。卒於京邸。著有隋書經籍志考證。傳可參考錢儀吉碑傳集卷百三十四。按玉函山房叢書本名玉函山房輯佚書，輯集古代圖籍，分經、史、子三編及補編，上溯周、秦，下迄隋、唐，共六百三十二種，七百六十卷（內闕三十九卷）；末附目耕帖三十一卷。其中經編計易類六十四種，八十一卷；尚書類十五種，二十一卷，闕三卷；詩類三十二種，四十三卷；周禮類十四種，二十一卷，闕一卷；儀禮類二十五種，二十六卷，闕一卷；禮記類十九種，二十八卷；通禮類二十一種，二十六卷，闕五卷；樂類十五種，十五卷，闕二卷；春秋類四十三種，四十九卷；孝經類十六種，十六卷；論語類四十一種，八十二卷，闕十卷；孟子類九種，九卷；爾雅類十三種，十九卷；五經總義類十二種，十二卷；闕一卷，緯書類四十種，五十一卷；小學類五十五種，五十五卷，闕九卷；又補編經類十種，十卷。相傳此書爲章宗源所輯，其稿本在孫星衍處，爲歷城馬國翰所得，遂掩爲己有。但楊守敬考校本書及章氏隋書經籍志考證，發見詳略體例互有不同，因謂：「玉函非攘竊章氏書，而邇來學者羣聲附和，良由馬氏平日聲稱不廣，故有斯疑」，則此尙屬未決之疑案也。馬國翰，字竹吾，清歷城人。據匡源本書序，謂：其家貧好學。自爲秀才時，每見異書，手自鈔錄。及成進士，爲縣令，廉俸所入，悉以購書，所積至五萬七千餘卷。簿書之暇，殫心搜討。晚歸林下，猶復纂輯無虛日。則亦好學深思之士也。書今存，有原刻本、濟南重刊本及長沙重刻大小二本。其書目詳可參考李之鼎增訂叢書舉要卷五十八「近代叢書」第十六。

〔八〕孫星衍已見頁三二五注〔四〕。孫所輯馬鄭尚書注，本名古文尚書馬鄭注，凡十二卷，附表及遺文三篇，輯集馬融、鄭玄之尚書注甚完備。書今存，收刻於岱南閣叢書。

〔九〕李貽德字天彝，號次白，清嘉興人。嘉慶間舉人。治經，長於詩。孫星衍晚年所著書，多貽德爲之卒業。著有左傳賈服注輯述、詩考異、詩經名物考、十七史考異、攬青閣詩鈔、夢春廬詞存等書。傳可參考繆荃孫續碑傳集卷七十六「文學一」。按左傳賈服注輯述，凡二十卷，輯賈逵、服虔之注而加以疏證。書今存，曾收刻於續清經解，見卷七五七至卷七七六。

〔一〇〕陳壽祺、喬樅父子考輯今文尚書說及三家詩說，已見頁三二四注〔一二〕。

〔一一〕清代各家叢書輯古代佚書，而付諸剞劂者，殊不鮮，茲舉其一以爲例。如甘泉黃奭黃氏逸書考（亦名漢學堂叢書）輯易類二十五種，書類二種，詩類六種，禮類十種，春秋類八種，五經總義類一種，小學類三十四種；以上爲經部。又河圖類六種，雜書類四種，易緯類六種，書緯類四種，詩緯類三種，禮緯類三種，樂緯類二種，春秋緯類十五種，論語緯類二種，孝經緯類五種，附讖類五種；以上爲緯讖。書目甚繁，詳可參考李之鼎增訂叢書舉要卷五十七「近代叢書」第十六。

〔一二〕顏氏家訓，已見頁二〇八注〔八〕。家訓書證篇十七，音辭篇十八，多考正故實校勘文字之言，茲舉一例如下：「詩云：『將其來施施。』毛傳云：『施施，難進之意。』鄭箋云『施施，舒行貌也。』韓詩亦重爲『施施』。河北毛詩皆云『施施』，江南舊本悉單爲『施』，俗遂是之，恐爲少誤。」又匡謬正俗，唐顏師古撰，凡八卷。前四卷凡五十五條，皆論諸經訓詁音釋；後四卷凡百二十七條，皆論諸書字義、字音及俗語相承之異；考據極爲精密。惟拘於習俗，不知音有古今，致開後來叶音之陋說，不無小疵。書今存，詳可參考四庫全書總目提要經部小學類一。本書關於校勘方面甚夥，茲舉一例如下：「卷一『漙』下云：『鄭詩野有蔓草篇云：『野有蔓草，零露漙兮。有美一人，淸揚婉兮。』詩古本有水旁作『專』字者，亦有單作『專』字者；後人輒改之爲『漙』字，讀爲團圓之團。作辭賦篇什用之，遞相因襲，曾無疑者。按呂氏字林，雨下作專，訓云『露貌，音上兗反』，此字本作『䨚』，或作『漙』耳。單作『專』者，古字從省。又『上兗』之音，與『婉』相類，益知呂氏之說可依，本非團義矣。下云『零露瀼瀼』者，豈復亦論其從橫之貌乎？」

〔三〕三劉，劉渙、劉恕、劉義仲也。劉渙字凝之，宋筠州人。天聖進士。爲潁上令，以剛直故，棄官退隱廬山。歐陽修甚稱其節。劉恕，字道源，渙之子，少穎悟，未冠舉進士，歷官祕書丞。好史學，司馬光編資治通鑑，遇紛錯難治處，輒以委恕。恕忤王安石，以親老歸休。著有十國紀年、通鑑外紀。劉義仲字壯輿，恕之子。以父蔭官郊社齋郎。恕以史學自命，義仲亦世其家學。著有通鑑問疑，辨論極爲精核。恕傳見宋史卷四百四十四文苑傳。渙及義仲均附見恕傳。按通鑑外紀及通鑑問疑，今存，詳可參考四庫全書總目提要史部編年類及史評類。又宋祁字子京，宋安陸人。

與兄庠同舉進士。累官龍圖閣學士，史館修撰，與歐陽修同修唐書。旋出知亳州。自是十餘年間，出入內外，常以史稿自隨。唐書成，遷左丞，進工部尚書，拜翰林學士承旨。卒謚景文。著有宋景文集、益部方物略、筆記等書。傳附見宋史卷二百八十四宋庠傳。

〔一四〕戴震已見頁一一三注〔二五〕。阮元國史儒林傳卷下戴震傳「乾隆……三十八年，詔開四庫館。徵海內淹貫之士司編校之職，總裁薦震充纂修。……館中有奇文疑義，輒就咨訪。震亦思勤修其職，晨夕披檢，無間寒暑。所校大戴禮記、水經注，尤精核。」又盧文弨字召弓，號磯漁，又號抱經，清餘姚人。乾隆進士。官至侍讀學士，乞養歸。好校書。歸田後，主講書院二十餘年，孳孳無怠。所刊抱經堂彙刻書十五種，最稱精審。又合經、史、子、集三十八種，摘字而注之，名曰羣書拾補。自著有儀禮注疏詳校、廣雅注、鍾山札記、龍城札記、抱經堂文集等。傳見阮元國史儒林傳卷下及江藩國朝漢學師承記卷六。又丁杰字升衢，一字小疋，清歸安人。乾隆進士，官教授。肆力經史，精校讐。四庫館開，朱筠、戴震皆延之助校勘。著有周易鄭注後定、大戴禮記繹、小酉山房文集等書。傳可參考李元度國朝先正事略卷三五三。又顧廣圻已見頁三二一注〔三〕。

〔一五〕阮元已見頁三二四注〔二〕。元曾撰周易校勘記十一卷，尚書校勘記二十二卷，毛詩校勘記十卷，周禮校勘記十四卷，儀禮校勘記十八卷，禮記校勘記六十七卷，春秋左氏傳校勘記四十一卷，春秋公羊傳校勘記十二卷，春秋穀梁傳校勘記十三卷，論語校勘記十一卷，孝經校勘記四卷，爾雅校勘記八卷，孟子校勘記十六卷，總稱十三經校勘記。書今存，曾收刻於清經解，見卷八〇七至卷一〇五四。又今本阮刻十三經，附刊此書。

〔一六〕清儒校勘經傳注疏，見於諸家叢書者，頗繁；玆舉一二以爲例。如黃丕烈士禮居叢書之周禮鄭氏注，校宋本，附禮記；儀禮鄭氏注，校宋嚴州本，附札記及續校；傅崧卿本夏小正，附校錄；焦氏易林，集校宋本。

〔一七〕公羊傳莊公二十八年傳「春秋，伐者爲客，伐者爲主。」何休注「伐人者爲客，讀伐，長言之，齊人語也。見伐者爲主，讀伐，短言之，齊人語也。」按古無平上去入四聲之別，故同一「伐」字，因讀音之長短，而有「伐人」「見伐」之不同。

〔一八〕段玉裁周禮漢讀考序云：「漢人作注，於字發疑正讀，其例有三：一曰『讀如』『讀若』；二曰『讀爲』『讀曰』；三曰『當爲』。『讀如』『讀若』者，擬其音也。古無反語，故爲比方之詞。『讀爲』『讀曰』者，易其字也。易之以音相近之字，故爲變化之詞。比方主乎同，音同而義可推也；變化主乎異，字異而義憭然也。比方主乎音；變化主乎義。比方不易字，故下文仍舉經之本字；變化字已易，故下文輒舉所易之字。注經必兼玆二者，故有『讀如』，有『讀爲』。……『當爲』者，定爲字之誤，聲之誤，而改其字也，爲救正之詞。形近而譌，謂之字之誤；聲近而譌，謂之聲之誤。字誤、聲誤而正之，皆謂之『當爲』。凡言『讀爲』者，不以爲誤；凡言『當爲』者，直斥其誤。三者分，而漢注可讀，而經可讀。」按此文言漢注「讀爲」「讀若」之例頗清晰，故迻錄之。

〔一九〕揚雄法言修身篇「擿埴索塗，冥行而已。」言瞽者以杖擿地而行也。本文喻宋儒解經之不得其方，如瞽者之索塗。按擿，投也；見廣雅釋詁三。埴，黏土也；見說文。冥與瞑通；無目故稱瞑，見周書太子晉注。

〔二〇〕韓非子卷十一外儲說左上篇「郢人有遺燕相國書者，夜書，火不明，因謂持燭者曰『舉燭』，而誤書『舉燭』。『舉燭』非書意也，燕相國受書而說之，曰：『舉燭者，尙明也。尙明也者，舉賢而任之。』燕相白王，王大悅，國以治。治則治矣，非書意也。今世學者，多似此類。」按後人因以牽强附會曰「郢書燕說」。本文喩宋儒解經，不得經之眞意，如郢書而燕說也。

〔二一〕吳棫已見頁一六五注〔六〕。棫撰韻補五卷，就廣韻二百零六韻，註明「古通某」，「古轉聲通某」，「古通某或轉入某」，顚倒錯亂，不無臆說。然自宋以來，專著一書以明古音者，實自棫始，故亦不能沒其篳路藍縷之功。書今存，詳可參考四庫全書總目提要經部小學類三。又陳第字季立，號一齋，明連江人。萬曆時諸生。都督兪大猷召致幕下，教以兵法。起家京營，出守古北口，歷薊鎭游擊將軍。旋致仕歸。善談；富藏書。著有毛詩古音考、屈宋古音義、尙書疏衍、寄心集、一齋詩集、五岳兩粵游草等書。明史無傳。第所撰毛詩古音考四卷，大旨以爲：古人之音，原與今異。凡宋以來所謂叶韻，皆卽古人之本音，而隨意改讀，輾轉牽就。於是排比經文，參以羣籍，定爲本證、旁證。本證者，詩自相證，以探古音之源。旁證者，他經所載，以及秦、漢以下，去風雅未遠者，以竟古音之委。其書雖多未密，亦未分析韻部；然知音有古今，打破叶韻妄說，實推本書。書今存，詳可參考四庫全書總目提要經部小學三。

〔二二〕顧炎武音學五書爲：一、音論三卷，二、詩本音十卷，三、易音三卷，四、唐韻正二十卷，五、古音表二表。炎武承陳第毛詩古音考、屈宋古音義之說，竭力反對叶韻之謬誤；幷分古韻爲十部：

以東、冬、鍾、江爲第一，支、脂、之、微、齊、佳、皆、灰、咍爲第二，魚、虞、模、侯爲第三，眞、諄、臻、文、殷、元、魂、痕、寒、桓、刪、山、先、仙爲第四，蕭、宵、肴、豪、尤、幽爲第五，歌、戈、麻爲第六，陽、唐爲第七，耕、清、青爲第八，蒸、登爲第九，侵、覃、談、鹽、添、咸、銜、嚴、凡爲第十。其分配雖未完密；然清儒研究古韻分部者，實以本書爲始。書今存，詳可參考四庫全書總目提要經部小學類三。

〔一三〕江，江永；戴，戴震；段，段玉裁；孔，孔廣森。江永撰古韻標準四卷，就顧炎武之說，自眞部分出元部，自蕭部分出尤部，自侵部分出覃部，爲十三部；即：東、支、魚、眞、元、蕭、歌、陽、庚、蒸、尤、侵、覃。戴震作聲類表十卷，分古音平聲爲十六部，入聲爲九部，共二十五部，爲九類。又以二平，即陰平、陽平，共一入，開孔廣森以後對轉之說。其九類，爲：阿、烏、堊爲第一類，膺、噫、億爲第二類，翁、謳、屋爲第三類，央、夭、約爲第四類，嬰、娃、戹爲第五類，殷、衣、乙爲第六類，安、靄、遏爲第七類，音、邑爲第八類，醃、諜爲第九類。段玉裁作六書音韻表五卷，就江永之說，自支部分出脂、之二部，自眞部分出諄部，自尤部分出侯部，爲十七部；即：之、蕭、尤、侯、魚、蒸、侵、覃、東、陽、庚、眞、諄、元、脂、支、歌。孔廣森作詩聲類十二卷，分例一卷，就戴、段之說，分古韻爲十八部，別爲上下二行，上行九部爲陽聲，下行九部爲陰聲，陰陽相對曰對轉。其上下九部爲原——歌，丁——支，辰——脂，陽——魚，東——侯，冬——幽，綅——宵，蒸——之，談——合。

〔一四〕段玉裁已見頁三一七注〔一三〕。段撰說文解字注三十卷，校其譌字，考其文理，通其條貫，爲歷來治說文者之冠。初爲長編，名曰說文解字讀，凡五百四十卷；旣加櫽栝，遂成此書。始於乾隆丙申（一七七六），成於嘉慶丁卯（一八〇七），前後歷三十餘年，足見其用力之勤而精。故當代學者，如王念孫，如盧文弨，皆極推崇之。書今存，并曾收刻於清經解，見卷六四一至卷六五五。

〔二五〕嚴可均已見頁一四八注〔二九〕。可均邃於許氏書，著有說文聲類二卷，說文翼十五卷，段氏說文訂訂一卷，說文校義三十卷，說文長編七十卷，亦名說文類考。其他輯佚著述尙甚夥，李之鼎謂：清代著書之多，無過嚴氏。卷帙繁多，不能自刊，往往贈人刊刻，即署其名。其詳目見增訂叢書舉要卷六十四自著叢書五四錄堂類稿條。又鈕樹玉字匪石，清吳縣人。隱於賈。博極羣書，尤深於小學。著有說文新附字考六卷，續考一卷，說文段注訂八卷。傳可參考李元度國朝先正事略卷三六。又桂馥字未谷，一字冬卉，清曲阜人。乾隆進士，知永平縣。以分隸篆刻擅名。精於考證碑版。嘗取說文與諸經義相疏證，成說文義證五十卷。又繪許愼以下至二徐吾丘衍之屬，爲說文系統圖。此外著有札樸、繆篆分韻、晚學集等書。傳可參考錢儀吉碑傳集卷百零九。

〔二六〕王筠字貫山，號籙友，清安丘人。道光舉人。官山西寧鄉縣知縣。博涉經史，尤深說文之學。所著說文句讀三十卷、說文釋例二十卷、說文補正二十卷、句讀補正三十卷、說文繫傳校錄三十卷，總稱曰王氏說文五種。其說文句讀，折衷段玉裁、桂馥之說，而獨闢途徑，爲治說文之名著。此外又著有禹貢正字、毛詩重言、夏小正義、四書說略、毛詩雙聲疊韻說等書。傳可參考繆荃孫續碑傳集卷七十四「儒學四」。又苗夔字先簏，清肅寧人。道光間優貢生。治說文，精音韻之學。著有說文聲訂二卷、說文聲讀表七卷、說文建首字讀一卷、毛詩韻訂十卷。嘗分古韻爲七部，在古韻學史上亦佔有相當之地位。傳可參考繆荃孫續碑傳集卷七三。

〔二七〕王念孫、引之父子已見頁三二三注〔八〕。

〔二八〕郝懿行已見頁三二九注〔二五〕。

國朝經學凡三變。國初，漢學方萌芽，皆以宋學爲根柢，不分門戶，各取所長，是爲漢、宋兼采之學。乾隆以後，許、鄭〔一〕之學大明，治宋學者已尠。說經皆主實證，不空談義理。是爲專門漢學。嘉、道〔二〕以後，又由許、鄭之學導源而上，易宗虞氏以求孟義〔三〕，書宗伏生、歐陽、夏侯〔四〕，詩宗魯、齊、韓三家〔五〕，春秋宗公、穀二傳〔六〕。漢十四博士今文說〔七〕，自魏、晉淪亡千餘年，至今日而復明。實能述伏、董〔八〕之遺文，尋武、宣〔九〕之絕軌。是爲西漢今文之學。學愈進而愈古，義愈推而愈高；屢遷而返其初，一變而至於道。學者不特知漢、宋之別，且皆知今、古文之分。門徑大開，榛蕪盡闢。論經學於今日，當覺其易，而不患其難矣。乃自新學出，而薄視舊學，遂有燒經之說。聖人作經，以教萬世，固無可燒之理；而學之簡明者有用，繁雜者無用，則不可以不辨。漢書藝文志曰：「古者，三年通一藝，用日少而畜德多。」〔一〇〕此簡明有用之學也。又曰：「後世便辭巧說，幼童守一藝，白首而後能言。」〔一一〕此繁雜無用之學也。今欲簡明有用，當如漢志所云「存大體，玩經文」〔一二〕而已。如易主張惠言虞氏義，參以焦循易章句、通釋諸書〔一三〕；書主伏傳、史記〔一四〕，輔以兩漢今文家說；詩主魯、齊、韓三家遺說，參以毛傳、鄭箋〔一五〕；春秋治公羊者主何注、徐疏〔一六〕，兼采陳立之書〔一七〕；治左氏者，主賈、服遺說，參以杜解〔一八〕；三禮主鄭注，孔、賈疏〔一九〕，先考其名物制度之大而可行於今者，細碎者姑置之。後儒臆說，極屏勿觀。則專治一經，固屬易事；兼通各經，亦非甚難。能考其源流而不迷於塗徑，本漢人治經之法；求漢人致用之方，如禹貢治河、洪範察變〔二〇〕之類，兩漢人才之盛必有復見於今日者，何至疑聖經為無用而以孔教為可廢哉！

〔一〕許，許愼；鄭，鄭玄。

〔二〕嘉，嘉慶，清仁宗顒琰之年號，計二十五年，當公元一七九六年至一八二〇年。道，道光，清宣宗旻寧之年號，計二十九年，當公元一八二一年至一八五〇年。

〔三〕虞，虞翻；孟，孟喜。清儒研究虞氏易者，如張惠言之周易虞氏義、周易虞氏消息、虞氏易禮、虞氏易言、虞氏易事、虞氏易候，曾釗之周易虞氏義箋，李銳之周易虞氏略例，胡祥麟之虞氏易消息圖說，皆其著者。

〔四〕清儒研究伏生、歐陽、大小夏侯今文尚書者，如陳喬樅之今文尚書經說考、尚書歐陽夏侯遺說考，魏源之書古微，陳壽祺尚書大傳輯校，皆其著者。

〔五〕清儒研究魯、齊、韓今文詩者，如迮鶴壽之齊詩翼氏學，陳喬樅之三家詩遺說考、齊詩翼氏學疏證、詩四家異文考，范家相之三家詩拾遺，阮元之三家詩補遺，丁晏之三家詩補注，馮登府之三家詩異文疏證，江瀚之詩四家異文考補，王先謙之詩三家義集疏，魏源之詩古微，皆其著者。

〔六〕清儒研究公羊、穀梁傳者，如孔廣森之春秋公羊通義，凌曙之公羊禮疏、公羊禮說、公羊問答，陳立之公羊義疏，劉逢祿之公羊何氏釋例、公羊何氏解詁箋，鍾文烝之穀梁補注，許桂林之穀梁釋例，柳興宗之穀梁大義述，皆其著者。

〔七〕西漢今文十四博士，爲：詩魯、齊、韓三家，書歐陽、大夏侯、小夏侯三家，禮大戴、小戴二家、易施、孟、梁丘、京四家，公羊春秋嚴、顏二家。其詳均已見本書第三章。又或據漢書藝文志，去易之京氏，而代以禮之慶氏，與前說微異。

〔八〕伏，伏勝；董，董仲舒；皆西漢今文學之開創者。

〔九〕武，漢武帝；宣，漢宣帝；皆西漢帝王之扶助經今文學設立博士官者。

〔一〇〕語見漢書藝文志「六藝略」末。一藝卽一經也。

〔一一〕語見漢書藝文志「六藝略」末。

〔一二〕語見漢書藝文志「六藝略」末。

〔一三〕皮著易經通論「論近人說易，張惠言爲顓門，焦循爲通學，學者當先觀二家之書」章云：「焦氏說易，獨闢畦町；以虞氏之旁通，兼荀氏之升降；意在采漢儒之長而去其短。易通釋，六通四闢，皆有據依。易圖略復演之爲圖。而於孟氏之卦氣，京氏之納甲，鄭氏之爻辰，皆駁正之以示後學。易章句簡明切當，亦與虞氏爲近。學者先玩章句，再考之通釋、圖略，則於易有從入之徑，無望洋之歎矣。」按此文可與本文參看。又本書通釋誤作通解，今改正。

〔一四〕伏傳卽伏生之尙書大傳。史記，依近人說，爲今文家說，詳可參考康有爲新學僞經考及崔適史記探原。

〔一五〕毛傳卽毛公之詩故訓傳；鄭箋卽鄭玄之毛詩箋。

〔一六〕何注卽何休之春秋公羊傳注；徐疏卽徐彥之春秋公羊傳疏。

〔一七〕陳立曾著公羊義疏，已見頁一一九注〔一〇〕。

〔一八〕賈，賈逵；服，服虔；皆東漢注左傳者。清李貽德曾著有左傳賈服注輯述，頗可考賈、服之遺說，已見頁三三四注〔九〕。杜解卽杜預之春秋左氏傳集解。

〔一九〕鄭注卽鄭玄之周禮注、儀禮注、禮記注，孔、賈疏卽孔穎達之禮記正義、賈公彥之周禮正義、儀禮正義。

〔二〇〕禹貢治河，指漢平當；洪範察變，指漢夏侯勝；已見頁九〇注〔二〕及〔三〕。

皇清經解〔二一〕、續皇清經解〔二二〕二書，於國朝諸家，蒐輯大備；惟卷帙繁富，幾有累世莫殫之疑；而其中卓然成家者，實亦無幾；一知半解，可置不閱。今之治經者，欲求簡易，惟有人治一經，經主一家；其餘各家，皆可姑置；其他各經，更可從緩。漢注古奧，唐疏繁複，初學先看注疏，人必畏難，當以近人經說先之。如前所列諸書，急宜研究。或猶以爲陳義太高，無從入手，則書先看孫星衍今古文注疏，詩先看陳奐毛氏傳疏亦可。但能略通大義，確守古說，卽已不愧顓門之學。此古之治經者所以重家法而貴顓門也。國朝諸儒有承家法而守顓門者，亦有無家法而非顓門者；今主一家，當取其有家法與顓門者主之。國朝漢學師承記具列家法顓門甚詳，其成書在乾、嘉之閒，故後出者未著於錄。嘉、道後，治今文說者，師承記皆不載，皇淸經解亦未收其書，書具見於續經解中〔三〕，故續經解更切要於前經解也。學者誠能於經學源流正變硏究一過，卽知今之經學，無論今文古文、專學通學，國朝經師莫不著有成說，津逮後人。以視前人之茫無途徑者，實爲事半功倍。蓋以瞭然於心目，則擇從甚易，不至費日力而增葛藤。惟西漢今文近始發明，猶有待於後人之推闡者，有志之士，其更加之意乎！

〔一〕皇淸經解一名學海堂經解。道光初，兩廣總督阮元立學海堂以課士；士之治經者，苦不能備觀各書；於是元盡出所藏書，選淸代經學名著付諸刊板。計書百八十餘種，人七十餘家，共千四百餘卷。道光九年，刻竣，藏板於學海堂側之文瀾閣，以廣印行。咸豐七年，毀於兵燹，殘者十之五六。九年，兩廣總督勞崇光集資補刊之。閱一歲，至十一年始成。按補刻板今存。坊間幷有石印本，頗便取攜。

〔二〕續皇淸經解本名皇淸經解續編。光緒十一年，江蘇學政王先謙，蒐采乾、嘉以後之經學名著，幷及乾、嘉以前爲阮刻經解所遺者，付諸刊刻。計書二百九部，共千四百三十卷。光緒十四年，刻竣，藏板於江陰南菁書院。按板今存。坊間并有石印本，頗便取攜。

〔三〕清代經今文學著作之收入於續清經解者，如卷三百五十四至三百五十六之陳壽祺尚書大傳輯校，卷八百四十八至八百五十一之迮鶴壽齊詩翼氏學，卷千七十九至千一百七十七之陳喬樅今文尚書經說考、尚書歐陽夏侯遺說考、三家詩遺說考、四家詩異文考、齊詩翼氏學疏證，卷千二百六十五至千二百七十六之陳立白虎通疏證，卷千二百七十七之邵懿辰禮經通論，卷千二百八十至卷千三百零八之魏源書古微、詩古微等書，皆其著者。

四庫提要經部總敍曰：「自漢京以後，垂二千年；儒者沿波，學凡六變。其初專門授受，遞稟師承；非惟訓詁相傳，莫敢同異；卽篇章字句，亦恪守所聞。其學篤實謹嚴，及其弊也拘。王弼、王肅，稍持異議。流風所扇，或信或疑。越孔、賈、啖、陸〔一〕，以及北宋孫復、劉敞等〔二〕，各自論說，不相統攝。及其弊也雜。洛、閩〔三〕繼起，道學大昌；擺落漢、唐，獨研義理；凡經師舊說，俱排斥以爲不足信。其學務別是非，及其弊也悍。原注：如王柏、吳澄攻駁經文動輒删改之類〔四〕。學脈旁分，攀援日衆；驅除異己，務定一尊。自宋末以逮明初，其學見異不遷，及其弊也黨。原注：如論語集注誤引包咸夏瑚商璉之說，張存中四書通證卽闕此一條以諱其誤〔五〕。又如王柏删三十二篇，許謙疑之，吳師道反以爲非之類〔六〕。主持太過，勢有所偏；才辨聰明，激而橫決。自明正德〔七〕、嘉靖〔八〕以後，其學各抒心得，及其弊也肆。原注：如王守仁之末派，皆以狂禪解經之類〔九〕。

空談臆斷，考證必疏，於是博雅之儒，引古義以抵其隙。國初諸家，其學徵實不誣，及其弊也瑣。原注：如一字音訓動辨數百言之類。」案二千年經學升降得失，提要以數十言包括無遺，又各以一字斷之。所謂拘者，兩漢之學也；雜者，魏、晉至唐及宋初之學也；悍者，宋慶曆〔一〇〕後至南宋之學也；黨者，宋末至元之學也；肆者，明末王學也；瑣者，國朝漢學也。提要之作，當惠、戴講漢學專宗許、鄭之時，其繁稱博引，間有如漢人三萬言說「若稽古」者〔一一〕。若嘉、道以後，講求今文大義微言，並不失之於瑣，學者可以擇所從矣。

〔一〕孔，孔穎達；賈，賈公彥；啖，啖助；陸，陸淳；皆唐時經學者，已見前。

〔二〕孫復已見頁二五一注〔五〕。劉敞已見頁二二二注〔一〇〕。

〔三〕洛、閩指程、朱學派。程顥、程頤，洛陽人，故稱曰洛。朱熹初僑居建州；建州屬福建，故稱曰閩。

〔四〕王柏作書疑、詩疑，删改經文，已見頁二一九注〔一一〕。吳澄作禮記纂言，亦移易經文次第，已見頁二七三注〔一七〕。

〔五〕論語公冶長篇「子貢問曰：『賜也何如？』子曰：『女器也。』曰：『何器也？』曰：『瑚璉也。』」朱熹論語集注云：「器者，有用之成材。夏曰瑚，商曰璉，周曰簠簋，皆宗廟盛黍稷之器，而飾以玉，器之貴重而華美者也。」按禮記明堂位云：「夏后氏之四璉，殷之六瑚，周之八簋。」據此，則夏曰璉，殷曰瑚，與朱說適相反；朱蓋誤據後漢包咸之說。皇侃論語集解義疏卷三「瑚璉」章引包咸之說云：「苞氏曰：『瑚璉者，黍稷器也。夏曰瑚，殷曰璉，周曰簠簋，宗廟器之貴者也。』」又疏云：「禮記云：『夏之四璉，殷之六瑚。』今云夏瑚殷璉，講者皆云是誤也。」但元張存中撰四書通證，故爲朱子諱誤，即闕此一條，不引禮記明堂位以正其謬。又按苞氏即包咸。咸字子良，後漢會稽人。師事博士右師細君，習魯詩、論語。王莽末，客東海，爲赤眉所得，晨夜誦經自若；赤眉異而遣之。建武初，舉孝廉，除郎中，累遷大鴻臚，入授太子論語。明帝即位，以有師傅恩特加賜俸祿。傳見後漢書卷百零九下儒林傳。咸曾著論語章句；其書久佚，隋、唐志皆不載；清馬國翰玉函山房輯佚書曾輯有論語包氏章句二卷，可參考。又張存中字德庸，元新安人。元史無傳。存中曾撰四書通證六卷，附於胡炳文四書通之後，專詳名物，引經數典，著其所自，頗便於檢閱。書今存，詳可參考四庫全書總目提要經部四書類二。

〔六〕王柏詩疑刪國風三十二篇；許謙撰詩集傳名物鈔八卷，不從其說，仍依原經。吳師道爲此書作序，謂已放之鄭聲何爲尙存而不刪，於謙反致不滿。詳可參考四庫全書總目經部詩類二詩集傳名物鈔提要。按許謙已見頁三〇四注〔九〕。吳師道字正傳，元蘭谿人。與許謙同師事金履祥。登至治進士第。延祐間，爲國子博士。以禮部郎中致仕，終於家。其教授一遵許衡成法。著有易詩書雜說、春秋胡傳附辨、戰國策校註、敬鄉錄、禮部集等書。傳見元史卷百九十儒學傳。

〔七〕正德，明武宗厚照之年號，計十六年；當公元一五〇六年至一五二一年。

〔八〕嘉靖，明世宗厚熜之年號，計四十五年；當公元一五二二年至一五六六年。

〔九〕王守仁之末派，每以狂禪解經，其著錄於四庫全書總目者尙不鮮，茲舉一書爲例。如寇愼四書酌言三十一卷，承姚江之學，故意與朱子立異。解論語「齋必變食」句，謂心齋之齋，非齋戒之齋；解「弗如也」二句，爲「盡奪前塵，忽渡彼岸」；解「始可與言詩」句，爲「入無上妙明」；解「是知也」句，謂「知原在知不知外理會，其他學問不過此知中之法塵。此處掃除，乃爲逕機，又扭來補綴。」蓋純乎明末狂禪之習也。

〔10〕慶曆，北宋仁宗禎之第六年號，計八年；當公元一〇四一年至一〇四八年。

〔11〕桓譚新論云：「秦延君能說堯典篇目兩字之說至十餘萬言，但說『曰若稽古』三萬言。」見漢書藝文志顏師古注引。

附錄一

皮鹿門先生傳略

皮名舉撰

公諱錫瑞，字鹿門，一字麓雲，姓皮氏，湖南善化人。顏其居曰師伏堂，學者因稱師伏先生。

……父鶴泉公（按：名樹棠，同治壬戌舉人。）以儒術飾吏治，爲浙江宣平知縣。

公以清道光三十年庚戌十一月十四日（公元一八五〇年十二月十七日）生於善化城南里第，爲鶴泉公長子。幼承庭訓，好學覃思。六齡就外傅；八歲能詩文。年十四，應童子試，補善化縣學生員。越年，食廩餼。年二十四，舉同治癸酉科拔貢。翌年，部試報罷。年三十三，舉光緒壬午科順天鄉試。……爾後三應禮部試，皆報罷。

公既困於甲科，遂潛心講學箸書。光緒十六年，主湖南桂陽州龍潭書院講席。後二年，移主江西南昌經訓書院。江右故宗宋學，偏重性理，或流禪釋；公以西京微言大義敎詔學者，說經當守家法，詞章必宗家數。一時高才雋秀咸集其門。先後七年，學風丕變。

光緒初葉，四境多虞。……公憫亂憂時，倡屯田固邊及救藩備團諸議。甲午戰後，朝野倡言變法，公獨以爲「宜先清內亂，嚴懲賄賂，刻繩贓吏，實事求是。且必先改宋、明陋習，不必皆從西俗。」時湖南設時務學堂及湘報館。戊戌，復創南學會於長沙。公被聘爲學長，主講「學派」一科。開講之日，官紳士民集者三百餘人。公闡明學會宗旨，略謂：「學非一端所能盡，亦非一說所能該。先在讀書窮理，務其大者遠者，將聖賢義蘊瞭然於心中。古今事變，中外形勢，亦須講明切究，方爲有體有用之學。」學會開講計三月，公講演共十二次。所言皆貫穿漢、宋，融合中、西，聞者莫不動容。是年秋，變法事敗，六君子殉難於京師，公有詩哭之。復以參與南學會，爲忌者誣奏，奉廷寄，革舉人，交地方官管束。公以布衣罹黨禁，杜門箸述。三年，始得開復。

庚子亂後，國內咸以興學育材爲救國急務。光緒二十八年夏，公被聘創辦湖南善化小學堂。贛南、常德等地欲聘公爲學堂總教，均辭不就。翌年，湖南設高等學堂及師範館，公任倫理經史講席，兼代高等學堂監督。時京師大學堂成立，經、史、文三科講座需人。張文厚三次電湘，請公北上，均以事辭。公留湘講學，先後五年。歷任湖南高等、師範館、中路師範、長沙府中學堂講席，學務公所圖書課長及長沙定王台圖書館纂修。博學沈思，誨人不倦；三湘碩學咸出其門。

公以經學名於時。光緒五年，年三十，乃始治經。研精覃思，更三十年，箸書百卷，成一家言。光緒十三年，始爲尙書大傳箋，後更名尙書大傳疏證，越十年始成，凡七卷，以丙申秋刊於南昌。公平生學問實萃此書，自序謂：「殫精數年，易稾三次，既竭駑鈍，粗得端倪。原注引鄭，必析異同。輯本據陳，間加釐定。所載名物，亦詳引徵。冀以扶孔門之微言，具伏學之梗概。」蓋公治尙書，服膺伏生，宗今文說。然嘗謂：「解經當實事求是，不當黨同妬眞。」故其疏證於曲直離合之間，類有發明。

公少壯所作，多屬詩文，有師伏堂駢文及師伏堂詩草。中年主講江右，專治經學，嘗集所作經解爲經訓書院自課文。既刊尙書大傳疏證，復成古文尙書疏證辯正、九經淺說、古文尙書寃詞平議、孝經鄭注疏、鄭志疏證、今文尙書考證及聖證論補評等書。戊戌以後，杜門箸述，成尙書中候疏證、駁五經異義疏證、發墨守、箴膏肓、釋廢疾疏證，漢碑引經考及王制箋等書。晚年講學湘垣，復撰經學歷史、經學通論二書，爲經學課本，今日猶爲初學治經者所必讀。

公瘁精學術，體力早衰，以光緒三十四年戊申二月初四日（公元一九〇八年三月六日）卒於善化南城故宅，享年五十有九。

公平生箸述刊印行世者，有師伏堂叢書及皮氏八種。其已刊今佚及未刊遺箸尙有多種。謹次爲箸述總目，附錄如後。至公師友交遊、箸述先後、出處本末，具詳年譜。

皮鹿門先生箸述總目

一、師伏堂叢書　善化皮氏師伏堂輯印，計十八種。其子目如下：

經學通論　五卷。光緒三十三年丁未（一九〇七）湖南思賢書局刊。（又商務印書館排印本，選入萬有文庫及國學基本叢書。）

經學歷史　一卷。光緒三十三年丁未（一九〇七）湖南思賢書局刊。（又商務印書館影印本及周予同注釋本。）

尙書大傳疏證　七卷。光緒十三年初稿，原名尙書大傳箋；二十一年，更名尙書大傳疏證；光緒二十二年丙申（一八九六），善化師伏堂自刊於南昌。

今文尙書考證　三十卷。光緒二十三年丁酉（一八九七）善化師伏堂自刊。

尙書中候疏證　一卷。光緒二十五年己亥（一八九九）湖南思賢書局刊。

古文尙書冤詞平議　二卷。光緒二十二年丙申（一八九六）湖南思賢書局刊。

孝經鄭注疏　二卷。光緒二十一年乙未（一八九五）善化師伏堂自刊於江西南昌。

鄭志疏證　八卷。附鄭記考證一卷、答臨孝存周禮難一卷。光緒二十五年己亥（一八九九）湖南思賢書局刊。

聖證論補評　二卷。光緒二十五年己亥（一八九九）善化師伏堂自刊。
六藝論疏證　一卷。光緒二十五年己亥（一八九九）湖南思賢書局刊。
魯禮禘祫義疏證　一卷。光緒二十五年己亥（一八九九）湖南思賢書局刊。
王制箋　一卷。光緒三十四年戊申（一九〇八）湖南思賢書局刊。
漢碑引經考　六卷。附漢碑引緯考一卷。光緒三十年甲辰（一九〇四）善化師伏堂自刊。
經訓書院自課文　三卷。光緒十九年癸巳（一八九三）二十一年乙未（一八九五）善化師伏堂自刊。
師伏堂詠史　一卷。光緒三十年甲辰（一九〇四）善化師伏堂自刊。
師伏堂詞　一卷。光緒三十年甲辰（一九〇四）善化師伏堂自刊。
師伏堂駢文二種　六卷。光緒二十一年乙未（一八九五）善化師伏堂自刊駢文二卷於南昌。光緒三十年甲辰（一九〇四）增入三十餘篇，補刊駢文四卷於善化。乙未以後駢文及歷年所作散體文約四十餘篇，均未刊入，藏於家。
師伏堂詩草　六卷。光緒三十年甲辰（一九〇四）善化師伏堂自刊。按詩草……終光緒二十四年戊戌（一八九八），……己亥以後存稿未刊。又少壯所作及戊戌八月政變後詩未錄入詩草者約百餘首。

二、皮氏八種　善化皮氏師伏堂近年重印師伏堂叢書中之經考，成皮氏八種一集，計：經學通論五卷，經學歷史一卷，王制箋一卷，聖證論補評二卷，鄭志疏證八卷，六藝論疏證一卷，古文尚書冤詞平議二卷，尚書中候疏證一卷。

三、其他已刊各書

發墨守、箴膏肓、釋廢疾疏證　各一卷。光緒二十五年己亥（一八九九）湖南思賢書局刊。

駁五經異義疏證　十卷。光緒二十五年己亥（一八九九）湖南思賢書局刊。

古文尚書疏證辯正　卷數未詳。光緒二十二年丙申（一八九六）湖南思賢書局刊。

九經淺說　光緒二十年甲午（一八九四）輯壯年治經所作共七種，計：左傳二卷、公羊一卷、穀梁一卷、禮記二卷、尚書二卷、詩二卷、四書若干卷。光緒二十五年己亥（一八九九）湖南思賢書局刊禮記淺說及左傳淺說二種。光緒二十六年庚子（一九〇〇）擬刊其他五種，未果，現均散佚。

尚書古文考實　一卷。光緒二十二年丙午（一八九六）湖南思賢書局刊。

師伏堂筆記　三卷。原擬名續鹿門家鈔。光緒三十三年丁未（一九〇七）善化師伏堂排印。

（又長沙楊樹達積微居刻本一册。）

南學會講義　一卷。光緒二十四年戊戌（一八九八）載湘報。

師伏堂春秋講義二卷。宣統元年（一九〇九），公次子嘉祐集公晚年在湖南高等學堂、中路師範及長郡中學三校講義，成書二卷，排印於長沙。

蒙學歌訣二卷。題文藪主人撰。光緒二十八年壬寅（一九〇二）善化小學堂蒙學課本。翌年癸卯（一九〇三），長沙湘雅堂代刊。

浙江宣平縣志　光緒三年（一八七七）代鶴泉公纂修。卷數及刊刻年月未詳。

四、未刊及已佚遺稿

史記引尚書考，六卷，光緒二十至二十一年作。兩漢詠史一卷，光緒二十一年作。讀通鑑論史評一卷，光緒二十六年作。史記補注不分卷，光緒二十五年作。長蘆鹽法志，光緒二十九年成例言十三條，並擬作修志條議六則，志未成書。廣皮子世錄，光緒二十六年，更前歲所輯皮氏先賢錄，名廣皮子世錄，擬刊未果。師伏堂日記，起光緒十八年壬辰（一八九二），終光緒三十四年戊申（一九〇八），凡十六年，無一間斷。原稿共若干卷，藏皮氏師伏堂。易林證文，一卷，光緒二十六年庚子作。

附錄二

本書引用清代人名出處表

本書引用清代人名，因注釋成書時，清史館編印之清史稿及中華書局根據清史館原稿排印之清史列傳均未發行，故注中僅舉江藩國朝漢學師承記等書，以供參考。茲爲讀者翻閱便利起見，再將清史稿與清史列傳卷帙條列於下：

頁數	注次	人名	清史稿卷數	清史列傳卷數
二五	二五	章學誠	四九〇	七二
四〇	九	龔自珍	四九一	七三
五二	二一	朱彝尊	四八九	三一
七四	一一	方苞	二九六	一九
八六	一二	劉逢祿	四八八	六九
一〇五	九	顧炎武	四八七	六八
一一三	二五	惠棟	四八七	六八

一一三	二五	戴震	四八七	六八
一一九	一〇	陳立	四八八	六九
一二一	一五	杭世駿	—	七一
一二一	一六	馮登府	—	六九
一四八	二九	嚴可均	四八八	六九
一五一	一	李兆洛	四九一	七三
一五六	三	洪亮吉	三六二	六九
一五九	一七	孫志祖	四八七	六八
一六五	六	閻若璩	四八七	六八
一六五	七	丁晏	四八八	六八
一六八	一八	焦循	四八八	六九
一六九	二一	余蕭客	四八七	六八
一七四	七	王鳴盛	四八七	六八
一七五	八	洪頤煊	四九一	六九
一七五	九	姚範	—	七二

一七七	六	江藩	—	六九
一八七	三	孔廣森	四八七	六八
二〇六	八	劉文淇	四八八	六九
二〇六	一〇	劉毓崧	四八八	六九
二四二	二七	毛奇齡	四八七	六八
二五五	一〇	王夫之	四八六	六六
二六三	一二	江永	四八七	六八
二六三	一三	秦蕙田	三一〇	二〇
三〇一	三	黄宗羲	四八六	六八
三〇九	六	胡渭	四八七	六八
三一〇	七	陳啓源	四八六	六八
三一一	八	萬斯大	四八七	六八
三一四	三	惠周惕	四八七	六八
三一七	一三	段玉裁	四八七	六八
三一九	一九	方東樹	四九一	六七

三二一	一	江聲	四八七	六八
三二一	二	江沅	四八七	六八
三二一	三	顧廣圻	四八七	六八
三二一	四	錢大昕	四八七	六八
三二一	四	王昶	三一一	二六
三二二	五	錢大昭	四八七	六八
三二二	五	錢塘	四八七	六八
三二二	五	錢坫	四八七	六八
三二二	五	錢東垣	四八七	六八
三二二	五	錢繹	四八七	六八
三二二	五	錢侗	四八七	六八
三二三	六	龔麗正	—	—
三二三	七	金榜	四八七	六八
三二三	八	王念孫	四八七	六八
三二三	八	王引之	四八七	三四

三二三	一〇	莊存與	三一一	六八
三二三	一〇	劉逢祿	四八八	六九
三二三	一〇	宋翔鳳	四八八	六九
三二四	一一	陳壽祺	四八八	六九
三二四	一一	陳喬樅	四八八	六九
三二四	一二	阮　元	三七〇	三六
三二四	一二	張惠言	四八八	六九
三二五	一四	孫星衍	四八七	六九
三二六	一六	胡承珙	四八八	六九
三二六	一六	陳　奐	四八八	六九
三二六	一七	迮鶴壽	—	六九
三二七	一九	淩　曙	四八八	六九
三二七	二〇	柳興宗（即興恩）	四八八	六九
三二七	二〇	許桂林	四八八	六九
三二七	二〇	鍾文烝	四八八	六九

三二八	二一	沈彤	四八七	六八
三二八	二三	胡匡衷	—	六八
三二八	二三	胡培翬	四八八	六九
三二九	二三	劉寶楠	四八八	六九
三二九	二五	邵晉涵	四八七	六八
三二九	二五	郝懿行	四八八	六九
三三二	六	王謨	—	六八
三三三	七	章宗源	四九〇	七二
三三四	九	李貽德	四八七	六九
三三六	一四	盧文弨	四八七	六八
三三六	一四	丁杰	四八七	六八
三四〇	二五	鈕樹玉	四八七	六八
三四〇	二五	桂馥	四八七	六九
三四〇	二六	王筠	四八八	六九
三四〇	二六	苗夔	四八八	六九

重印後記

這本註釋本出版於一九二八年，是商務印書館發行的「學生國學叢書」之一。次年，一九二九年，附加「訂正及補遺」，收入商務印書館發行的「萬有文庫」中。現本書移交中華書局印行，已再加修訂，並附載皮名舉先生所撰皮鹿門先生傳略及本書引用清代人名出處表，以便參考。

中國經學是中國封建社會上層建築的一個重要部門。它的產生、發展、演變以及消亡，都有其客觀的社會原因。中國經學史是中國文化史的一個組成部分，同中國的哲學、史學、文學研究有很密切的關係。瞭解經學的演變，對於瞭解中國古代文化和中國古代社會，都有其重要的作用，從而達到「吸收精華」、「繼承歷史遺產」的目的。

但是，到現在爲止，合於我們要求的「中國經學史」還沒有出版，萬不得已，印行皮錫瑞的經學歷史，還有它的作用。皮書的優缺點，在本書的「序言」中已大略地談到了。用馬克思主義的觀點來寫經學史，這有待於我們今後的努力。

同皮氏學派不同而缺點相似的，還有劉師培的經學教科書第一册。劉氏是「古文學派」，他的見解有許多是同皮氏對立的。這本書以前有國粹學報社的排印本，現已收入劉申叔遺書中。將皮、劉兩家書加以對比閱讀，或者對於瞭解經學史有些方便。如果因對於「經書」內容不甚了了，因而使瞭解經學史發生困難的話，那麽，參考范文瀾同志的羣經概論（樸社排印本）和我的另一本羣經概論（商務印書館排印本，我的這本書也需要重寫了），也許有些幫助。

本書標點的校正、註釋的修訂完成於一九五五年。當時的打算，爲節省物力，只想就舊紙型挖改，因之文字的潤飾不免受了局限。現在雖然決定重排，但因爲自己健康情況不够好，無力重新修訂，這只有請求讀者原諒了。如果發現本書裏還有錯誤缺漏，請來函指示，以便再版時訂正，這是我所懇切企望的。

周予同　一九五九年，九月。